思想觀念的帶動者

文化現象的觀察者

本土經驗的整理者

生命故事的關懷者

心靈工坊 | PsyGarden |

Master

對於人類心理現象的描述與詮釋

有著源遠流長的古典主張，有著速簡華麗的現代議題

構築一座探究心靈活動的殿堂

我們在文字與閱讀中，尋找那奠基的源頭

聆聽余德慧系列

生命轉化的技藝學

The Craft of Life-Transformation

作者——余德慧（Yee Der-Heuy）

推薦序一

轉化之前的必要條件

宋文里

在每一個人的生命中都會出現一些神奇的狀態。因為每個人的根基都不一樣，所以發生的狀態也會有所不同。

我不確定小余老師所教的「轉化」課，用意是否接近於英文的 transformation，或 conversion，或 becoming，或甚至接近希臘文為字根的 metamorphosis，或 ecstasy，但無論如何，這些語詞的含意都跟神話／宗教有關，或至少都會和某些幽冥不測發生遭逢。「有關」「遭逢」在教學時比準確定義更好，這也許正是小余對於宗教和教育的態度。而我想談的「宗教」，重點也在於「教」而不在「宗」，其要義大抵都可用這幾個字來概括。

能轉化的自我就不是我——就像西比奧克（Thomas Sebeok）的一本著作，書名是：*I*

Think I Am a Verb（《我想 我是個動詞》）。會引發轉化的書何止千百。譬如你若讀過西比奧克的這本，你可能會發生一種轉化，發現動詞我才是我，而不是後來被造作地稱為「自我」的那東西。那東西不是我，我不是那東西，只是常不得已要拿它來當對象而已。

轉化是動態的，如果你真想知道：怎麼會動起來？不可能像地球自轉吧？轉動的宇宙是個亙古的謎團，真想問下去，你就會陷入芝諾（Zeno）那種悖論：飛毛腿阿奇里斯跑不過一隻烏龜，因為從宇宙無限大的反方向思考，你有無法跨越的無限小。你有。我有。阿奇里斯有。烏龜也有。不就都不動了唄？

六十五歲的自我嗎？我不太能這樣說。六十五是個數字。我是我。看要從那個年紀開始談轉化。我有個起碼的證據，可以說：從二十三到六十五，無論如何，轉化已經在四十二年的間距中發生。是如同經歷過大地震、大海嘯、大屠殺……那些大歷史嗎？不，我們不就每天在無心看的電視裡看著這些一天天發生，卻不知道誰因為這樣就發生了轉化——播報員總是會在報完之後說同樣一句話：「以上是今天的晚間新聞，希望您會喜歡……」——我必須是個動詞，才能過去關掉電視，也必須是個動詞，才會懊惱沒早點去關電視。六十五歲是不再看電視，也可以悠然反思轉化的好年紀。還好我有很多書，更好的是有讀書人為友。

能在有生之年碰到小余這位讀書人朋友，簡單說，是不尋常的緣分，說多些，就是各自努力。努力的自我，拚命想要在讀書做學問的同時，知道這些學問是不是真的。如果不碰到一位可以如明鏡般映照自我的人，我不會知道這自我如何能不疑有他地成為（become）一個自我。「讀聖賢書，所為何事？」這樣的疑問，一問千年，還常常被答錯，譬如說要去治國平天下。不是的，讀聖賢書，所當為者，繼續讀書也；再進一步，**學而優則識（示）**，**那就是教書**。談別的都是迂闊之論。

我沒讀過幾本小余愛讀的那些書，幸好我讀了很多別的。十六歲才開始自覺要讀書，要「志於學」，但那也不是我自己就莫名其妙地轉化了。有一位非常像動詞的老師，史作檉先生，在我高二那年讓我喜歡讀些我自己不可能選中的書。小說、詩、哲學、藝術、音樂、宗教、文明史……。他說：「沒讀完兩百本，你沒有發言權。」

現在不太算是**發言**，只想寫這一段序，讓發言有以發生，讓讀書人之間能**接合**起來：我們常談的 articulation 就是「發言／接合」的意思。

我假設那是在大學剛畢業那年，這種時間挪移是轉化的第一步，因為那個年紀很接近這本書讀者的平均年齡。假設那年我去聽了小余的轉化課，或參加了他的讀書會，只要一次，譬如剛聽過像本書第一堂課那樣的導論，我會以我那個年紀最大的光能而發亮起來，並且會奮勇地轉動我的筆，寫下第一堂課的作業——這已不是假設，而是實際上發生過的事情——我可能帶著這樣的感想：

能轉化的自我究竟還是不是我？

這個叫做「自我」的是我自己嗎？

自我要經歷什麼熬練才有可能「形成」？

——愈是這樣想，就愈會掉入無止無盡的自我迴歸——夾在兩面鏡子中間，看見兩個方向發生的無限映照——絕對多於七十二個自我的映象，從兩面夾擊過來。愛看《西遊記》的人都知道：七十二變變出來許多分身，只是些小猴子，不是齊天大聖……。想著想著，我全身汗毛倒豎，覺得這不是辦法，必須拿出另一種不把光線彈回來的鏡子照照。

那其實是會把目光吸進去的書本。

後來就這樣讀著讀著，才發現：轉化應不是自己一個人猛想，而是能把自己丟進書裡，在書裡想；不然就得「轉」入一種「化」境——那種轉化的邏輯叫做「繪事後素」——我把它理解為「先識後示」——也就是轉化的寫作。

奮力寫出來，就可能像這樣，或就是這樣的識／示了：

自我的形成

0.1

我們生活在一個蒙昧的世代，因為我們不知道為何而生活：我們以無盡的追求來製造生活的安逸享樂，但是我們不知道為何而生活；我們以無盡的計畫來描摹理想的未來，但是我們卻不知道如何度過今天；我們甚至衝出慣有的世界，在外太空探詢永生的秘密，但是我們依然只問：「我們為何在今日如此生活？」

0.2

我們生活，不，是我，我希望這兒有我們的世界，但「我們」一直是虛妄的，它像一個帳幕把我隱在一個不多見的空間中，而我只是仍可隱隱約約地知道我還在那兒。隱隱約約就是虛妄，因為事實上，那兒只有一個我，我生活——我在一分一秒地遭遇著世界。

我們，以及那倒楣的「他們」已經在原來只是一個我的世界中喧擾得太久了，我因此而得了水腫，肥胖但虛弱，腫脹但是擰一把卻不是我的肌肉。（我）不知道我在那兒……

我要談的，便因此而只是我。

1.1

在嬰兒時期以前，「我」是未知的。嬰兒的身體裡種著一個我，但他自己不知道。嬰兒只是一個世界，狹窄而鬆弛，沒有任何一個核心可做為意識的基礎，因此，在那個世界中流散的意識只能捕捉到一次一次的事件（Something happened）而無法辨別如何發生、與何人（物）有關。例如：他自己碰落了茶杯和風吹落了茶杯是沒有分別的。Something happened（茶杯摔破的聲音），而沒有原因。只是，那個世界激起了一陣漣漪，這陣漣漪沒有圓心。

1.2

嬰兒的渾沌狀態在人的一生中不斷持續，但是，空間與時間的意識成長後，人的世界加進了一個因素——那就是區別。最先的區別是這樣的：伸手取物，有人把（我的）手擋了。（我的）意欲被那擋了（我的）手的人所阻止。他走開，意欲又可繼續。（我）有一個可以阻止的東西。那就是我（以意欲——或說是被阻止的意欲——而呈現）。我的觀念在空間中如此發生。

1.3

我的發生是由於區別。而這區別又是經由否定來達成的。整個兒童期中，「我」一直以人與物體之間的小型關係來建構。但是，兒童期漸漸在一些身體的改變中收場。「我」被投入一個具有複雜關係的狀態。那個狀態就是社會。一大群的否定擁擠著在「我」之中生出，要使它們變得協調實非易事。而且，說老實話，我在這群無法駕馭的否定關係裡終於不知所措了。

1.4

一個反抗的「我」出現。我不穿這件衣服，我不想要讀書，我討厭（不喜歡）這些聲音，我最恨（非常不喜歡）那拍馬屁的……。所有這些否定都牽涉到社會——與父母之間，與同伴之間，與街坊鄰居之間，最後，與大眾之間。除此之外，又牽涉到意識型態，價值標準，理想及信仰。在每一種關係中，任何的齟齬都會造成我內部的困擾。但是，我要繼續反抗它，因為它們都不是我——雖然它們有可能在反抗的過程中被我納收。

就在這種反抗中，我又在另一個世界裡（人間）出現了。在這次的出現之同時，不可避免的乃是伴隨著困擾而發生的痛苦與掙扎。

2.1

掙扎早在割斷臍帶之時便已開始。前所未有的氣壓、光線、及聲音對著我的五官和體腔逼來。我放聲大哭，並且這降世的頭一遭經驗我將永世不忘。

2.2

在這以後，我以懼怖之情緊隨著我的保護者——母親——慢慢踏入世界。母親是我的溫暖，是我的食糧。在我每次躓跌後，憐惜地將我扶起的是她；在車人屋樓喧囂擁擠的大千世界中，緊緊地握著我的手的也是她。我在她之後亦步亦趨，我的每一舉止都在她的影響下成形。我只要全心全意地屬於她便可減輕降世之後生起的懼怖之情。

2.3

直到有一日，母親的喜好不是我的喜好，母親的期望不是我的期望了。我開始對這一直被認作我的個體說「不」，並且，在這次的否定之後，我發現還要對更多的人說這同一個字。整個世界都在壓迫我，整個世界都不了解我的心志。我在我寄託多時的世界中變得孤獨，而且，我患起思鄉病了——只是，我並不知道我的家鄉在何處。

2.4

我出發到外面去流浪。在外面有時是荒無人煙的叢林，有時是人馬雜遝的大街，我有時是全世界僅有的那位英雄，有時是千萬人角落裡的一個小乞丐，或只是街邊的一隻破皮鞋。外面的世界時而光輝耀眼，時而琳瑯滿目，但多半是沉鬱漆黑的。

2.5

就在這背離母親之後的流浪裡所發現的新世界中，我再度陷入一次無我的恐慌。我之所以背離前一個既熟稔又安詳的世界是因為我要尋出我的區別性。我渴望有一個獨立的自體而不要做他人的延伸。或者，更清楚地說：在他人所延伸之中的我終將熄滅，且其最後局面會成為：（我）就是他人。為了不甘如此，我憤然背離。但是此刻我面臨了被更大的他人吞滅的危機。

3.1 他人出現的形式有二，那就是他們和我們。首先出現的是他們。他們原是為我而存在的，他們即是一切闖入我的世界而又不是我的那些人。他們的相貌漫渙難辨，但是我卻知道我不能在那兒——我正站在與他們對立的方位上。

3.2 但是，這種論理上清楚的相對狀態立即被事實上的另一狀態取代。單純地與他們對立的我，為了取得與強大的他們之間的均勢，而採用了他們的形式，在我之中營建了我們。我們的實質是向他們招募而得的。結果，他們改變了相貌，充斥於膨脹的我之中。在這同時，我已經被篡位了。是以，我們即是他們在我們之內的變形。這個過程通常被稱為「社會化」。

3.3
由我轉變為我們，通常經由以下的步驟：(1)我中止，他人闖入。(2)他人投來期待，我向它靠近。(3)我取得他人之中某種程度的居留權。(4)在權限程度內劃定一個場地，稱為我們。(5)同時，在他人之內繼續保留某種程度的參照範圍，以便維持流通。

3.4
我被我們取代之後，我們就是我。先前中止的我不再復原。我的世界在外觀上擴大為我們，實質上則因中止而萎縮以至於熄滅。除非他人在某些際遇下突然撤離，使得我們失去憑依而降入臨界狀態，我，這最終的、惟一的實質才有可能死灰復燃。我在衝過我們的臨界點時所施的努力，就是抉擇。

4.1
我的復甦之先機是焦慮。焦慮是我感覺到我們、他們不在我之內而有的心情。焦慮是發現我的孤獨，而這孤獨沒有任何的替代。我不曉得該攀附誰，不曉得該往何處隱藏，我一身赤裸地聳立在空曠無人的平原上。生疏的平原，每一舉步都不知會踩到什麼的黑暗平原，每一移身都不知會碰到什麼。然而靜止不動卻又不是辦法——那心情由體腔裡蒸發出來，催促著，使得舉步移身變得如此必要……。

焦慮本身雖然不是我的意識，但惟有它才能促使我復甦。

4.2

我必須在圍繞周身的每一個可能之「下一步」中選擇一個。每一個選擇都會使我的處境改變，或不改變——那即是說，我必須在時間與空間的變遷中，緊緊握住一種狀態，使之不改變。這些改變容或不完全因我而決定（比如踩到一灘泥巴，實因泥巴早在那裡了），但是，使我的處境移動的，卻正是我。

4.3

有很多時候，在焦慮的催促下，我意識到我必須有所動靜了，但是，我把這陣移動交付於我們，或他們。我們或他們按照它們的方式牽引我，我再度陷入它們之中，於是惡性循環由此周而復始，好像轉輪盤，我每轉一次便跳到輪盤上，轉到原地，我跳下來再轉動一次，然後又跳上去。輪盤（早就在那裡的）就是他人。

4.4

我的生機一直就是如此狹隘的。被賦生，被賦形，被揑揉，被拋投於各種處境，而那處境卻是硬梆梆地早就在那裡的。我不能希求徹底扭轉它，但我可以由決定這種、決定那種處境而賦予我自身一種恆動的生機。惟有選擇、決定才能為我開闢我的疆域。這就是我的抉擇，而抉擇也就不多不少地正正是我了。

4.5

世界在抉擇中與我合一。

他們再度回到與我對立——只有在與我對立的狀態下才能存在，也才需抉擇——的地位。而我們則只是我的一種施捨。

0.3

事實上，我們的世界現在正陷入一個完全依賴群體來進行運作的狀態。它習於以龐大的成果來誇稱進步——汙染、噪音、統一化、標準化、金融危機、軍備競賽、戰爭——到底是誰在要求這種進步，好像只有「他們」才知道。我們只不過倒楣地隨著他們走來走去，或坐在一棵枯樹下，什麼也不做，只是乾巴巴地等下去……。

0.4

直到我們每一個人在無聊中都要翻翻鞋子，踢踢腿的時候，才發現，畢竟這裡還有一個我在動作。管他全天下的人都坐在那兒變獃了的時候，我又為什麼不可以摔掉那雙破鞋子而站起來？

畢竟，這兒只有一個人知道這樣的世界是這麼對著我存在的。那個人，在這兒，是我。

寫於一九七五年四月
時年二十三

寫這篇「自我的形成」，是在我大學剛畢業那年，幸運地回到母校去教書，和史老師成為同事，但我們繼續的是師生關係，會轉的那種。我因他而開始試寫了一種叫做「形成」的轉動文體。只不過當年寫了後刊登在校刊上。沒人會記得這樣的作品。

小余說他沒碰過好老師，我沒把高中的史老師算在內，說我也沒碰過——後來以為自己踏上了高等教育的學術生涯之路，就把高中忘記了。而在這條路上，也確實沒再碰過會讓我更愛讀書的好老師。我以自己為師，在書中找到全世界堪為先師的人。很多很多。其中有位足當世人師表的心理學家是維高斯基（Lev Vygotsky），套用他的學說：「好老師能讓人轉化」絕對是這位先師最重要的一句動態命題。然後又有另一方面的先師被我讀出來，就是維根斯坦（Ludwig Wittgenstein），當時先看到他早年的作品《邏輯哲學論》（*Tractatus Logico-Philosophicus*）。我寫的東西，就在形式和內容上向這兩位動人的先師致敬。

小余是我以心理學同行的名義而認得的朋友。他是「三人行必有我師焉」的那位同行者。我們同行過二十幾年，但小余已經在五年前先走了，我還在等第三人出現……能等，願等，等得下去，是轉化成為希望的契機。我想是，我能這樣想，**我想我能想才是我**。

那麼，剩下來的，我等就好。願來的人，來吧。行行復行行，我們會一起成為行者，也即能行之人，能識之士。轉化又轉化，在書裡識，在文裡示（不是在我的名字裡），既有始矣，終於無終。

謹以此文

敬會我友小余

並以為序

寫於二〇一七年十二月底
時年六十五

本文作者為清華大學榮譽退休教授、輔仁大學心理學系兼任教授

推薦序二

在世情懷之書：作為一種手藝的贈禮

林耀盛

這是一本會呼吸的書，是余德慧教授晚期風格的體現。

作為任教臺灣大學時期的臨床心理學教授的余德慧，早已認出臨床是在生活現場。後來轉任東華大學，更直指臨床與諮商面臨的是態度性的事務，其中包含對事物的理解、對感情的糾葛，乃至對生活的選擇。這些苦惱意識的基礎是生活世界的人文理解與感情，也就是為生活裡的情事苦惱。若單純將苦惱意識訴諸心理認知層面，那只是化約主義的做法，稀釋人性層面的森羅萬象。這樣一路耕耘心理學的步伐，後來轉到慈濟大學作為宗教與文化教授的余老師，面對所謂「技術」當道的操作型定義「治癒」風行境況下，深沉思索修行心理學如何接枝回歸於生活。以本書當中老師提到的羅門尼遜（R. Romanyshyn）的觀點來看，他曾經提出「技術作為一種症狀與夢徵」，顯示面對技術衝擊下的歸鄉途徑，猶如從太空船完成任務，從月球「再進入」地球的軌道。若進入的速度過快，可能墜毀無法安全地著地；若太慢又能因離心力被排除在地球軌道之外，同樣無法歸航。如何適當地運用「再進入」的方式，成為一種文化性的修行心理工作。

這本《生命轉化的技藝學》課程記錄出版，是老師以身體踐行（praxis）的「再進入」取徑，抵達人間心理學的生活場域，打開過往我們經常忽視的庸用日常體驗。生死道場、日常生活、詞與物連結、處境與時間感受、身體情緒、修行或靈性他界等生活世界，無論是微塵眾或所謂的「卓越」與「偉大」者（見本書），我們都面臨著如何「再進入」生活的決斷或徬徨。靜下心，一講一講地閱讀，更可理解「踐行」是有別於以邏輯實作為主的「習練」（practice）。踐行是一種建立在實踐智慧的活動，這無法離開現場。現場聚集的是各種文類的發聲，如本書各講次的多元性文本類型，正好顯示自我轉化包含的各種通道，而不是只有所謂的科學論述所專斷。透過余老師在本書中的文本討論或延伸解析，可知余老師歡迎任何話語、主題、文體、故事或藝術，在宗教或修行或自我這個居所裡居住；但卻也沒有任何一個話語、主題、文體、故事或中介載體，能因此穩固下宗教或自我的意義。換言之，這是一種「域外」的現場，生命的深刻性是認知主體所「不知道」、無法捕捉的現象，所以是在視域外。而今，生命主體被科學意識型態領養，生命被轉化為認知客體。在認知主義的範疇下，話一被說出，話語的意義還在，話語已被領養。但是，說話生命卻已經消渺，無人理會。所以，認知語言讓生命模版化，自我、世界、生活和神，被收納入各種合法的信仰於視域之內，這是認知主義知識的生產運動，也就讓存有的遺忘更為徹底。人文臨床是要解開這樣的疆域，而解開的根源是回到日常生活。

這本書所呈現的回返日常生活是「動詞」化，而不是「名詞」的圖像，展示我們需要終結概念名詞的操縱，要從「名詞」到「動詞」。亦即，我們需要檢視使用大概念名詞的預設性用途，不再執迷於追求因果關係，或是滿足於科學範疇的習練邏輯，而是要回到人們實際作為的行動修辭理解社會生活。本書所舉例的動詞化內涵，無論是個人性的情感、社會性的反思，或是師生的提問與回應，無非以各種視差的位置，共時性地呈現余德慧老師的思想面貌與情感彰顯。這本書是自在自由的余老師在說話，以具身經驗的方式開創出現象學心理學的人文臨床的踐行。

誠然，宗教無可避免地觸及到靈性（spirit），這個字的拉丁文 spiritus 意味著呼吸，指的是根本的生命力，生命的呼吸。即便所有主要宗教的誕生都是在一個特殊的靈性氛圍之中，但現代宗教的形式與表現，往往多少喪失靈性的本質。在形式的意義上可能仍是宗教，但卻已忘卻了靈性的核心。這本書正是觸碰到如此的問題核心，書中的精髓在於深刻地讓我們體會理性的「知」是屬於自我建構的立法者，其所建立的「知」存於視域之內的「域內」。真正神聖的發生與顯現應該是直接性的綿密流動，不需經過知性立法，而在無法被意義所捕捉的「域外」被經驗著。如此，這本書的整理出版，也充分詮釋、踐行了余老師於二十多年前對於心理學的期待：「如果過去四十年的台灣心理學在殖民文化的拓殖之下，產生『有知識的無知』，那麼我們必須重新建立一種有感覺、有價值的心理學。」

當然，這是一本作者「缺席」的作品，但思想與實踐是永遠不落的星辰，留下一種燃燒思想的知識，一種耐心無限的實踐。透過本書可以理解到余老師的哲學，開展思索「變化」本身，而不是僅僅停留於相對靜止的「本質」和「結構」。本書各講次的展開所裸現的「傷口」，是「無限」意義的網絡，共同織就我們的整體時間。如此時間指涉著無數其他苦難與傷口，無數傷口的「相遇」，是一種不能被既有認識論同化的「陌生」現象；正是這樣的「陌生」問題，衝擊讀者重新思考，只有在既有認識的無能處，才能不斷轉化，創造強而有力的能力。

宗教具身化是老師的踐行，這是老師另一本說話的書，是默會力量的聚集。這本書若是以老師以前也多次引用的思想家傅柯（M. Foucault）界定論述（discourse）的各種面向來看，論述的形成方式，包含論述對象、概念、策略等形成方式，而其多樣複雜的說明中，主要放在說明各種論述的出現、開展、消失、排斥等面向，並非服膺於單一的因果關係或決定關係。這本書的編排與脈絡，以論述的言說語境來看，除了透過書本閱讀老師講課風格與語調神情外，也可傾聽到老師在進行描述論述場域的聲言功能。同時，這本《生命轉化的技藝學》課程記錄書的內在歷史性，也是「寓居於世」存有的開展，讀者可以手工時間的細膩緩慢閱讀方式，加以體會理解。

本書是透過課程記錄、謄寫錄音稿，一字一句敲打，而後編輯出來的手藝作品。這是充滿在世情懷手工時間沉澱的給予，余老師留給我們的禮物。

本文作者為國立臺灣大學心理學系教授

推薦序三

哀傷之書，生命之歌

蔡怡佳

這是一本可以帶著走入森林的書。

雙腳離開熟悉的道路，踩在泥土、石頭與落葉蜿蜒出的山徑，聆聽樹葉被風拍打、蟲鳥鳴唱，呼吸的氣息與遠方溪水聲的疊奏。陽光從枝椏間隙灑落、照亮了被樹蔭蔽護著的寧謐：活活潑潑的靜。

這是許許多多生物棲居，生命綻現、開展、凋落、再生的所在。汗水緩緩流滲，樹木與風的氣息越來越清晰，水聲越來越近。森林的心，時近、時遠。

將鞋襪脫下，赤裸的雙足行走在時而尖硬、時而柔軟的大地上，痛楚與舒緩交織，汗水滴落，步步分明。呼吸漸深，思念越沉……。

閱讀余德慧老師當年在教室中與同學談書論道的這些話語時，曾經接受了我的那片森林開始低語，溫柔的聲音，讓心濕潤的撫觸。森林曾經說：You are one of us.

森林在哪裡？森林是每日的錯過，竟日的不見與不識。

從不見中琢磨看見的能力，一直是余老師帶領學生的方式。記得當年老師在臺灣大學心理所帶我們分析說話的資料時，會拿小說的文本給我們練習，帶我們讀出話語之外、種種沒有被說出的心底幽微。人情世界的縱橫埋在一大片沉默之中，小說中所書寫的破裂與離斷成了很好的材料，讓我們由話語看見人情羅織所成立的世界。在慈濟大學宗教與人文研究所的余老師，由心理學者的人情世界走進宗教人文的另一個世界，在課堂上討論宗教與自我轉化的經驗時，選的都是哀傷的書了，書寫著生命所經歷的死蔭幽谷。人情世界的羅織透過離斷而被看見，生命的轉動也是藉著破碎而開啟。但是，開啟的不再是現實邏輯織就的世界，這是余老師在宗教所教書的時期，透過人文臨床的視野所致力勾勒的世界。這個宗教所指向之內在世界的開顯與自我的剝落有極大的關聯；余老師所選的這些哀傷之書，說的都是自我剝除的過程。

失去至親的悲傷、面臨絕症的驚惶、殘疾的苦痛，修行直面的深淵，這些難以負荷、從上層墜入地下的經驗，要怎麼談呢？這些經驗猶如刻骨的嚴寒，令人戰慄。然而，意外的是，當我讀著余老師帶領學生接近這些自我剝落，深淵開啟之經驗的紀錄時，卻彷彿走入生氣蓬勃的森林溪畔，照見的是生命的活潑與安靜。老師不談大片大片的道理，但引導學生覺察身體的人文空間、話語靜默後的生命感，以及虛空而得以迎納事物的間隙。這些哀傷的經驗，原來抹去的並不是生命的溫柔與慈悲，而是意識的遮蔽。

談論面對死亡的恐懼時，余老師並不是直接搬出面對或是接納這種智性的話語，卻談了「小東西行巫」這種生活技藝所給出的情義與情感。書中令我印象特別深刻的地方是老師說到，自己一輩子做學問，卻做不出小東西，這曾經是生命中的遺憾。最後，終於學會了做飯燒菜，煮東西給大家吃：「這些日子以來，我能學會煮點菜給大家吃，我很高興，我終於能有一種手藝可以做這些事！」

最後一次和老師說話時，老師的身體虛弱，坐在廚房的餐桌旁。老師沒有跟我聊最近讀了哪些書，卻很仔細地告訴我如何煮出好吃的鳳梨苦瓜雞。當時不明白，讀到書中這些話語時，才終於懂得，老師最後傳授給我的，是生命的技藝。我沒有看過老師煮飯的樣子，心中對老師的回憶大多是當年在研究室中和老師討論知識的景象。透過這本書，我彷彿看見自己置身於生著柴火的廚房，望著老師被橘光照亮的臉龐，以及燒飯做菜的溫柔身影，重新受教於他。

明明說的是深淵，湧現的卻是汩汩的生命感。這本以哀傷為起點的書，原來也可以在廚房傍著爐光，靜靜閱讀。廚房是生死戰場，生命流轉與交換之處，既殘酷、又慈悲。余老師最後奉獻給世界的手藝是轉化生命的技藝，從哀傷與苦痛所轉化成的溫柔之味，療癒之光。

本文作者為輔仁大學宗教學系副教授

推薦序四

一個不可能的對話

黃冠閔

本書是余德慧老師去世前的授課錄音整理而成，各章內容按照其課堂講授的次序，對照指定學生閱讀的書籍，在討論與延伸發揮中展開了種種的指點。這一指點帶領學生理解課程選定書籍所涉及的各種修道解悟經驗，也從各種親身體驗中點出修行裡「道不遠人」和「自我轉化」的兩特徵。這樣的指點既是個人經驗的展示，也鋪陳了理解過程的抉擇汰練。修行與證道顯得能切近日常生活，但卻要能夠對各種日常生活經驗加以轉化，才能夠入於道的門徑。因此，隨課堂進行的指點既是平常又極艱難。

本書保留了余德慧上課的口語表達，但在運用新詞彙、進行轉化經驗的解析時，仍保存了余德慧本人思想、行文的風格。閱讀此作品的門檻並不算高，但是要說是達成哪種樣子的理解卻頗有挑戰性的。

余德慧的閱讀十分廣泛，充分展現出一個思想探索者的鍛鍊。在轉化方面，他是一個很好的展示者；在碰觸各種思想創造、生命經驗、行為，乃至於臨終的經驗時，他都能夠轉成他所體會的層次加以表達，在這樣的探索中，他既是自由的、又是深刻的。

然而，作為一個讀者，我總是不禁想問：余德慧式的風格有哪種奧義玄門？

這樣的問題或許可以鑲嵌在一個對話中，但我也明瞭這一對話是不可能的。如今，在面對這一本「遺作」時，一個不可能的對話恐怕更像是一個道別。本書所展示的「日常」與「轉化」就反映著余德慧式的探索風格：既深刻又粗糙，既本土又域外。不可能的對話屬於這樣的歧出、分岔。探問的話語總是引領到語言之外的他方、異世界。我來不及與余德慧道別，或許這樣的道別早已經在某一時刻已經發生了，但對話的狀態卻又經常回來；甚至可以幻想有一來自余德慧的提問，而我也來不及回答，甚至，我根本沒有能力回答。我也可以想像，我的回答並不是余老師所設想的方向，這也是這一對話的不可能。

余德慧式的風格本身源自他所希望處理的領域以及方式。人的存在被死亡所環繞，這本來就是一個謎樣的、困難的存在。面對這樣的謎和困難，也並沒有捷徑和方便法門。由於沒有現成的路徑、方法得以套裝公式般地面對種種艱難，余德慧投身於創造性的摸索，而最能夠概括余式風格的是「冥視空間」的概念。余德慧是一個在黑暗中摸索的思想實驗者，他所尋索的是一點靈明。由於在黑暗中，在文字的、文化的、政治的、都市生活的、學院知識的各式黑暗中，他努力地吸收著黑暗中摸索時所能碰觸的一切，而一切都成為可被轉化的經驗。這種轉化取決於他所保存的一點靈明。所有的倫理技藝、修行工夫都是在這一幾乎看不到東西的空間中，捉住經驗，轉成線索，然後再循線前進。困難點在於：如何指稱那一不可見的層次？如何透顯出可操作的一點靈明？

冥視空間是余德慧所逼近且創造出的空間，他極力捕捉的一點靈明投向這一空間，而操作的工夫修為也都虛擬地從此一空間抽繹得出。具體的身體感、身體情感、空間感、存在感是相應於冥視空間而得以保存，得以從各種壓迫取消的條件逃逸出來。也因為冥視空間必須捨棄原來的建制，朝向那潛藏卻未被察覺、開發的另一向度，所以既定的學科建制與知識都顯得過於受限，不足以在野性的拉張中撐起冥視空間。捨棄既定建制、進行野性的知識綜合也就塑造了余德慧式風格的外貌。

本書展示的宗教療癒和轉化，不是對於課堂中書本內容的解說，而是展示出如何連結到不同脈絡的經驗，不計門牆分隔，歸趨於平等的對待，剝離其既定的框架，開發出宗教或修行經驗中的深刻共通性。巧妙、深刻、豐富等等特徵都是余德慧長期「身入」病房現場、宗教田野所累積的綜合能力，但是，如果沒有野性地遁入冥視空間，這些能力如何得以傳承？

讀者或許可以從「還吾本來面目」的角度來思考。不只從「明心見性」來解讀，而從詮釋現象學來解讀的話，「還」是「還原」，是將許多既定框架、成文建制、既有偏見放入括弧，進而坦然面對各種多樣性的經驗，這裡就有層層剝除、層層轉化的思想運動。「吾」則是「吾喪我」的分離經驗，不斷地檢視受到各種條件限制的「我」，使得「吾」不黏貼在這種種「我」的條件裡。「本來」則是投入深刻的記憶中，任由不經意的回憶捕捉自己，甚至任由想像、夢蔓延，這種「本來」其實既是撫慰又是逼問，究竟我是從哪裡來，又往哪裡去；在記憶、想像、夢、情感的彼此交錯中，心靈的動態運動才能夠促成轉化，存在的「本真性」則是被一種動態感受所勾勒出來。「面目」則是由自己與他人所編織成的，沒有既定的容顏面目，只有在各種關係中迸現的對待，但唯有在通過不可見的冥視，方能以溫度、情緒、感受承接面目的來臨。死亡並沒有面目，「還吾本來面目」或許是余德慧的現身說法，充滿著倫理技藝的痕跡。

巫士余德慧所傳頌的野性思維帶著層層迴盪，始終在不可見、不可聽聞的空間中召喚著，但這也是最基本的困難。讀者也在應承余氏風格的召喚時，必須理出能夠領會的法門，尋索自己的一點靈明，不再受限於黑暗中的摸索。

（本文作者為中央研究院中國文哲研究所研究員、政治大學哲學系合聘教授）

編者序

一種對「轉化書」的後設閱讀

吳明鴻

面對個人生命的疑惑與困境，我們常常看書尋找答案，而出版市場也一直存在所謂的「心靈類」書籍，它們作為一種自救（self helping）手冊，涵蓋了心理健康、宗教修行、身心修練、諮商心理、精神分析等領域，試圖幫助讀者在面對其各種複雜或難言的生命處境時，回答「我該怎麼辦」的生命大疑。這些書籍的一個重要課題時常是：「我」如何變得不一樣——如何跨越自己的限制？如何接受現狀？如何改變自己的觀點？如何走出受苦的處境？而這些問題都涉及了自我轉化（self transformation）的如何可能。

然而，這類「療癒書」、「轉化書」、「心靈書」琳瑯滿目、多如牛毛，且這位上師、活佛，那位醫師或通靈者，各立山頭，各有法門和路徑。那麼，讀者該怎麼選擇？該如何閱讀？怎麼讓自己和這些道途相關連？怎麼使這些關於人類心靈的智慧成為驅動困頓處境的力量？這可能會是另一層負擔和徬徨。在學術的嚴肅討論上，這涉及到「自我轉化」現象的本體論、認識論和方法論的哲學層次議題。而本書的價值即在於，余德慧老師一方面（並非系統性地）觸及著這些根本而困難的學術課題，另一方面以一種面對著諸多「道途」上之流浪者（＝學生＝讀者）的口吻來談話，站在後面這個有著生命之大疑的凡人的位置上，他既熟悉「俗世」和「轉化」這兩個領域，也深知自我轉化路上的各種陷阱、迷障或困境，例如：轉化的邏輯和俗世的邏輯為何時常相互悖反（因而讓人感到畏懼）？想要自我轉化者是否一定要修行？是否不同的人應當選擇不同的模式，沒有一條絕對或普遍正確的轉化路徑？但又要如何得知：適合自己的路在何處？該怎麼讓肉身切近之？

由於理解人類自我轉化現象的關鍵處（同時也是困局），余老師帶著讀者對諸多「轉化書」進行後設式（meta-）閱讀：一方面，這是一種對心理經驗的現象進行經驗還原的閱讀方式——如果某本書所揭示的經驗是一種轉化經驗，那麼那個經驗是如何構成的？它告訴我們什麼意義？另一方面，則在累積多本轉化書的閱讀後，橫向比較分析不同的轉化模式間，以及俗世和轉化的區別處，超越表面的歧異性，看向深處的相通處及關鍵的分叉點為何。余老師一點也沒有遁入學術性的討論（即便其談話不一定是不艱澀的），他一直回到一個求道者的位置去問：每一本書（＝道）告訴我什麼？跟「我」的關連是什麼？

「我」該如何沿著它繼續走下去？或者應該踏著它的基礎也同時放棄它，走向另一條探索之徑？在這個意義上，余老師的後設閱讀對求道若渴者提供了很「貼心」的談話——超出各種門派各自的本位，他試圖站在一個更寬廣的理解位置上，但不只是「評點」或「比較分析」不同轉化書而已；在每一次的課堂上他一再透過案例提示學生的是：每個人如何沿著自身的條件性，走一條自己獨特的轉化路徑？（至於何謂條件，詳後述）這個宣稱是普遍的，但個體的轉化之路則只能是殊異的，「鑰匙」只能在個人身上。每一本「轉化書」隱而不宣的潛在話語是：「這樣做是對的」或「請遵循我的道」；卻未曾給我們一個參照系，以及一些基本原則，告訴我們如何依照自身獨有的狀況，選擇一條適合自己走的路。

可以說，這本書有兩個面向的「寬廣」：一來，它不採任何「法門本位」下的限定性或規範性的話語（因此也就無所謂反對或贊成），而是回到個人「存有大地」的經驗層次，來談這樣活或那樣活的可能和意味。二來，透過十幾本「轉化書」的閱讀與比較，將轉化現象放回生活世界的條件性與處境性來考察後，它告訴我們，沒有誰被允諾握有轉化的「鑰匙」——修行人未必有，不修行之人未必無緣。於是乎，「殊途同歸」便是有可能的（但其實每一個轉化現象也並不「相同」）。這絕非過度的樂觀，忘卻了轉化的艱難之處，事實上這一點正好是每一次課堂探究的重點；重點在於，余老師告訴我們轉化現象的發生與否絕不是寄寓於修行形式的有無。於是，他帶著學生閱讀川端康成的文學經驗，閱讀赫曼．赫塞的《流浪者之歌》、大江健三郎的《靜靜的生活》以及（較早讀過的）村上春樹的《挪威的森林》等，在余老師的眼中，這些小說家（＝非一般意義下的修行人）筆下所揭露的經驗，已使他們的書具有「轉化書」的資質了。於是書中主人翁的生命歷程，就可以作為轉化歷程來加以考察。在這個意義上，余老師對於轉化的構想是寬厚的，特別是他在安寧病房的研究經驗告訴他，在臨終轉化的課題上，權貴階級或販夫走卒等社會性、階級性的區別並不重要，關鍵是在他處。

轉化的技藝學

余老師怎麼閱讀「轉化書」？面對每一個想法、實踐、背景和處境各不相同的轉化經驗，他有無基本的分析詮釋框架？他都是透過什麼理論性「透鏡」來幫助他觀察分析？這裡，我們用「轉化的技藝學」命名之，一方面具有說明余德慧老師如何理解轉化現象的認識論意義，另一方面亦具有實踐上的意涵。意即，它可以是一個高層次的自救手冊，也就是前面所說的，它讓讀者對於自己該走上怎樣的轉化之路，有一些指導性的效用。

一、條件的意義

大家先要知道的是，「生活的形式」其實只是一個處境上的要求，像我念高中的時候，每天早上都四點起床，因為我晚上九點就睡了，所以早上四點就睡不著。最重要的是，我四點半要聽正聲廣播電台的英語課，因為鄉下沒有什麼美國人，都聽不到人講英文，只好聽廣播，這也是一種生活形態。我媽也是每天四點起床，因為她要準備飯菜給大家吃，接著五點就出門割香蕉還有巡田，大概八點前就不工作了，因為太陽太大。下午四點才又去田裡……。（引自本書第七講〈修行是動詞〉）

余老師講述著：自己身為一個台灣南部農村子弟、一個升學主義下的高中生，跟母親所生活過的歷史片段。類似這樣的描述，就是他在本書時常論及的「生存條件」：從特定的社會、經濟、地理與歷史條件下，在某個家庭或社會位置所進行的必要日常操持中，揉合個體所處的生命階段及其特殊的秉性或際遇，造就了一種個體依傍於其上的結構性處境，由此生成其存在的光景與氛圍。談論每一個案例時，「個體如何沿著……（某種）條件與處境，走入一條獨特的轉化（或不轉化）之路」，這句話差不多就是余老師分析案例時的分析與講述的手法。那關鍵性的「誰—沿著—某條件」是考察的重點，一定要從經濟社會面、物質面、身體面、日常面為起始，走向心理與靈性的層面，而且不斷復返、來回與循環。余老師總愛說人是「摸著石頭過河」，也用這個意象來描述人在修行之路上的動態發展，「沿著」是動詞，是在時間中流轉、變動，動詞之前是某人依山傍水而來的生存姿態，動詞之後是當下這個時空條件下所給出的處境（situation），二者相互依存、彼此構造。余老師的故事總是掌握著這兩者彼此辯證的推進動力，所有超越性和不可超越性都寓於此間的張力或密合。

譬如本書論及的《遠離悲傷》，作者鄧美玲談論著親人的死亡；《最後的演講》中的蘭迪．鮑許（Randy Pausch）教授和《生命告別之旅》的單國璽樞機主教，則是作者自己必須面對即將到來的死亡。他們共同被迫面對生命中的遽變，都經歷過一段難熬的苦痛和失措，但他們的轉化路徑是循著身上原有的資質和條件開展出來的。例如鄧美玲原先是沒有修行的，但有著報社記者的工作經驗與中國文學和文化的背景訓練；蘭迪這位認真、風趣且認真教學的大學教授，面臨了胰臟癌的襲擊，轉而發願要克服障礙、實現兒時夢想、幫助別人實現夢想、把握每一時刻；單樞機則原本就是天主教的修行人，臣服於神，面對癌細胞，他繼續臣服、向死而生，一分一秒地臣服、服從於天主。余老師將引領讀者，領會這些先行者如何順著自己當下的條件，走出一條屬於自己的轉化之路，並看到人與其處境間動態的辯證歷程。本書動人之處在於：無路者，只能繼續硬著頭皮前行；深陷絕境者，卻在絕路逢生，找到自我轉化的旋轉門。這本書的分析展現了個體「社會面—處境性—心理歷程」彼此影響的連動關係，以及不同生命時刻「人當何所依歸」的深刻討論。沒有人是一下子走到修行的狀態中的，一切要從非常具體的條件開始。條件帶出處境，處境給出了人間，有的處境讓人卡住、滯鬱，有的處境帶來助力；也有人是身心陷落之後，因機緣性遭逢而產生轉化的。說者說書，讀者則用自己的肉身體會來聆聽，由於是具體案例，我們可清楚自己與某位作者的生命經驗產生共振，跟另一位則相去甚遠，從中琢磨自身的存在。這是一本有溫度的書：不同先行者的生命風景向我們不斷展開。

二、生活中的小細節

余老師晚年，其學術風格同其生命體悟，轉向了對生活中小細節的關注：物件、話語、食物、舉動、時刻、小儀式、聚會……。這些小事物在他眼中，時常構成存在的光暈，甚至是某種支撐人存在的最具體的條件。我們活在生活細節中，細節牽動我們的悲喜。在此不談大理論，而談那柴米油鹽之間「活著」的況味如何被營造出來，甚至可以說，我們就等於在柴米油鹽之間構成的生命感。

譬如，當處理《凝視太陽》一書的死亡焦慮或恐懼時，面對著死亡所給出的「無法面對／不面對」又「無法抵達」的困頓中，余老師提出生活中的「小東西」常有一種「行巫」的能力，為虛無的狀態帶來承接。當談到手做小物、燒一頓菜款待朋友親人，或廟宇空間的縈繞氛圍時，這些相當不同卻各有「味道」的事物，呈現為一種接引，讓我們得以「接近」（但「接近」二字後頭，並沒有作為受詞的「什麼」〔what〕存在）。以帶來接近的東西，處理無法抵達的死亡恐懼。透過這樣的迂迴，創造某種生命感的氛圍，懸置了死亡恐懼。「小東西」具有迷惑意識的資質，讓人產生不了可以認識的內容，卻意外帶來身心的護持。另一次，余老師談及社區療癒空間和老人安養的問題，「小東西」變成了更大的具體生存空間，但討論的依然是其「接應」存在的資質，讓人更清楚，物與環境是如何撐持著人的存在，抵抗心靈被淘空的危機。

在這一點上，余老師不只引用他最喜歡的川端康成，去談那「無法抵達的抵達」，他更用他熟悉的巫術現象，討論某些擅長做甜點或手工藝的人，帶給人們的「小確幸」，其實就是一種生活中的「行巫」。約莫在二〇〇八年之後，幾次聽余老師慨嘆他自己只會「做學術」，其他卻什麼都不會做，從這種「生活中的小細節」的理論觀點，他認為這是一個很大的限制。學術工作者擅長對於研究課題中的「什麼」和「如何」進行一種意識性的執取，但余老師似乎因為研究自我轉化，想要「繞過」這種過度主智主義而失去他種經驗事物的能力，於是他開始下廚，好幾次用紅酒燉牛肉餵養我們。我們開始意識到，「小確幸」和「生死學大師」並無違和，因為他關注的是事物的媒介（mediate）、質性、所能創造的氛圍、使意識的迷惑、耽擱或迂迴、在整體的部署位置和起的作用……。儘管如此，其實余老師自己是最佳的行巫者，語言依然是他的擅場。

三、物的空間

余老師對自我轉化的定義，基本上是「成為自己的不是」（become other than one self）或「成為他者」。所以，在他所認定的修行轉化的現象中，我們看到各種殘酷和他者性（otherness），個體在其中經歷了痛苦的蛻變。於是，一般所謂的「安身立命」，即創造屬於自己的堡壘，把所有的價值、信念、奉獻都放在這個堡壘中，成就安詳舒適的基地——這些全部與轉化無緣。

在當代現象學心理學與精神分析的啟發下，余老師嚴格區分了物的空間和語言空間（見本書第十四講〈物的空間〉），認為修行、轉化的「成為他者」之路，發生於物的空間。一般而言，人們透過語言而獲得對自我和世事的認識，但也多少被語言所蒙蔽，因為話語本身是符號性的、是意指的（to signify something）、是二元對立的、是聯想性的、是由一個靜態的語言結構和個體處境碰觸後生產出來的，它依附於處境而生，卻總以其片面性和自身的邏輯性，遮蔽了經驗與處境的流動性與意涵（詳見余德慧《詮釋現象心理學》），遠離了個體生命。然而，「物的空間」並不易談，但對於熟悉中國的老子、禪宗或歐洲思想家尼采（Friedrich Nietzsche）或德勒茲（Gilles Deleuze）的讀者而言，會比較容易理解，這也是余老師的數個思想源頭。有趣的是，「物的空間」的「物」不是指「物體」，置放在此修行的脈絡下它仍是指個體經驗，但「經驗」如何等同於「物」呢？原來，余老師在這裡是要以「物」之為「非人」的他者性，針對涉及轉化的「個體經驗」，指出其中有著超越出個體所具有之屬性之外的元素與運動狀態，帶入德勒茲思想中「非人稱存有」（impersonal being）的領地來討論。他以非人稱存有區別於人格化存有（personal being）或語言層次的存有，提醒學生要小心：談論轉化經驗時，不可「認賊作父」（賊＝語言、人格〔personality〕或自我〔ego〕）。

修行領域中的「物的空間」，是一個怎樣的空間？首先，這是一個唯有透過碰觸（touch）或親身經歷，才能感知其存在的空間，否則完全無從得知。這種經驗質地具有一種「絕對的差異性」，余老師以饒富禪宗意味的說法是「就好像一個石頭打在你頭上，力道是多少，你就痛得多深刻」。這個空間的運動特性，就像盲人前行，若無過往的空間身體記憶，則每一步只能以接觸來進行感知，於是步履、地形、地心引力、身體應力共同形成了當下條件性，「修行之身」便在這諸種身體、空間、物理、個人歷史的部署（deployment）中，在各種當下的策略性運用或權宜之計中（而非計畫性的、境界論式的修練中），作為某種力量的環節（moment）而存在，經驗到精神層面的流轉、生成與變幻。這個抽象的概念解說，搭配余老師對個案如何從其自身具體條件「依山傍水走來」的說明，就會清楚。有時余老師在故事說到一個段落時，會出現好似「同語反覆」的語句：「你終於到了一個地方，讓你的身心在那裡活下來，然後你便成就了那種那種『活』的狀態。」其實這三句話分指個體存在的條件性（condition）、處境性（situation）、精神性（spiritual），而這三個彼此關連與交互影響的層次，使個體在其獨特際遇中開展成為一個力量聚、散、離、合的空間來。因此，個體作為空間，當中發生的是事物之間的連結、耦合、交互侵越與精神性的生成與流變。在這個空間中，道德退位，不談待人接物，不談為人處世，相反地，會出現余老師（引用杜斯妥也夫斯基的《地下室手記》）所謂「修行界的地下人」，這樣的人無涉於道不道德的自我價值批判，因此也常以違逆倫常者的姿態出現於世。

在這個空間中，「天地不仁，以萬物為芻狗」；在這個空間中，修行者的修行實踐有著說殺即殺、一針見血的殘酷性；在這個空間中，人類領受「自然的行動」，以自身作為自然力量的介質或通過的場域，成就無人稱的存有狀態（但需注意的是，余老師並不承認存在一次性的頓悟或成聖，此後再無生命時間的流轉，進入永恆；相反地，他比較相信「聖」與「俗」之間的「旋轉門」式的輪替遞嬗，他研究的焦點也在於一次次轉化時刻的潛勢或動力機制）。

四、存在的手藝

或許，可以「存在的手藝」作為貫串本書談論修行與轉化現象時，一以貫之的主軸。余老師主張的修行之路，是一個寬大的修行之路——回到每個人的處境來談。每個人都可以沿著自己的處境，細細編織或琢磨自身的存在。這個轉化的概念框架並不提供修行的法門與步驟，它只啟發人的悟性，要人們摒棄意識的執取，但要注意「小事物」，注意那具有撐起某種存在況味資質的小細節。在論及余老師個人長年研究的臨終陪伴時，「陪伴」更以一種技藝學的形式被呈現：「沉重的拿捏」、「豐富的沉默」、「深思的緩慢」、「陌生的親近」等等，讀者一方面產生一種可以「拿來用」的「技術」的錯覺，但終究這些也只是「心法」，並沒那麼現成、可用，因為修行終究在個人。此外，在「自己對自己的琢磨」這種生存技藝或美學的層次上，其中的手藝是完全無法被橫向複製的，人僅能沿著自身存有的條件性發明自身的技藝，不斷在自己身上進行實驗和改造，創造自己的、並非事先被規定好的演進歷程。本書的附錄〈心靈療癒的倫理技術〉演講記錄，雖然在時間上稍早於本書所謄錄的課堂講授（二〇〇六年），但演講中清楚提出「手藝」或「手路工」的概念，指出人類在各種條件、處境、心理狀態、日常操持中，以自己的存在為對象進行一種生存美學上的鑄造與修練，相當準確地點出了三年後「宗教與自我轉化」這門課被揉塑而出的進路。

關於課堂與編輯

一、說話風格

余老師時常「造新詞」、「舊詞新用」或創造新的語句構成模式，這在他而言，是研究上的不得不然，因為他認為很多既有的話語模式說不出特定經驗，甚至是對經驗的掩蓋。於是，打破語言中語意鍊的慣性連結，才能走出各種「已知」的經驗；唯有對語言進行實驗，嘗試新的勾連（articulation）方式，才有突破既有話語重圍的可能。這件事在二○○八－二○○九年余德慧老師的國科會研究計畫的定期討論中特別明顯，師生們圍繞著每週進行的頌缽團體寫著田野筆記，揣摩著身體、精神與西藏頌缽波聲共鳴的關聯方式。以「身體經驗」作為研究課題，一開始就挑戰現成的描述性語言的界限，於是師生只能不斷地實驗新的書寫方式（破碎的寫法、激進的寫法、一種篆刻隱喻上「陰刻」的描述），試圖稍稍抵達那本身不言說的肉身之境。

二、素材選擇

回顧二○○六－二○一一幾年來余老師「宗教與自我轉化」的課程綱要，可以看出，對「自我轉化的機緣、改變技術、療癒機制及其後設思考」[1]的探討一直是這門課不變的核心，但在閱讀素材的選擇上，二○○六年的讀本內容涉及教門（基督教、佛教）與非教門（非神論、台灣本土宗教經驗）的修行。到了二○○九年，讀本的內容已經不以教門／非教門來界分，文本的多樣性呈現出其直探「經驗」的企圖心，若我們勉強將這些讀本予以分類，它們包括：新世紀修行（兩本）、教門修行（兩本）、素人的邊界經驗（兩本）、宗教人生死經驗（兩本）、精神醫學與心理治療（一本）、新儒家（一本）、小說（三本）、紀錄片（一片）。但很多範疇間的界線，如紀實／虛構、教門／非教門、宗教修行／心理治療、素人／修行人，在「回歸經驗」的研究取徑中，已然不具太大區別的意義（僅具條件性意義）。

三、講授方式

余老師有時並不直接談書本內容，他更著力於可用來讀懂書本的基礎觀念，有了這些觀念，幫助讀者可以對各「轉化書」進行批判性閱讀。另一方面，他一面在發展自己的「身體轉向」後的療癒理論，因此本書中有兩個講次，余老師回到「身體」這個介面，試著從這個視角開拓論述空間，而相關的成果可參考已出版之《宗教療癒與身體人文空間》一書。有趣的是，我們看得到一個學者在發展理論的半路上，怎麼在概念與現象之間琢磨彼此、左思右想，一步步地推進。

四、編輯方式

本書依據余德慧教授於二〇〇九年九月到二〇一〇年一月在慈濟大學宗教與人文研

究所所開設之「宗教與自我轉化」課堂錄音，進行謄寫、修潤、編輯而成。這本書絕對不是「原汁原味的余德慧」，主要原因是余老師當時面對的是多少了解他的學術風格的研究所學生，但現在，這本書面對的則是普羅大眾。基本上，針對語句的可理解性之上，我們做了一定的潤飾，因此難免某種程度上犧牲了余老師「造新詞」或「新的說話方式」等實驗性的知識開拓策略，但編者也因為理解並試圖保存這一點，而不斷在知識上必要的開拓和讀者的可理解度之間掙扎拿捏著。其次，每一個講次都是由同學們報告和老師評析所組成，我們不謄出同學們報告的內容，而是在必要時以「編按」的方式交代其重點，並補上課堂讀本簡介、當次課堂進行方式說明、相關典故或文獻的註腳，讓讀者在閱讀余老師的評論時，不會因為缺乏課堂脈絡而感到突兀或不知所云。第三，余老師講課時有「跑野馬」的情況，其以某個概念演繹出發，可能涉及時政、商業界、學術界或消費社會的批判，對此，我們在「與主要論點具相關性」及「是否涉及個人批評」的判準中，進行揀擇裁切。

重複還是創新？

余老師生前著作等身，在其身後，每一本書要被出版，我們都得問：是否老師生前已經講過了、寫過了？這到底是舊的東西，還是新的？在老師過世後的幾年再出版一本，有何意義？追根究底，余德慧思想的「未來性」究竟在哪裡？

碰巧在本書出版的前一兩個月，《人文臨床與倫理療癒》一書出版了。這本收錄了余老師晚年「人文臨床與療癒」思想與實踐，以及其他學者對他的閱讀與回應的文集，更可以回應前述這個大哉問。我們在此只能很確定一點：相較於余老師出版過的學術文章或一般書籍中，本書的概念可能是舊的，但是其對於經驗的講述「總是新的」。書中所有的故事不一定都是第一次講述，但其講述的手法、逐漸的開展、經驗的揭露，永遠都有「好像第一次」的新鮮資質。這是何以李維倫教授曾論及「余德慧經驗」，因為余老師的話語和引導，總是讓讀者經驗到一種只屬於那個當下的、獨一無二的給出（presenting）和開展（unfolding）。在本書中，我們繼續親歷這個思想源泉噴發的現場：精彩的描述、多文本的並置、經驗與概念的交相勾連與彼此推進，是在這樣的聆聽經驗中，慈濟師姐的大愛手、臨終病房的陪伴經驗，乃至中國文人的聽泉、磨墨、禮佛、品酒等，上溯道家修行的「坐忘論」與「心齋法」……，一一被描繪終至領會。余老師總是展現出其「經驗豐富者」之姿，其思想與感受，如此流竄來去，能量相當驚人。有人用「汩汩流出」來描述余老師課堂上的聽講經驗，似乎聽者也能在課堂空間中，經驗其思考狀態中活水源頭，某個

「宇宙」從那裡冒出來的創生感受。人文世界的溫暖與風景，經歷他的眼、沁入他的身，最後走出他的筆與口。

「余德慧開講」的經驗，作為再一次「天地的開啟」。本書的出版，希望能貢獻台灣社會一條「回到存在經驗」的「手路工」路徑。

致謝

本書的出版，感謝余德慧老師的妻子顧瑜君教授的慷慨應允。釋宗演師父提供錄音檔案，是本書得以面世的關鍵之一。余春蘭和彭聲傑兩位過往同學，在工作繁忙之餘接下了逐字稿謄稿工作：這是一個相當可觀且可怕的大工程，沒有入定的決心，是很難在脫離學生狀態之後完成的。特別感謝春蘭，在幾年前《宗教療癒》二書出版之際扮演救火隊後，接下了本書謄稿的大部分「苦工」，以高度的工作效率、態度、編輯能力提供高品質的課堂記錄，而彭、余二人更願意在身心俱疲地交稿後，接受後續修訂的請求。我想若非曾經被余老師感召、且此力量一直留駐生命當中，此事不可能在余老師身後成就。感謝張淑玫和陳雅玲，你們臨時而慷慨的救援，維繫了我們這群傻子前仆後繼之際苟延殘喘的力量。

感謝朱志學，幫忙提供了文獻相關線索。心靈工坊的副主編徐嘉俊，從《宗教療癒》二書起就捨命編輯余老師的書，針對本書，除了對於我們這些投入謄稿與修訂的余老師學生給予很大的肯定與精神支持外，也提供了高品質的編輯，在此一併致上最大謝意。

註釋

1 二〇〇九年「宗教與自我轉化」課程綱要中，余德慧老師對於「教學目標與內容」的說明如下：「本課程旨在教導學生學習宗教現象的自我轉化，教學內容分四個部分：(1)基督教傳統的自我轉化經驗探討，主要以大小德蘭（Teresa of Ávila, Teresa of Lisieux）、盧雲（Henri J. M. Nouwen）、牟敦（Thomas Merton）等基督徒修練術為主；(2)佛教傳統的自我轉化，主要以禪療遇、公案療遇以及藏佛療遇為主，以阿姜查（Ajahn Chah Subhaddo）、佩瑪．丘卓（Pema Chödrön）、一行（Thich Nhat Hanh）、道證等人的經驗來探討；(3)非神論自我轉化：以巴塔耶（Georges Bataille）、尼采、布朗肖（Maurice Blanchot）、大江健三郎等非神論者的宗教經驗來探討；(4)台灣本土宗教經驗的自我轉化，包括慈濟、慈惠、法輪功等本土生活經驗的療遇為主。學生將從本課學會宗教經驗裡如何析出自我轉化的機緣、改變技術、療癒機制以及其後設思維。」然而，余老師本年度的實際講授內容，與這個沿襲自數年前的課綱內容有相當差異，可見余老師並未隨其逐年對於課堂的反思和調整，同步修改此課綱的文字。

目錄

導論・課堂讀本介紹

橫豎你最後會死，而這個死的「契機」，並不是一般所講的「我要怎麼死」，或者「我要死得怎麼有意義」。重要的是：我對人生感到很迷惑，我知道一定有某些東西我沒有「轉」過去；可是，我卻不知道那是什麼東西，以及我為什麼「轉」不過去。

編按：本次課堂並未一開始就錄音，估計錄音檔開始於上課三、四分鐘之後。余老師在這第一堂課介紹本學期的課堂讀本。

生命的契機

在每一個人的生命中都會出現一些神奇的狀態。因為每個人的根基都不一樣，所以發生的狀態也會有所不同。

你覺得在你自己的生命當中，還迷迷糊糊地搞不清楚，還在那裡摸索，或是有一點清楚但又不太清楚的人，請舉手。

你覺得自己已經進入修道門檻的，請舉手。

你覺得你已經摸到了門檻的，請舉手。

你覺得你還叩不到那個竅門是什麼的，請舉手。

你覺得你已經發現自己有一種打不破的疑團，它成了生命中的一件大事，是你想要把它攻破的，請舉手。

不想哭的人請舉手（師生一陣爆笑）。

不想死的人請舉手（師生一陣爆笑）。
知道自己一定會死的人請舉手（笑）。
所以，我們從這裡開始，就是在談一個「契機」的問題。也就是說，橫豎你最後會死，而這個死的「契機」，並不是一般所講的「我要怎麼死」，或者「我要死得怎麼有意義」，這些都不重要。重要的是：我覺得我對我的這個人生感到很迷惑，但是呢，我知道一定有某些東西我沒有「轉」過去。可是，我卻不知道那是什麼東西，以及我為什麼「轉」不過去。所以，我是不是要問，在這世界上有什麼東西是需要去「轉」的嗎？也就是說，我這一輩子活到了現在，我還需要「轉」嗎？我又要「轉」往哪邊去呢？
所以，這「轉」是什麼意思？
這個東西當然會有很多的例子，我今天就是要展示給大家各種不同的例子。

《遠離悲傷》1

第一個例子，是比較不談「轉化」的發生。只是說：當事情發生了，然後自身平常的狀況也就跟著改變了。這就是這本書所展示的狀態。

這個情況，就是一般人的狀態。也就是說，我們每天，天剛破曉就開始去上班工作，並過著平常的生活。可是突然有一天，晴天霹靂地，你在癌症裡頭失去了你的健康，或是你的太太發生了車禍、你的太太死掉了，或是你的丈夫死掉了等等。這本《遠離悲傷》，就是作者鄧美玲在敘說她的丈夫，在一場空難中驟逝後她的轉變。

作者鄧美玲與丈夫是青梅竹馬，從小就在一起，他們後來還一起就讀了淡江大學中文系，畢業後也都一起進入了中國時報工作。就這樣，他們從開始談戀愛到結婚，大概經歷了十八年。這就是一個狀態。也就是說，有一個普通的人，在她平常的生活中，因為被一個東西「砰」地掉下來（丈夫的墜機事件），然後，她原本的情況便不得不因此而轉變了。

這當中涉及一個艱辛的問題，這個問題就是：「我該怎麼辦？」

就像那天我們聽到L在談她罹患腎臟癌末期的狀況時[2]，你看她該怎麼辦？

L她以前的生活是什麼樣子的呢？其實，她大概就像各位一樣平常：她是一家餐館的老闆娘、很有氣質，也會討厭這個客人、喜歡那個客人，會私底下抱怨這個客人而與那個客人很要好……就像大家一樣。她也有她平常的生活，照顧著自己的丈夫和兒女。然後，因為要跟丈夫一起到美國去，需要買保險，就在她的體檢結果中，晴天霹靂地發現自己是個乳癌末期的病人。這對她來講，整個生命就面臨了所謂「轉化」的問題。因為，她從此便不能再過像以前那般的生活了。

當她到了美國以後，美國的環境對她來說，是完全的陌生，什麼都沒有，所以她與當地的社群並沒有任何的接觸。在這種情況之下，她就全心全力把她的接觸都放在她現有的條件上：她的一個兒子、兩個女兒、她的丈夫，以及一個國外的室友。然後，她還很認真地學習給家人做各種食物，學習如何去教外國人包粽子及做台灣菜，她也會帶兒女們四處去走走看看。也就是說，雖然她不會講英文，可是她覺得無所謂，她開放自己，能講一個英文單字，就用一個單字來表達。也就是說，在她艱辛的處境中，她必須慢慢地，有她自己個人的轉變。

當L回到了台灣以後，就到醫院去接受治療，並且開始在醫院跟那些同病相憐的病人談話。

大家可以看到，L是一個非常真誠的有情人。她採用了一種叫做「病病相隨」的方式。那就是：我去探視病人，然後我對他做出全部的真誠，我用最誠實的方法，將我自己的狀態開放給他，然後，我陪伴著他。這種「病病相隨」的感覺是很清楚的，那也就是「讓我們手牽著手一起走」。這種形態，在我們自我轉化的理論裡頭就叫做「跟『知病』在一起」、「跟事件在一起」（Be Together）。像現在的你們，就不會「跟事件在一起」，或者是部分的「跟事件在一起」，或者是稍微連繫的「跟事件在一起」。為什麼呢？

你看看，L所探視過的病人，是不是大部分她都不認識？在這種情況之下，她的情誼，可以說就是對陌生人的情誼。可是，對陌生人又怎麼會產生出情誼呢？所以，這就是所謂的「大悲無言」啊。意思就是說：在這個世界裡，我是在無條件的情況之下，跟他人發生了「對撞」及關係。我這麼一講，如果你們大家反省一下，就會發現到那是不可能發生的。因為，你大部分是沿著某一個生活條件，來跟他人發生關係的，對不對？譬如說，像同學的關係、同事的關係、朋友的關係，及其他各種的關係等等。

在香港有一個年輕的神學博士，這個人在神學方面的修為很好。有一天，他突然發現自己罹患癌症。後來他談自己得癌症及接受治療的過程。他說每次到醫院去接受電療時，都會遇到一群在排隊等待電療的病人，而他就坐在那一整排病人當中，幾次下來，彼此也都認識了。可是，這位神學專家跟他們卻沒有接觸（connection），他還是回到自己的世界裡，然後只能孤單地向他的神祈禱。也就是說，當這位神學專家在他的生命中遇到變故時，他是轉變成這一種的方式與狀態。

我要講的是，當人們在生命中遇到變故時，其心境與態度的轉變，其實會有千百種的可能，而且，轉變的發生也不會有一定的通則。

像《遠離悲傷》這本書所呈現的例子，作者鄧美玲她的方式，就是將自己所走過的事件完全記錄下來。你會發現，那些在生命中碰到大難的人，他們在自己的變故中都會變得很誠實。鄧美玲的丈夫過世了以後，她在丈夫的電腦裡發現他生前竟然有個外遇的對象。她突然發覺到自己被背叛了，心裡頭雖然很痛苦，但也很猶豫：人都死了幹嘛還計較這個？鄧美玲最後還是解開了這個心結，她還約了丈夫外遇的女孩見面。後來她講說：其實不就是人嘛，人有他對感情的真誠性，而「外遇」不過只是個名詞罷了。

對鄧美玲個人來說，這些都只是個「過去」，而她所需要做的，就是「自己一定要能過得去」。當然，她也有一些部分是過不去的。她曾經在過不去的時候一個晚上喝了半瓶洋酒。她只要喝酒就會起酒疹，所以在喝了酒之後，全身都變得紅通通的。她是又哭又吐，既難過又狼狽。她曾想打電話向朋友求助，卻在接通了電話之後，覺得不該這麼晚還去打擾人家，所以連聲道歉，就掛斷了電話。她一點辦法都沒有。最後她吐完了，便醉倒在地板上睡著。隔天起來，默默清理前夜吐的那些穢物。

這段經歷讓鄧美玲體認了一個事實：一個哀傷者是很需要有人可以傾訴的，但又無人可訴。最後你就會認清一個事實，你必須獨自承受一切。她的生命經驗因此又多了幾個章節，也終於知道自己要怎麼撐起來。也就是說，當她這樣一步一步地走過時，她其實是有她自己的過程的。

我希望你們有機會去研究她的這個記錄與過程。當你們在看這本書時，你們的工作不只是要作為一個讀者，你們還要作為一個研究者，去研究她的轉變的發生。

鄧美玲的轉變，就叫做「被迫的轉變」。像癌症末期的病人，他們每一個人大概都是屬於「被迫轉變」的。

《最後的演講》3

這本書的作者是一位已故的美國教授，他是一般所謂的「普通人」。他想在癌症末期、面臨自己的死亡時，做一些演講。所謂「人之將死，其言也善」，他的演講中呈現了一些東西。

你們可以看到這本書的作者，他不修行，並沒有脫離他原本的平常，然而，他卻是在某一種「條件」（condition）之下，產生了一種領悟。

一般的修行人會去反省自己的際遇條件，譬如說：我為什麼會在這裡？我為什麼會做這件事？等等。但是這位美國教授不問這些問題，他只問：「我可以怎麼把某些事情做得更好一點？」所以，他是在某種「條件」下，在非修行狀態中的轉變。這就叫做「條件性的轉變」。

《生命告別之旅》4

這本書講的是單國璽樞機主教5。由於單國璽是個修行人，是個「有教門」的修道人，所以當他在講事情時，會有不一樣的狀態。你或許會問，在這個世界上有沒有「無教門」的修道人呢？有。那又是另外的一種樣態。

大家或多或少都能知道什麼是「有教門」的修道人；譬如說：一個虔誠的佛教徒、天主教徒、基督教徒、道教徒等等。那些「有教門」的修道人，當他們在生命中的艱辛處境時，都會有一種根據自己所信仰的經典而轉變出來的狀態。

我會引導你們去比較「有教門」的修行人與「非修行」的一般人，他們所發生的轉化到底是轉到哪一個層面去？他們還在關心的是什麼？他們想要對自己允諾的又是什麼？這將會是兩種不一樣的樣態。

《凝視太陽：面對死亡恐懼》6

這本是歐文・亞隆所寫的書。亞隆是一位非常有名的存在（existential）精神醫學大師，他是「存在心理治療」的創始者。他的病人常常是癌末的病患。他直接跟病人相處與交談，然後再把他們的害怕與恐懼很詳細地記錄下來。

你們要很有耐心地去讀這本書，看看癌末的病人是怎麼跟他的治療師說話。我每次閱讀那些病人所說的話，那些隱含在他們話語裡的東西，常常會讓我思考很久、很久。

這是一本內容很豐富的書。但是，你如果只是帶著一般閱讀的心態去讀它，那對你是不會有任何作用的。你必須要「用心」去讀。如果你沒有「心懷恐懼」的話，這本書你是讀不下去的。當你是「心懷恐懼」去讀它時，你就會讀得很輕鬆，也能夠體會到那個「恐懼」到底是怎麼一回事了。

《雪洞》7

「修行」可分為兩種：「有神論」或「有教門」的修行，以及「非神論」或「無教門」的修行。

我現在要介紹的這本《雪洞》，是屬於「有教門」的修行。這本書是在描述一位藏傳佛教的阿尼[8]，丹津・葩默[9]，她來到海拔一萬三千兩百呎的喜馬拉雅山的雪洞中，深居了十二年。那是另一種世界，而這另類的世界讓人感覺到另一種心安。這是她在生命旅程中的修行之道。你們要從她艱苦的修道過程中，去觀摩她的內在生命。也就是說，你要去體會她為什麼要修行。

《當生命陷落時》[10]

這個例子也是屬於「有教門」的修行。作者佩瑪・丘卓是一位美藉的西藏佛教阿尼。這本書是她藉由自己在面對生命陷落時的悲苦與困窘中的修行，對弟子所做的開示記錄。

《亞當：神的愛子》[11]

這一本是我特別推薦的，它是一本必讀的書，我非常建議你們每個人都能夠擁有一本，因為它極有深度。

作者盧雲神父[12]是一位天主教的修道人，他放棄了美國耶魯大學教授的職位，來到方舟團體（L'Arche）的「黎明之家」（Daybreak）[13]，無條件照顧那些重殘者，並與弱智人士共同生活。即便是他的天主教教友們，也都覺得盧雲那麼有學問，真是不應該留在這裡打理這些人。可是，盧雲卻告訴他的教友們說，他就是在照顧這些弱智重殘者的過程中，得到了真正的開悟。

這本書雖然是小小的一本，可是我認為它根本就超越了狹義的天主教教義。

《一朵小白花》[14]

這本是天主教的修道人，聖女小德蘭（Sainte Thérèse de Lisieux）的自傳。一位年輕的小修女，全身罹患了各種惡疾，其痛苦無人能比，並於二十四歲病逝。

這本書是在描寫小德蘭如何在病苦中，仍然一心一意在修行的道途上仰望天主，走過她生命的全部旅程。

當我介紹到這裡的時候，你們大概可以看得出來：有的人是在邊緣徘徊、有的人是剛踏上去了一點點、有的人是已經踏到道上去了、有的是根據他所信仰的「教門」在實踐、有的則是已經超越了「教門」。所以你們看，從各種生命修行的例子中，呈現出來的，是層層次次的各種樣態，很不一樣對不對？

《當下，繁花盛開》[15]

這一本是有一點超越「教門」的例子。作者本身基本上是阿姜查[16]的弟子，可是在書裡他並不強調佛理。他在日常生活的修行裡，有了一個很深切的開悟。他便應用他所開悟的道，整合了現代醫療及佛教禪修，以做為自我療癒的方法。所以，在這個例子中，我們也就看不出有任何明顯的「教門」了。

《流浪者之歌》[17]

我現在要開始來介紹小說。

大家都曉得赫塞[18]的這本書是小說，可是卻有很多人把它當作經典來讀。赫塞能夠將他對生命的體驗很具體地描繪出來，因而感動了很多人。小說最棒的地方就是它很具體。所以，雖然這是一本很老的書，我還是覺得要把它拿出來給大家看。

《靜靜的生活》[19]

大江健三郎[20]是個開悟的諾貝爾文學獎得主。他雖然是個文學家，但真正讓他轉化的，是他那智能不足的兒子大江光的出世。大江光出生時腦袋水腫，簡直就像是個小肉團，把大江嚇得很想將他掐死。從此以後，大江這一輩子就跟他這個智能不足的兒子黏在一起，他的整個世界也就進入了一個殘障的世界裡，他所有對生命的感覺也都在這裡面了。

大江光雖然智能不足，但是他會作曲。他所創作的曲子很好聽，我常常會一整天播放他的音樂，百聽不厭。

很奇怪，一個智能不足的孩子竟然能夠作出那麼美好的音樂來！所以我在想，那些大音樂家們，或許也多多少少有像ＩＹＯＯ之處吧[21]？在音樂家裡頭應該是沒有政客的，因為那些政客們總是一天到晚在動腦筋，想盡辦法要去算計人家。而且你會發現，不會因為你比較有經驗或比較老到，你所呈現的音樂就比較有深度，不會。

除此之外，我一直覺得像大江這樣的小說家很了不起。赫塞也是。他們的小說裡，沒有虛構。他們的小說裡所發生的事情，都是真的發生了的。也就是說，他們小說裡的東西，其實是寫實到了極點。

《靜靜的生活》這本書主要是在講ＩＹＯＯ的事情，真正要談論的問題是：一個沒有知識的人，他要怎麼活。

《一片花海的聲音》22

作者是一名伊朗裔美國藉的內科醫生。她曾經堅強地走過了喪夫之痛，獨自扶養一個女兒。可是後來，那與她相依為命的可愛小女兒，卻又在一場意外中去世了。這確實帶給她莫大的打擊。從此以後，她便踏上了療傷的旅程，浪跡天涯。最後，她找到了一個能讓她安身立命的地方。

這是一個生命旅行的故事，也是一本求道過程的小說。我讓你們看這本書的目的是要告訴你們：生命的真相並不是你眼前所看到的這個樣子。生命是一個崎嶇蜿蜒的過程，在這過程中，什麼事情你都可能會碰上。

《口袋裡的鑽石》23

我最後要介紹的這一本很難懂，作者叫恆河母。恆河母是一個高度開悟的人，所以他講的每一句話都很有意義，而且很深刻。也就是說，恆河母他已經至少轉化成「仙」了，所以他這本書是屬於「仙」級的（同學笑）。

這本書你們應該在什麼時候閱讀呢？

你們要慢慢來，不要一下子碰到了頭，不然你會感到很難過。也就是說，在這本書裡，有很多的東西與過程，是作者親身經歷後所寫下來的。你如果不能親身體會的話，那你就是白讀了。

所以，你們要先從凡夫俗子的書開始讀。這本《口袋裡的鑽石》，基本上是要放在最後才來閱讀的。通常，我會建議你們按照我前面所講述的每一本書的順序來讀。也就是，先從一般人的世界狀態，再慢慢地走進比較深刻的世界，循序漸進地深入。

註釋

1 鄧美玲（2010），《遠離悲傷》，台北：心靈工坊。

2 L為化名，以下為余德慧老師引用L於二〇〇九年九月間在花蓮慈濟大學所做的演講內容。

3 蘭迪・鮑許、傑弗利・札斯洛（Randy Pausch & Jeffrey Zaslow）（2008）《最後的演講》（*The Last Lecture*），陳信宏譯，台北：方智出版。

4 單國璽、林保寶（2009），《生命告別之旅》，台北：天下文化。

5 單國璽（1923－2012），河北濮陽人，耶穌會士，是台灣第一位於教區主教任內獲教宗冊封為樞機主教者。一九七五年獲頒中華民國十大教育家。其墓誌銘：「生於基督，活於基督，死於基督，永屬基督」。

6 歐文・亞隆（Irvin D. Yalom）（2017），《凝視太陽：面對死亡恐懼（全新增訂版）》（*Staring at the Sun: Overcoming the Terror of Death*），台北：心靈工坊。

7 維琪・麥肯基（Vicki Mackenzie）（2001），《雪洞》（*Cave in the Snow*），葉文可譯，台北：躍昇文化。

8 「阿尼」是西藏人對出家女性的一種尊稱。

9 傑尊瑪・丹津・葩默（Jetsunma Tenzin Palmo），生於英國，是西方世界中最資深且聞名全球的藏傳佛教竹巴（Drukpa Lineage）噶舉傳承的阿尼，曾在喜馬拉雅山洞穴中閉關苦修十二年，期間包括三年的精進禪修。她復興了藏傳佛教瑜伽女（Yogini）的傳統，是目前藏傳佛教中位階最高的女性出家眾之一。

10 佩瑪・丘卓（Pema Chödrön）（2017），《當生命陷落時：與逆境共處的智慧（二十週年紀念版）》（*When Things Fall Apart: Heart Advice for Difficult Times*, 20th Anniversary Edition），胡因夢、廖世德譯，台北：心靈工坊。

11 盧雲（Henri J. M. Nouwen）（1999），《亞當：神的愛子》（*Adam-God's Beloved*），陳永財譯，香港：基道。

12 盧雲神父（Fr. Henri J. M. Nouwen, 1932－1996），荷蘭籍，一九五七年晉升司鐸。曾任教於美國聖母院大學、耶魯大學及哈佛大學。自一九八六年加入「方舟團體」（L'Arche），在加拿大多倫多市郊的「黎明之家」服務身心障礙人士，直到安息主懷。盧雲是著名的靈修及牧靈神學作家，著作多達四十餘本。

13 L'Arche 是法語「方舟」之意，象徵生命、希望和天主的承諾。該團體開始於一九六四年，文立光（Jean Vanier）在法國北部一個小村莊，以共同生活的方式照顧兩位身心障礙者，為弱小者提供最直接的服務。這個看似簡單的行動卻成為一個重要的起點，使日後名為 L'Arche—方舟的團體隱然成形。如今，方舟在全球超過一百四十個團體，分布在三十七個國家，二〇一四年他們迎接了五十歲的生日。住在方舟之家的人基本的生活型態是：共同生活在一般社區或普通公寓，包括身心障礙者——他們是核心成員，還有選擇和他們共同生活、為他們服務的志工和員工。他們像一般家庭的成年人一樣，負起個人及社會的責任，在日常生活中建立自己的社區。在方舟團體中，身心障礙者與陪伴者一起生活、工作，彼此扶持，並尋求各方面的成長，他們的關係像家人和朋友，而非病人與醫護人員。

14 小德蘭（Sainte Thérèse de Lisieux）（1992），《一朵小白花》（*A Little White Flower*），蘇雪林譯，台南：聞道。

15 喬・卡巴金博士（Jon Kabat-Zinn, Ph.D.）（2008），《當下，繁花盛開》（*Wherever You Go, There You Are: Mindfulness Meditation In Everyday Life*），雷淑雲譯，台北：心靈工坊。

16 阿姜查・波提央（Ajahn Chah Subhaddo, 1918－1992），上座部佛教長老，巴蓬寺的建立者，是泰國當代最具影響力的佛教僧侶，近代公認的阿羅漢。

17 赫塞（Hermann Hesse）（1993），《流浪者之歌》（*Siddhartha*），蘇念秋譯，台北：水牛；（2001），《流浪者之歌（悉達求道記）》（*Siddhartha*），徐進夫譯，台北：志文。

18 赫曼・赫塞（Hermann Hesse, 1877－1962），詩人、小說家，二十世紀德國文學浪漫主義的代表。一九四六年獲得諾貝爾文學獎。

19 大江健三郎（1999），《靜靜的生活》（静かな生活），張秀琪譯，台北：時報文化。

20 大江健三郎，日本當代著名作家，出生於日本四國偏僻的山村。在東京大學修讀法國文學時，思想受存在主義作家沙特、卡繆的影響，並開始撰寫小說、劇本、詩和評論。一九五七年正式踏上文壇便贏得了「學生作家」、「川端康成第二」等贊語。一九九四年獲諾貝爾文學獎。

21 在此需注意，余德慧老師將《靜靜的生活》小說中的IYOO這個角色直接當成現實中大江健三郎的兒子大江光。必須說明的是，儘管本書很可能大量取材自作者自己的家庭生活經驗，卻不見得百分之百與現實吻合，畢竟這是小說。

22 娜希姆·艾瑟非（Nassim Assefi）（2009），《一片花海的聲音》（*Aria*），鄭淑芬譯，台北：八正。

23 恆河母（Gangaji，原名東尼·羅柏森〔Toni Robertson〕）（2013），《口袋裡的鑽石》（*The Diamond in Your Pocket: Discovering Your True Radiance*），不言譯，台北：書泉。

第一講・驟變中的轉化：《遠離悲傷》

你可以看到那默默而深深地在流動的東西，那就是主體的流動性。我們常會以為：一定要給出一些話語，而那話語就好像是密碼，當我被那密碼打到時，我就能夠打開了。不是密碼，而是那在暗地裡的變化，是那個你不知道的力道，當時侯一到，剛好跟某件事情兜在一起，你就轉了。

本書內容簡介：失去親人的哀傷，每天不斷地在我們之間發生；只是，如何在綿長的往後歲月裡，跟心裡這頭哀傷的野獸共處？本書是作者鄧美玲在丈夫空難驟逝後，悲慟難抑，從死悟生的心路歷程。不僅赤裸道出了經歷重大失落的人會面臨的各種處境，更以「身體之道」對悲傷提供了獨到的療癒之法。最終，她說：「不論經過三年或三十年，從失去摯愛的傷痛中死去活來，我們就真的不一樣了。我們的不同，不是不再疼痛，而是無懼於疼痛。」1

余老師：我們每天過著平常人的生活，可是突然晴天霹靂的，一個事件發生了，然後原本的情況便不得不因此而轉變。這當中涉及了一個艱辛的問題，這個問題就是：「我該怎麼辦？」這就是這本書所展示的狀態。

我們在上一堂課提到，很多人的轉化是被迫發生的。你從來不知道那「被迫」的最重要原因是發生在哪裡。可是，當它發生了以後，我們便進入了深淵並陷落，然後「轉化」可能就開始進行了。當然也有人會消沉到要去自殺，不過他們自有另外要自殺的原因。

大部分的情況就好像是把你丟到漩渦裡，基本上你至少會拚命地垂死掙扎，讓自己不會沉下去。後來是因為沒力氣了，你才不得不讓自己往下沉。所以，每一個跌入深淵的人，他基本上都會有垂死掙扎的動作。但是，這個動作跟他後來能不能轉化成功，就不一定有關係了。

那麼，「哀傷」該怎麼去度過呢？

在我們所讀到的書裡，我們看到大部分的哀傷好像都能夠被度過，其實不然。寫書的作者就是因為已經度過了自己的哀傷，才能夠寫成書；他如果沒有度過，那就已經躺在墳墓裡頭了，在墳墓裡的人是不會寫書的。所以，我們不要憑著自己所讀到的那些成功的案例，就以為「哀傷」都是可以度過的。那些寫書的人，基本上都是轉化成功的人。

今天我們要討論鄧美玲的案例，然後我再來說羅門尼遜[2]的故事。羅門尼遜的故事跟鄧美玲的非常相似，但是我們的重點不在故事的層面。我們會從故事裡頭把它掀開，我們要看的是：他們的流血是怎麼被止住的；他們是怎麼讓自己有一天可以抬起頭來；他們在過去的三、五年來是在幹什麼、有什麼樣的感覺等。

「人文臨床療癒」與文學家的結合

同學：鄧美玲她是唸中文系的，她現在的工作是在經典教育這方面，她的重新站起來似乎也與這些背景有關，她自己也不知道為什麼會有這個力量。

余老師：當我們掉入深淵的時候，我們往往是依照自己身邊所擁有的資源，來進行稍微支撐起來的動作。鄧美玲她是唸中文系的，曾經讀過很多中國經典的東西，所以她就用這個來把自己撐起來。有的人可能是讀理工科的，理工科的資產就是他們的理性思考，所以他們可能會用理性思考來把自己撐起來。但是這個「撐」並不能完全而真正地把人撐起來。也就是說，它是一個資源沒錯，可是這些資源並不具有將人整個撐起來的力量。

我們的「人文臨床與療癒研究室」[3]現在在推廣的就是：「人文臨床療癒」要和文學家結合在一起。我們發現最近這幾年，出現了很多文學家苦難的記錄，這些記錄基本上都非常好。你會發現它們的好，並不是因為這些文學家們能夠善用語言、很會引經據典，及講很多的典故，這些對他們來講都只是家常便飯，只是他們的一個輔助罷了。有些人在描寫自己罹癌的過程，他們所寫出來的東西都非常地淋漓盡致。後來我們看了鄧美玲的東西，發現她寫得也很淋漓盡致。這時我們才發現，這些文學家在描寫人的苦難裡頭，的確有他們獨特的觸覺及敏感。而且，只要他們寫了下來，你會覺得他們幾乎就已接近那實情的部分了。

我們知道學文學的，其最大的優點是「文飾」。而「文飾」的方法，第一是白描；第二是修辭，過度的修辭；第三是陳義過高；第四是，把某些事情視為理所當然。所以你會發現，這些文學家一旦遭遇到生命困境而掉下去以後，他們的文筆剛好是更上一層樓。他們應用「文飾」的功夫將烏雲一掃而破，以抵達那種真切的感覺。這一點對大部分的人來說，是沒有能力做到的。除非，他至少能像這些文學家所具有的兩個條件：第一個是，他的感情非常豐富；第二個是，他真的絕望了。因為傷得太厲害，加上在他們的文筆裡頭又深具感情，他們的情感與絕望便因此而搓合在一起，這道力量對他們來講是不可思議的。我個人就碰了一大堆這樣的案件，可是我卻沒有能力寫出像他們那樣的東西。我們心理學家就只會把症狀寫清楚，像是悲傷、心神不振、不想吃東西等等，列完症狀後就不知該怎麼辦了。所以，大家其實可以看到，在這種臨床的深度裡，一個文學家的力量真是太大了！

可是，這個社會有沒有看到這一點？沒有。通常在災難的現場，大家都認為需要介入的是醫療人員，從來不會想到是文學家。可是，如果我們送十個文學家到那現場去，他們將來可能發生的文學效果，是會遠大於一百個醫療人員的。譬如我的一個學生，他是醫院的精神科醫師，曾到中國四川去協助賑災。他回來了以後告訴我說：「喔！我在那裡所看到的，是我這一輩子從來沒有想像過的事情。」然後，他便再也講不出話來了。同樣的，有很多醫護人員去賑災回來以後，都變得比較成熟，可是你問他什麼他都講不出來，就只會說：「啊！真的好慘。」他們的論述最終還是回歸到諸如洗傷口啦、包紮啦、打針吃藥啦、讓傷患平躺休息啦等等的醫療照顧，在心靈上完全沒有東西。老實說，這在我們臨床的深度來看，真是太膚淺了。

「受苦」是一種偉大的行為，鄧美玲其實一直在寫出這個答案。她那天來到我們「人文臨床療癒」的座談會分享，當她講完以後，現場便出現了一種氛圍，所有人都靜下來。也就是說，通過她的表達，你能夠分享到受苦者的哀傷。

我要講的是，他們文學家有一股力量。即便他們講的是虛幻的故事，也都會讓我們很感動，而那種感動是屬於另一層的東西。譬如說，鄧美玲在她的書裡有一段描述，那其實就像是《梁山伯與祝英台》最後〈化蝶〉那一段的真情描述。可是，一般人往往是用象徵的意義去了解「化蝶」，只強調一些外在的細節，而沒有注意到其內在過程到底是怎麼發生的。

通過鄧美玲無意間的經驗，讓你看到什麼叫做「深深的交合」。她整個經驗的過程，就在那深深的交合裡。從她去尋覓伊人，伊人不見了，然後伊人如魅影般地不斷纏繞著她。在這種纏繞的過程裡，她一開始是一種盼望「客體」性的存在：你會在那裡等我、你會在那個地方突然出現、你進入了我的夢境來、你會這樣你會那樣等等。可是，她慢慢地便把這個「客體」消融掉，讓「客體」後來變成了「主體」。所以她後來才體會到，原來真正的愛，就是用這種最慘烈的方式把她撕裂滅絕後，再從她的心裡重新建立初衷。然後，她與丈夫便深深地交合為一。所以，她也不必在他處思念丈夫，因為她跟丈夫已經用「同在」的方式，建立在她的生命感裡頭。

像鄧美玲能夠表達她這種狀態的能力，是我們一般沒有文字訓練的人，怎麼都寫不出來的。你或許會說「寫不出來也沒什麼大不了的，我只要能感受得到就好了」。完全錯誤！你如果寫不出來的話，有一天你便會發現你已感受不到了。為什麼呢？因為我們身體的感覺是會消失的，我們當下的知覺記憶是會不見的。可是，當文字被寫下來了以後，它便提供了某種「接近」的線索，而這線索能讓你明白那個真實的狀態。

開悟的經驗

從進入十七世紀，一直到十九世紀以來，類似鄧美玲這樣的記錄非常多。在威廉．詹姆斯[4]的《宗教經驗之種種》[5]一書裡，就有太多這類事件的記錄。

讓我印象最深刻的，是一位美國精神醫學協會的會長，他也有過這種經驗。有一天晚上，他與朋友談完話後便駕著馬車回家，途中需要經過一片森林。當他進入那片森林時，突然發現天地是清清朗朗的。也就是說，那片黑暗的森林突然變成了一片光亮的東西。為什麼會這樣呢？因為他的知覺不是外在知覺，而是「內在知覺」。這「內在知覺」就叫做Enlightenment，也即一般所謂的「頓悟」或「開悟」。他的突然明亮，是遍佈了他的整個知覺系統。我不曉得你們個人有沒有過這樣的經驗。也就是說，有一天你突然發現這個世界是清清朗朗、乾乾淨淨的，然後每一個人的臉色都非常地美好。你要常常有這種經驗，否則，你的生命也實在太沉重了。

我讀過許多關於這種「開悟」經驗的報告，數百年以來，屬於文學性的比較多。很多詩人都有類似這樣的生命經驗，其中最有名的就是席慕蓉[6]的《七里香》[7]。席慕蓉在留學維也納期間，有一次跟一群中國學生拜訪完老師回家時，突然看見每一個人都在月光底下奔跑。當時，她感覺到月色是那麼地美，而每一個人也都是如此地漂亮；她還特別注意到一位男同學，突然對他芳心大動。隔了幾個星期，她又再見到那位男同學，卻對他完全沒有感覺了（師生笑）。其實這就是席慕蓉的一個修持的經驗現象。而這種突然「開悟」

的東西不是虛假的。就像在《遠離悲傷》裡所說的：「我坐在乘客稀少，燈光昏暗的公車上，悄悄的跨過冷雨飄飛的台北街頭準備回家。就在這電光所射的剎那，我突然覺得心中一片清朗，前所未有的幸福感從頭往身上灌注而下。燈光閃爍在台北的街頭、西伯利亞的荒野……，一下子全部回憶起來。」這是鄧美玲的描寫。

我們再來看威廉·詹姆斯也有談到，他常常坐在火車上時，會發現車廂突然變得非常明亮，那一片光亮往他直襲而來，然後他的內心便升起一陣無盡的慈悲、無盡的溫柔。可是他卻在傳記裡說：「我非常不歡迎這種現象出現在我身上」。也就是說，這些東西並不是他要的，可是它就偏偏在某一個他無預期的時刻裡跑了出來。

韻律

當我們在悲傷的過程中，有一些東西我們是可以知道的。可是，在我們的知道裡，卻有很多的不知道。而這不知道的東西，就像是個叮叮噹噹的「韻律」般，不斷地跟隨著我們，我們無法用意識去感覺到它的存在。可是，就在某一個時候，剛好當那「韻律」臨到時，它就整個的起來了。這個「韻律」是個龐大的力量。

你或許會問：為什麼我們無法知道這種「韻律」的存在呢？

你能知道的東西也只不過是你的意識而已，對不對？在你那層意識裡，你所不知道的東西太多了。甚至包括你的身體已在暗暗進行著的事情，你都不知道。這就像是我們常常會對一些人感嘆地說：「奇怪，他昨天看起來還好好的，今天怎麼就突然死掉了！」這或許是因為他身體的「韻律」已經轉到命之將絕了，可是人們的眼睛卻無法看到這一點。譬如說，他的「韻律」是發生在心臟，而你是看不到他的心臟的。後來，當他的血液流到已經阻塞的心臟部位時，那個阻塞就剛好「啵」地一下，血液流不過去了，所以就發生了心肌梗塞，連「唉」的一聲都沒有就死掉了。你或許會說：「人怎會不知道自己的情況，不是都會有症狀的嗎？」這很難講，像大部分的癌症，在開始到第四期時都不會有症狀。換句話說，在我們的身體裡，存在著一些我們不可知的東西，它們與我們最密切的東西結合在一起而運作著。而這種運作，它不只是生理的（像心肌梗塞），還包括了心理的（也就是你靈性的部分），也都有可能是用這種看不見的「韻律」在默默地進行著。

我們不知道鄧美玲的轉化過程是怎麼發生的，可是她自己講得非常堅決，在她轉化出來的那一剎那，就是一片光明。很多人都有非常類似那樣的轉化經驗，譬如像萬國道德總會[8]的創始人王鳳儀[9]。有一次，王鳳儀的朋友因受冤枉而被關在牢裡，他趕去救朋友，一路上邊走邊哭。當時他的侄兒就跟在身旁。到了晚上，王鳳儀哭著哭著，突然抬起頭來說：「咦，天怎麼亮了？」他的侄兒回他說：「沒有啊，現在才不過是深夜兩點多，天怎麼會亮呢？」這意思就是說，當時王鳳儀的某一個「韻律」，就在那個地方突然地開了，然後他便感覺到整個都亮起來了。

王鳳儀老先生是不斷地有這種「開悟」的經驗。他的這種經驗，常常會讓他的身心有很大的轉變。他曾談到第一次的「開悟」經驗。當時他的父親剛過世，他的大哥便以自己是長子為由，侵佔了弟弟們應繼承的土地。他的母親為了這件事非常傷心，天天責罵他的大哥和大嫂。有一天，王鳳儀去看了一部《三娘教子》的戲。我們知道在《三娘教子》的故事裡，受冤屈的是三娘。三娘為兒子付出很多，可是總是被她的兒子扭曲。後來她的兒子終於悔悟了，便跪在三娘面前懺悔。可是三娘卻對兒子說：「兒子啊，這不是你的錯，這是為娘的錯啊。」這對王鳳儀來說，簡直就是一個大震撼。三娘明明是受委屈的，她從來就沒有做錯過什麼，為什麼她要向兒子認錯呢？王鳳儀就是從這裡看到了一個前景。他說：原來人真正的好，就是「認錯」的好，而且不是為他真的做錯而認錯。當我們在跟人家爭吵時，我們想到的都是對方的錯，自己永遠沒有問題。而且，西方的心理學家也不斷告訴我們說：為了保持你心理的健康，你要說「I am ok」。

可是王鳳儀他就不是這樣子，他是反過來說「I am not ok」。當他領悟到「I am not ok」時，他就開始進行懺悔了。他發現，就是因為沒有「認錯」，且是沒有真正的「認錯」，所以他才會一直保持在歸咎的狀態中，性子完全不會轉化。也就是說，大家都只會去轉別人的性子，去革別人的命，都總以為自己是對的。而王鳳儀他恰好相反，他是翻轉自己的東西，也就是在翻自己的船。結果，這就對啦。為什麼呢？因為在這個世界裡，翻自己的船是自己能做得到的；而革命其實就是要去殺人家的頭。像那些獨裁者們，一旦革命成功了以後，他們就要享受榮華富貴。像這種革了別人的命，然後把自己撐起來的人，在修行人裡是下三濫的層次。而王鳳儀他自己的感動是，他不去革別人的命，他只革自己的命，他自己翻自己的船。他翻了船懺悔了以後，便去跪在他大哥的面前，向大哥坦承自己種種的不是，坦承自己看他們全家人都不滿意，而這些都是自己的錯。後來大哥就把地歸還給弟弟們。因為王鳳儀一認錯，大哥的壓力就突然鬆開，那一鬆開之後，大哥的自尊心和他想要的那種感覺就回來了。一個有自尊心的人，幹嘛要去侵佔弟弟的財產呢？他就是因為自己是長子，卻感覺沒有受到足夠的尊重，乾脆就去霸佔人家的東西。現在他既然能夠浮起來了，就把東西還給人家。

有知覺的生命感

我們常在說一個《北風與太陽》10的故事。就是說，你怎麼讓你的情人自己脫下身上的衣服。那愚蠢的北風就說：「這還不簡單，我就用力把他的衣服吹起來。」可是這是物理性的思想，對不對？那太陽就說：「我只需散發溫暖，讓他熱到不得不把衣服脫下來。」那太陽的想法就對了。

也就是說，我們要自己去轉化，這才是主體正確的修行概念。而不是像那種：我要怎麼拜才能獲得幸福、我要拜誰才能得到財富、我要吃什麼才能身體健康等等。當你還一直用一種物理性的邏輯在談你的精神性的東西時，你會發現結果會是相反的。就像那北風的故事一樣，而你就是那個北風。

所以，你可以看到那默默而深深地在流動的東西，那就是主體的流動性。我們常會以為：一定要給出一些話語，而那話語就好像是密碼，當我被那密碼打到時，我就能夠打開了。你不要這麼想。不是密碼，而是那在暗地裡的變化，是那個你不知道的力道，當時侯一到，剛好跟某件事情兜在一起，你就轉了。所以，不要去錯認那個物理性的現象。精神現象跟物理現象是不一樣的。精神現象是身體性的。這個身體性的東西，它不可思議的地方並不是那些身體的器官，而是你身體的總體性所形成的一種有知覺的生命感。這種有知覺的生命感，大部分的情況是沒有辦法被說的。可是，有知覺的生命感在通過文學家的講述之後，你是可以從那裡去摸索到的。

因此，當我們在看這些放光明的「開悟」記錄時，我們其實不太知道他為什麼就在那個當下會大放光明。可是，那個在暗暗流動的「韻律」是可能存在的。不過，你若是想用你的意識去索求這個奧祕的東西，我告訴你，那是徒勞無功的。

「漸近線」與「外拋線」

我們的文字表達，永遠就只能是「漸近」的，從來沒有抵達目的地。「漸近線」雖然不能碰到目的，它卻是貼近的，光是能夠有「漸近」的這條路線，就已經是不可思議了。

那什麼叫做「外拋線」呢？譬如說，那天我看到一份救災的刊物，它要寫的是「與災民同在及對災民的心理諮商」。我翻了又翻，卻沒有看到有哪一篇能讓我感覺到他們是與災民在一起的。譬如，它刊登了許多災民小朋友的繪畫，然後就下註釋，說明災難的創傷是表現在哪裡。或者寫出他們是怎麼在社區裡設置了平安站、有誰捐了錢、在平安站做了什麼事，講到這裡就沒有了。這就叫做「外拋線」。也就是說，它的描述並不是在接近災民的悲傷，而是拋出去了以後就沒有下文了。你會發現在台灣有很多的災難刊物，它們的語言所呈現的都是這種「外拋線」的東西，完全沒有內在「漸近線」的描寫，看了就讓人感到難過。譬如說，那天我們見到一位諮商教授，他下到災區，感觸很深，就寫了兩頁的東西，然後他就無法再深入寫下去了。其實，這位教授已經是站在生命的懸崖觀看了，但是他就只能用「外拋線」的層面來描寫事情。

那內在「漸近線」的東西又是什麼呢？像那種災難的刊物，只要有一個文學家在現場，這本刊物就會出現那種真正的心情被感受到的「開悟」。譬如說，鄧美玲丈夫過世後，她在他的電腦裡發現了寫給外遇對象的情書。那時候她才知道，原來當時丈夫已經開始在背叛她了，她當然很傷心及憤怒。她不斷去糾纏丈夫外遇的對象，去了解他們曾經交往的細節，無非就是要穿越自己內心的障礙。鄧美玲想從與丈夫外遇對象的互動中，共享自己跟丈夫的相處中所沒有的部分，她想要把它們補回來。然後，她才會覺得丈夫整個生命的完整都被她收容過來，變成她生命感中的一部分。這是她跟丈夫融合在一起的過程，也是她療癒自己的過程。也就是說，鄧美玲為了要療癒自己，深入去面對自己丈夫的外遇，然後她有這個能力把它書寫出來。鄧美玲的書寫，就是屬於內在「漸近線」的東西。

為學術者戒

編按：余老師在課堂上請Y同學分享她參加「九二一」[11]大地震救災檢討會的情形。Y大致描述當時的會議內容。她的重點是：現場請來了很多國內外的學者專家，大家所報告的都只是在災後重建的部分，而非災民心靈創傷的看見與協助。她認為那都是一些非常學術性，及「外拋線」的討論。

像這種救災事後的檢討，通常會涉及幾個東西，一個是技術的方法，一個是建構的知識。而另一方面所要進行分析的，應該是「存在的經驗」。可是，「存在的經驗」在這些檢討中基本上卻是被取消的。所以，我們說「為學術者戒」，就是要戒在「不要把存在的經驗取消」，因為這是人的日常生活。現在已有很多的人文學家發現，不要一味的去強調那技術的方法與建構的知識，而是要讓日常生活中的「存在經驗」，慢慢地滲透進來。可是，「存在經驗」卻是很難被研究的，因為它基本上包含了生活中的任何小細節。

在災難的現場，它能夠讓你了解什麼叫「支持」。「支持」不是「控管」，也不是要去完成某些目標。「支持」本身沒有成功或失敗。那「支持」有什麼？有「堅持」或者

「不堅持」。有些「支持」很快就撤退了，而有些「支持」卻是再怎樣也要撐下去。所以你們要懂得一件事：在災難的現場，如果你不是災難者的話，那麼你唯一能給出的就是「支持」。「支持」這個東西的學問很大，它可以是人情世故的支持、義理上的支持、同情的支持、一種純感覺的支持等等。

在自我轉化的課裡頭，我們通常會強調的是：修行人不「控管」，只「支持」。也就是說，修行人不去改變世界，不在世界上製造革命，他只「支持」。

你或許會問：「要支持什麼呢？」。我告訴你，這「支持」是沒有對象或目標的。你們也千萬別在災難的現場，想要去完成什麼目的。

所謂的「支持」就是：「我能做的事我就去做，當沒有我能做的時，我就靠到一旁去，準備隨時去接應我所可以的。」在這種情況之下，我們的腦袋裡是沒有特定的任務或目標要去完成的，那當然也就沒有所謂「要撤退」這種事了。

不過，對於政府部門的重建委員會來說，他們的目標都很清楚。他們所要進行的是國土的復健與重新的規劃，那純粹就是一種「控管」的行為。基本上，政府「控管」的部分與個人是比較沒有直接的關係。因為在個人的層面上，是沒有「控管」，而只有「支持」。

羅門尼遜的故事

我們因生命中某種「斷裂」的狀況，而產生一種「重新」，那並不是爛攤子。有很多傳統的哀傷，都是在哀嘆日子不知該怎麼過下去，而這些都只是一般家常的哀傷。可是，當一個人碰到的哀傷是點滴在他心頭的東西，以致他整個的存在性就是這個哀傷，那這時候前面的哀傷跟這裡的哀傷比起來，就相形見拙了。

我現在要講羅門尼遜的故事。

羅門尼遜是荷蘭現象學家范丹伯[12]的學生，而范丹伯是全世界數一數二最好的疾病現象學家。他寫了一本不錯的書，叫《病床邊的溫柔》[13]。像這種現象學家寫出來的東西是非常淺顯的。可是，他的淺顯卻讓你很難讀得懂。為什麼呢？因為他雖然把東西講得很白，可是那個現象本身偏偏就是很複雜，所以你會覺得很模糊。不過，當你慢慢習慣了這些現象學家的語言後，你將會發現你的整個狀態就深入了；你便不太會用那種實證的物的觀念，或者是客觀的觀念來思考；你將會慢慢地懂得，什麼東西是在互相發生作用。

你們知不知道羅門尼遜的太太是怎麼死的？

有一天羅門尼遜正在家裡寫稿時，看到太太開著車子從鎮上購物回來，他就過去幫她開車門。可是，當他一拉開車門，太太整個身體便摔倒在地上。心肌梗塞！他趕緊把太太送到醫院，急救兩個小時後就過世了。也就是說，他早上還跟太太如往常般一起吃早餐，喝咖啡聊天。可是，在幾個小時之後，他卻經歷了這個「平常」在他眼前消失掉的哀傷。

他在處理完太太的喪禮後，便開始失眠。常常在半夜裡，獨自一人迷迷糊糊地坐在戶外湖邊的小碼頭。他在白天也完全不能幹什麼。在經過了三個月之後，才慢慢開始能哭出來。

有很多人在辦完親人的喪事以後，兩三個月之內看起來都好好的。等到回到正常的生活後，悲哀便會忽然一湧而上，讓他放聲大哭。

我印象最深刻的，是發生在我太太身上的例子。我太太的叔叔是有名的小說家顧肇森[14]，他的作品有《貓臉的歲月》[15]。那一年，顧肇森在美國突然逝世，我太太便趕緊飛往紐約，去處理叔叔的後事。要在短短的五天內，完全處理諸如喪禮的籌劃與安排、財產清算與債務、遺囑執行與遺物處理等等的事情，我太太她當時真是忙得焦頭爛額，心力交瘁，卻還是咬緊著牙根去完成。當她回到台灣後，完全不提在美國那裡的事情。直到有一天，我們正在餐廳吃飯時，她才突然放聲大哭，之後還連續哭了一個多禮拜。天啊，足足的三個月之後，她所有對叔叔的哀傷才開始釋放出來。

所以，你不要只看到別人在處理喪禮後的堅強表現，就以為他是真的沒事。也就是說，那只是他們在意識上的安慰，那些在他們身體內暗地裡流動的東西，全都還沒出來而已。它一旦從你的內在湧出來後，我們這個腦袋所能想到的，通通都沒有用，通通都擋不住。

「幻在症」

鄧美玲在她的書中提到：

「有一天晚上，當我刷了牙要回臥房時，不經意地脫口說出：『該你了。』這才被自己的話語震驚住。」

她先生人都已經不在了，怎麼還會有「該你了」呢？這就是所謂的「幻在症」，也就是幻想他還存在的意思。

你不要小看這一點，人的確會有這種能力。譬如說，截肢的人就會有「幻肢症」。什麼是「幻肢症」呢？當你往他那被截肢、已經不存在的部位打下去時，他還是會說「痛啊」，因為他的神經系統還是有反應的。可是，既然已經不存在的身體部位，為什麼還會有疼痛的感覺呢？後來有現象學家就解釋說：因為我們生理的存在，跟我們對自己身體整體的感覺，是不吻合的。我們對自己的身體是一種比較獨立的自我知覺的狀態，而且這些知覺的狀態，它不一定要有生理的基礎。譬如說，我已經習慣了我有這隻手，「我習慣有這隻手」在我生命整體的知覺裡並沒有消失過。所以，如果你丟一個東西給我的這隻手，然後對我說「你接著」，我的這隻手就去接了。可是你會說：「沒有啊，我沒看到你有那隻手去接東西啊。」其實，我已經感覺到我的手去接了，只是你看不到它去接東西的那個物理現象，因為那已經是做不到或不可能的了。

錯認的自我

為什麼我們人總是要尋回「失落」的東西呢？

你不要以為你活著是因為你自己，而與身旁的人事物完全無關。事實上，你今天活著那整體的生命感，是你跟你的「映像」所結合起來的東西。

什麼叫做「跟你的映像結合起來」呢？譬如說，你有什麼樣的生活環境、什麼樣的父母及家庭成員、什麼樣的朋友等等，這一切就組成了你的「映像」，而這些「映像」也就組成了你的「自我」。所以，當你到了一個完全陌生的地方去，剛開始時你或許會覺得很新奇。可是，當這些新鮮感結束了之後，你會突然感覺到自己很想哭。為什麼想哭呢？當然，在表面上你會以為是自己想念家人，但事實上卻是因為那些構成你「自我」的「映像」，在你的感覺裡沒有了，這是讓你感到失落的緣故。就好比說，你每天都跟你的寵物在一起，所以這寵物就是你的一個「映像」。如果有一天寵物不見了，你的「自我」絕對會很失落。

佛教就用「摩尼寶珠」[16]的比喻，把這個「自我」講得很正確。在「摩尼寶珠」上面所映照的，都是你與你的很多關係所結合出來的映像。當有一天這顆珠子上的某一個映像消失時，你部分的「自我」便因此而破滅。意思就是說，假如你的家人在瞬間全部死掉了，你的那個「自我」肯定就會破碎，讓你不知道自己到底是誰、到底該怎麼辦。

但是，現在的心理及精神醫學學會，他們在理論上完全不存在這樣的說法。他們的「自我」仍然是西方的「自我」，他們也不知道當「自我」破碎時，能有什麼安置的方法。當「自我」破碎的時候，就把他接到類似佛寺那樣的地方去，這對他會是很好的。為什麼呢？因為像寺廟那樣的地方，它承認看不見的東西，它可以接受靈魂存在的事情，它是寬容的。當它能夠給出這種「寬容」時，這就是一種「支持」。如果能夠到這樣的地方去生活，對那個「自我」破碎的人來說，他的生活也就有了支持。你或許會說「我們可以把他送到醫院的精神科去接受治療呀」。我跟你講，那絕對沒有用。在心靈破碎、「自我」毀滅的情況下，他還要被送到精神科，或更不堪的是被關進病房去，你想他還能活下去嗎？

為什麼寺廟的認同與寬容，是能夠支持的呢？

「自我」是由「映像」所構成，所有的基本心理結構及精神分析就是從這裡開始的。當「自我」構成了以後，就會形成一個被錯誤認識的 Identity（編按：即心理學上所謂的 self-identity，譯為「自我同一性」）。所謂「錯誤認識」就是：你以為自己是這樣，其實並不保證自己就是這樣。所以在這種情況下，這個 Identity 就是我們的認知所提供關於自己的一個整合的認識，而這個認識是一個錯認。而且，我們把那被錯認的 Identity 視為或等同於主體。事實上這是一個假主體，它其實只是一個外殼而已。譬如像寄生蟹，你不能因為牠今天弄了一個寄生的外殼你就認為牠本來就是這個樣子的寄生蟹。當你把牠的外殼撥開了以後，它便馬上去找另一個外殼，然後你又看到了另一種樣子的寄生蟹，事實上牠還是同樣的一隻。

我之所以會引用寺廟來談，是因為其「自我」破碎的部分和親友的死亡有關，而亡者都到了一個「不可見」的地方去了。如果這時候他是到醫院去接受治療，那麼那個「不可見」便會被壓制下來。也就是說，醫院的治療師會勸他不要再悲哀了，勸他要努力地從哀傷中站起來，要重新再規劃自己未來的生涯等等。可是，他真正需要的，是能容許他的哀傷在他的眼前巡迴。譬如說，他可以看到亡者的牌位、可以看到有人在祭拜、可以對亡者喃喃地說話等等，而不會有人用異樣的眼光來看他，甚至還會有人跟他做互動。在這樣的情況下，他便能有很多非現實的東西來提供他一個很大的「支持」。當然，這非現實的東西也不一定是宗教性的，如果那是一個非常科學的地方，那麼它所提供的就是對理性的支持。

Identity 也是從「支持」裡來的。也就是說，「支持」本身也變成了 Identity 的過程物。譬如說，如果你小時候只要一哭便馬上有人來滿足你，那你後來就會變得很急躁，在你的 Identity 裡就會有急躁的元素。可是你自己也不知道你的急躁是怎麼來的，因為你並不知道它所形成的過程。

外國人都說我們台灣人很能忍耐，可是他們卻不曉得，我們忍耐可能是因為我們無能抗拒，或者是涉及其他各種意圖。所以，別人說你「忍耐」，那個形成你「忍耐」Identity 的過程，對你來說其實是一種受苦。這也就是我所謂「用錯認的話語對事情做『外拋線』的描述」。就像那災難現場記者的報導，他們基本上都是用錯認的東西在報導的。

好，我們今天就討論到這裡。

註釋

1 引自心靈工坊官網書介，《遠離悲傷》：http://www.psygarden.com.tw/book.php?func=visit&bookid=MjAxMDA1MjAxNDA3NTA=

2 羅門尼遜（Robert D. Romanyshyn）是一位心理學教授，資深的執業心理治療師，曾發表許多有關現象學和心理學原型領域的文章與論文。余德慧老師在此所談論的是其著作之一：*The Soul in Grief: Love, Death and Transformation* (1999), Berkeley, Calif.: North Atlantic.

3 二〇〇九年五月，慈濟大學人文社會學院及宗教與文化研究所，成立了「人文臨床與療癒」研究室，余德慧教授為主持人。二〇〇九年八月，承教育部顧問室補助「人文臨床與療癒教研社群發展計劃」，以人文臨床這個實驗性的觀念，希望能「將人文社會學科與受苦現場結合，使得膚慰苦難能夠具備人文深度」。請見該研究室網站：http://www.hch.tcu.edu.tw/intro_core.html

4 威廉·詹姆斯（William James, 1842－1910），美國心理學之父，美國本土第一位哲學家和心理學家，也是教育學家，實用主義哲學的倡導者。他在心靈與宗教領域的研究極為特別，是「美國心靈學研究會」（一八八五年成立）的主要創立者。

5 威廉．詹姆斯（William James）（2001），《宗教經驗之種種》（*The Varieties of Religious Experience*），蔡怡佳、劉宏信譯，台北：立緒。

6 席慕蓉，台灣現代散文家、詩人、知名畫家。出生於中國重慶，成長於台灣，父母皆為來自內蒙古的蒙古人。曾於東海大學美術系任教。一九八一年，席慕蓉出版第一本詩集《七里香》，引起轟動，奠定她在詩壇的地位。其作品浸潤東方古老哲學，帶有宗教色彩，透露出一種人生無常的蒼涼韻味。

7 席慕蓉（1981），《七里香》，台北：大地。

8 萬國道德總會於民國十年九月二十八日在中國山東省成立，總會由孔德成先生為首任會長，其後結合善人王鳳儀的學說。其行動以「實現生命的普世價值」為依歸。

9 王鳳儀（1864－1937），中國近代著名的民間教育家、倫理道德宣傳家、女子教育開拓者。他是農村長工，未曾讀書，卻因篤行忠、孝，自誠而明。

10 「北風與太陽」是《伊索寓言》的故事，敘述北風與太陽為了證明自己的力量比對方強，舉行一場比賽，看誰先讓路過的旅人脫下斗篷。北風越是用力吹，旅人越是緊緊抓住自己的斗篷；然後，當太陽溫暖地照耀時，旅人因為悶熱而不得不脫下斗篷。本故事寓指，與其全力控制對方，不如放手而使對方心悅誠服。

11 九二一大地震，正式名稱為集集大地震，是一九九九年九月二十一日發生於台灣中部山區的逆斷層型地震，台灣全島均感受到劇烈搖晃，共持續一百零二秒，乃台灣自二戰後傷亡損失最嚴重的自然災害。

12 范丹伯（J. H. van den Berg），荷蘭知名的現象精神醫學教授。

13 范丹伯（J. H. van den Berg）（2001），《病床邊的溫柔》（*The Psychology of the Sickbed*），石世明譯，台北：心

靈工坊。

14 顧肇森，浙江諸暨人，民國四十三年生，東海大學生物系學士，紐約大學醫學院理學博士，曾任職於紐約醫學院神經科，一九九五年六月因病於紐約逝世。

15 顧肇森（2004），《貓臉的歲月》，台北：九歌。

16 梵語 Cintāmaṇi 之意譯。音譯真陀摩尼、震多末尼。又作如意寶、如意珠、末尼寶、無價寶珠、如意摩尼。指能如自己意願，而變現出種種珍寶之寶珠。此寶珠尚有除病、去苦等功德。一般用以譬喻法與佛德，及表徵經典之功德。資料來源：《雜寶藏經》卷六。

第二講・條件性的轉變：《最後的演講》

一般俗世所顯示或表達出來的，差不多就是「實在存有」的東西，而「真摯」的存在，常常需要人們用「實在存有」的東西把它遮蔽過去。「實在存有」是生命的另一種氛圍，它是活著的一種狀態，不能被否認。「真實存有」是哲學或宗教的睿智，但是，不要用哲學的睿智來代替「實在」的存亡，這是很重要的觀念。

編按：本次課堂分成兩個部分：一、在一開始的九十分鐘，繼上一堂課，余德慧老師再次對《遠離悲傷》一書做更進一步的分析。二、在課堂後半段的七十分鐘，同學報告《最後的演講》，余老師隨即分析、延伸之。

繼續討論《遠離悲傷》

為什麼說是「深淵」呢？因為它對人的影響是一種永恆回歸的動力。

我們通常活著的狀態，基本上是建立在對「深淵」的遮蔽上。從對「深淵」的遮蔽裡，我們建立起一種「自我保護網」。我們人的幸福就是建立在這個保護網上，我們每天不斷地在經營它，希望它能讓我們在短暫的生命裡安養天年。所以，你最好不要落到「深淵」的底點，否則你便會感到天崩地裂與身心俱碎，這就是所謂的「深淵感」了。像鄧美玲的情況就是進入了「深淵」，因為她所建立的那個幸福的網絡，突然地崩落了。

實在存有vs.真實存有

在「自我保護的網絡」裡，最重要的是那從事自我保護的行動者（agent），也就是「自我」。「自我」基本上是歸屬於「實在的存有」（Being-in-the-world）[1]，而這「實在的存有」，它是由這個世界為你構成的「自我」。

「實在存有」與海德格[2]的「真實存有」（authentic being）[3]不一樣。海德格在談「存有」的「真摯性」時說：每一個人都是在朝向死亡（being toward death），但卻又希望自己背離這種「朝死」的事實，所以會感覺到一種「真摯」（authentic）的恐懼。也就是說，「我不要感覺到我的存在就是朝向死亡」。很多人或許會勸你不要這麼消極，要充滿希望，我們是朝向活的。可是，所有宗教的本質都在告訴我們：「你是朝向死亡，並進入萬物的流轉，你是沒有本我自性的」，對不對？但是，人卻偏偏一定要有本我自性，為什麼呢？因為他要在他那一張「自我保護的網絡」上建立東西，那些東西是屬於「暫棲性」的存在，它們都是「實在的存有」。

「朝死」的意思就是「我會死掉」，它基本上是屬於「真實存有」。譬如，當有人說「啊，我是個快要死的人了」，你就說「呸、呸、呸、這樣說很不吉利」，這就是你在建立一個「自我保護網絡」的步驟。依照海德格的講法是，在進入「真實存有」的狀態之前，你會發展出一種「願有決斷」，也就是下定決心，從自由自在的存有方式翻轉成「真實存有」。這其實就是「轉化」裡頭的一個核心問題。像那些突然決定出家或變成一個虔誠教徒的人，他們就是因為「願有決斷」的緣故。

如果你是在「實在存有」中，你又不能「願有決斷」，那你一定會喜歡看那些八卦新聞啦、娛樂節目啦，或上網去看網路笑話等等，海德格說這些就叫做「消磨」。「消磨」還包含了「閒談」，就是喜歡講沒營養的話題啦、隨著大家一起去褒貶別人啦、事情若沒處理好就碎碎唸啦、非議人家啦等等。或者是喜歡東看看西看看的，海德格說這是「不真摯」的注視。所以你可以看到，所有海德格所批評的東西，在台灣的電視節目中都有出現。他們談外遇談政治人物、又叫來一批藝人七嘴八舌談論他們的先生、談誰的腿毛比較多啦、用什麼化妝品到哪裡去買、吃什麼好吃的要到哪一家餐廳去吃等等，他們的生活大概就變成這樣，這不就是他們的快樂嗎？所以說，人生的快樂與幸福是建立在自我保護的網絡上。

當我們在講「實在存有」的時候，我們要注意到的是，所有的事情其實都是互相構成的。譬如說，我能夠坐在這裡對你們說這些話，如果沒有你們的構成，我在這裡所講的就變成很可笑，也沒有講的必要了，對不對？而且，我們兩者在這裡，又是因為慈濟大學宗教與人文研究所構成，而宗研所的構成又夾著另一個交互構成的狀況，甚至可以一直說到它是在台灣這個民主的地方所構成，那種構成的層次是一直疊出來的。所以你可以看到那種層層層疊疊疊的東西，就像是蜜蜂的蜂巢般，它們在一個密密麻麻的空間裡，形成了自我的保護。而人類就是它們的「他者」，這「他者」有一天把蜂巢摘下來，放到罐子裡去泡酒，結果幾十萬隻蜜蜂的命運因此就掉落深淵，哈哈哈。不過，很多人還是會想不通，為什麼自己現在的活，是活在自我保護的網絡下。

因此，丈夫的過世對鄧美玲會是這麼重大的打擊，有兩個原因：第一，她從未想到會發生這種事；第二，在她對生命的期待裡，丈夫不應該這麼年輕就死掉。最重要的是，他們夫妻在一起生活已經那麼多年，他們曾經在日常生活的事件中，彼此發展而形成與對方息息相關、扣在一起的「自我」。也就是說，他們互相構成了彼此的存在。鄧美玲在經營她人生的幸福裡，把整個「自我」深刻地置入，然後，她的「自我」最核心的部分卻突然不見了。在這種情況之下，「自我保護網絡」就像是缺了角，自我保護的力量遂變得很差，她也就有一種陷入深淵的感覺。

在深淵中的迴旋

我們談「自我轉化」若只說「願有決斷」是沒有用的。「願有決斷」只是在哲學思想上的正確，它在實際的生活上是不盡然如此的。為什麼呢？

鄧美玲從一個幸福的保護狀態中掉進了「深淵」的狀態裡，她並不是一下子就陷落下去的。從她得知丈夫的死亡開始，她便像是從陡坡上慢慢往下落。譬如她得知丈夫死亡的過程：先是丈夫的同事打電話約她出來，那時她便感覺到有點不對勁。當她聽到丈夫所搭乘的飛機墜落時，她當下的整個人是麻痺的，因為這突如其來的消息所造成與現實的落差，讓她沒有了真實的感覺。接下來她到了蘇俄，循著丈夫曾經走過的途徑，想看到丈夫可能墜落的地方。有一天晚上，她在飛機失事地點附近留宿，透過蘇俄小鎮的黃昏與夜晚的情境，她隱隱約約已經知道那種屍體的殘破與遍地碎肉的景象。然後，她開始聽到救難隊員及當地居民在講述災難發生時現場的情況……。她就是這樣一步一步地往下沉落。可是，每當她往下陷落時，她都會努力撐住自己，不讓自己再往下掉。你們有沒有注意到她是用什麼來撐住自己的？她是用很多的夢想，很多對奇蹟的期待，她想像丈夫會突然出現在面前，然後對她說「啊，我沒死，因為我沒搭上那班飛機」。如果她不是這樣子撐住自己，而是掉到「深淵」的底部，我告訴你，她會慘到連哭都哭不出聲音。

我記得在美國「九一一」[4]事件中，有一個在世貿雙塔辦公的華裔工程師，他很幸運地就在雙塔倒塌前逃了出來。他的太太在家裡看到新聞報導的現場畫面。當晚，不管他跟太太講什麼，她都不回應。直到隔天早上，太太一覺醒來看到他，才「哇」地放聲大哭。她本來認為先生已經死了。這一則報導給我的感觸很深。如果你曾在紐約住過，你就會知道一對華裔夫妻在紐約的生活會是怎樣的。他們一定是住在郊區，所賺的錢就只夠夫妻倆過著美國中產階級的生活，日子應該很孤單寂寞。所以夫妻倆彼此相依為命，彼此都是對方核心中的核心。因此，當這個太太看到世貿雙塔陷入一片火海，她心裡已經覺得自己還要活著幹什麼。一對華人夫妻在紐約發生了這種狀況，他們的房子馬上會被拍賣，裡面的東西全都要搬空，他們可以脆弱到如同是被徹底夷平，彷彿在一夕間，他們就像從未存在這個世界上般。如果事情是發生在台灣，或許比較沒有這種感覺。在家鄉，你的「自我網絡」是一個國家用文化細細地幫你建立起來的，所以它是無形的巨大，也是難以想像的堅固。當你過世的時候，會有親友去弔唁你，還有你的子孫在那裡跪拜你，所以你並不是被夷平，你只是死亡了。講到這裡，你們或許可以看到那「深淵」的恐怖性了吧？

當鄧美玲在「深淵」中慢慢往下沉落時，她的「轉化」能力也同時在浮現。鄧美玲在陷落的最底點時，於酒醉和極度的混亂中，甚至想要自殺。可是在掉落「深淵」的過程裡，卻有很多東西一直在挽救著她，包括在冥冥之中，她以為丈夫還存在的那些幻想。

在「九二一大地震」中也有一個類似的案例。有一個婦人，看著自己的丈夫和孩子們活生生被倒塌的房子壓死，之後她還必須帶著唯一生還的孩子繼續生活。可是，你叫她怎麼活得下去啊！後來有人教她每天寫一封信給她的亡夫，就當作他還活著一樣。就是透過這樣的每天書寫，在墜落中出現了一個迴轉的現象，她才沒有完全直落下去。

像這種在「深淵」中墜落的「迴旋」對很多人來說是一種慶幸，幸虧沒有跌落到「深淵」底。可是就某種方面來說，它卻是返歸到「自我保護網」的存在。也就是說，這種「保護網」的存在，基本上是人可以忍受的一種存在的方式。

「真實存有」所講的，只是在認識論上正確，它並不是活著的正確。只有那些徹底修行的人才能過著 authentic（真實的）的生活，因為在他們的心裡只有「空」，其他任何事他們都可以不管。像弘一大師[5]就是這種人，廣欽老和尚[6]也有這個本性，還有那些西方中古世紀的修道人也都是這個樣子。今天你所看到的宗教，它們大部分都已不屬於 authentic 了，而且還非常不 authentic。譬如說，他們一天到晚都在講說要怎麼幫助信徒成功、要信仰神就能成功等等，這些都已不是 authentic，而是「實在存有」的東西。當然，宗教人士不夠 authentic 並不表示他們就不好，他們也可能是行善人士而引導大家做好事，或開導人們讓他們心裡有個依靠。儘管他們這種「實在」的生活是一種不徹底的活著，可是那卻是我們的身心所可以忍受的狀態。

像鄧美玲的現象就是透過在「深淵」裡的迴轉，從「實在存有」中轉出來之後，再嚐到 authentic 的滋味，所以她的轉化並不是全然的 authentic。

就像我在上堂課所講的羅門尼遜的故事（編按：請見本書第一講），當他決定不要再泡在哀傷裡，已花了三年的時間在創傷裡迴旋，最後才得以重新站起來。那他這三年都在做什麼呢？他先是從初識太太的地方開始，然後再沿著後來住過的地方慢慢移動，不斷重新回想，重新緬懷，光是這樣就用了三年的時間。一直到最後的那一次，他終於到了最後的地方——太太過世前一個月，他們一起度假的島嶼，他也就從那裡重新再浮上來。過後，他把這三年所經歷的過程寫成了一本書，寫完以後就完全放下，重新回到工作生涯，繼續他的論文研究。

所以，羅門尼遜這三年的「記得」在他的生命裡是很重要的，要注意「記得」在這裡是一個動詞，那是一種生命的充實感。譬如我的一個學生，他在週末時都會回到祖母家住。有一天傍晚，當他聽到電視在播放《五燈獎》[7]的音樂時，他整個人頓時就充滿了祖母家的氛圍，像那煙囪啦、廚房啦、飯煮熟的味道啦等等，全都跑了出來，彷彿那就是他心中的天堂，彷彿他活著的充實感就是從那裡來的。

這就是我要講的，適合人「活」的實存感與 authentic 的存有是不一樣的。

虛擬的存在

我現在要講的是鄧美玲的朝向「真實存有」。

鄧美玲當時的處境使得她不得不品嚐到「真實存有」的真摯滋味。而這種一步一步的品嚐，在跟身心狀態的相搭配之下，讓她產生了一種身心殘破的感覺。身心殘破是不是病了？不是，那是因為她在遠離「實在存有」，而朝向生命。Being-in-the-world 另一個翻譯叫「在世存有」，但我比較喜歡用的是「寓居於世」，人活著不就是暫時的住在這個世界上嗎？

所以你會發現，「轉化」的機制與「真實存有」的處境是密切相關的。也就是說，處境由不得人，你哭也得哭，作夢也得作夢，處境是這樣時你就非得如此不可。因此，鄧美玲她並不是刻意要用這種夢想及期待奇蹟的方法來幫助自己，那是人活著的一種自然狀態罷了。

我們在上一堂課有談到「半物」[8]的概念：你跟你的伴侶互為彼此的一半。後來對方突然死了，你就變成只剩下自己的這一半。

在台灣有一個「一葉蘭喪偶家庭成長協會」[9]，專門鼓勵喪偶的人努力站起來、獨立活下去。可是，那其實只是一種文化藝術，只是一種假象而已。我曾經讀過很多寡婦對其亡夫的心靈記錄，他們並沒有提到「一葉蘭」的東西。他們所形容的，是自己的丈夫依舊栩栩如生地活著。也就是說，他們還在聯繫著他們的亡夫，而這個聯繫其實就是一種「虛擬的存在」。

譬如，有些人會把「虛擬」轉到子女的身上。兒子若長得很像丈夫，她就疼愛這個兒子，慢慢地把丈夫跟兒子的影像混合起來，而那混合的東西就是「虛擬的存在」。

我們也稱這種「虛擬存在」為「祕密通道」。你不要小看這「祕密通道」，它是很有力量的。譬如，有一個姊姊一直在照顧生病的妹妹，後來妹妹死了，她卻還跟妹妹建立著一個「祕密的通道」。有一天，這位姊姊神祕兮兮地從皮包裡拿出兩張面紙來，小心翼翼地告訴你說，在那上面是她妹妹快臨終時所掉下來的淚珠。按理說那眼淚早就乾掉了，對不對？怎麼還能看得到淚珠呢？可是，她就是這麼認為。

「虛擬空間」是不能被「實在化」的。當「虛擬空間」被「實在化」了以後，它就變成了一個死的東西。譬如說，你如果要「實在化」心裡的亡夫，你就要在這世界上找到一個跟你丈夫完全相似的人，然後嫁給他。可是這絕對會是個悲劇，因為這個人跟你的亡夫是不一樣的。

「虛擬存在」也是一個「縈繞的空間」。「縈繞」這兩個字的出處是來自「餘音繞樑三日不絕」[10]。如果是繞樑三日，就表示那音樂早已不在了，對不對？存在的只是在我們心中的一種運動，而不是實在的物理性運動。所以，我就把這種「繞樑三日」的存在叫做「縈繞空間」。也就是說，在沒有外在的物理條件下，它依然保持著某種殘存的狀態與氛圍，這就是「縈繞空間」。

那麼，「縈繞空間」是用什麼來表達的呢？它絕大部分的情況是用「依稀」，也就是「以虛代實」來表達。譬如說，當她看著兒子，她那死去的老頭彷彿就在眼前跟她說話，可是事實上並沒有呀。所以，她是把現實去掉，而不是因為看到了實體，她是用她的虛擬去取代實體。

「縈繞空間」與「惦念空間」是不一樣的。「惦念空間」是我過去曾經有的東西，我把它存在我的心裡惦念著；而「縈繞空間」卻是當下在我眼前運轉的東西。所以「縈繞空間」不是「惦念空間」。「縈繞空間」是人用來活的，而那讓人活的東西就是「夢」[11]。

當一個人從「深淵」中迴轉過來了以後，他看很多事情的方式都會跟一般人不一樣。

即便是一根草、一朵花、或是一個不起眼的小東西，都會有不一樣的感受。有時候，你也會因為自己還能吸入一口氣，而在心中充滿著詩意。像有很多癌症末期的病人，他們常常會很快樂地告訴你說，「啊！好棒！我今天又可以看到陽光了。」通常，癌末病人到了早上八、九點吃完早餐後，體力大概也就消耗得差不多了，而且健康狀況還會繼續往下掉，有時甚至到了晚上或深夜就撐不過去了。因此，「能夠看見陽光真好」這句話，對他們來說是比什麼都還要來得真實。

「實在存有」與「真實存有」的共存性

你們可以看到，我們人其實是活在「實在」與「真實」這兩種同時存在的狀態中。你只要往任何一個人的身上去找，便可以發現到這一點。

我曾在二〇〇六年發表一篇論文[12]，在論述上我所採用的觀點就是用「迴狀的八字形」，來說明「實在存有」與「真實存有」的共存性。也就是說，我們本身就存在著「實在」與「真實」這兩種狀態，只是因為受到了矇蔽與障礙，我們就只看到「實在存有」這一種。因此，我才會常常告訴學生說：夢很重要，詩詞很重要，文學的思維很重要，藝術很重要，宗教很重要，也就是那些科學主義者不太理會的東西都很重要。可是，這些重要的東西卻被搞得缺乏想像。譬如像那些搞宗教學的，成天就只會在舊紙堆裡做拼拼湊湊的點字工作，而完全忽視了宗教那真實感的部分。又譬如那些搞心理學的，他們終其一生就是在管控及校正資料的誤差，不管實驗的對象是老鼠或是其他的什麼。所以嚴格上來說，他們那種並不是心理學，那應該算是某種工程學，某種回饋的控制學，或是某種數學的控制學，因為都是在用數學公式去把統計數字導出來。

科幻小說家艾西莫夫[13]就曾經談到這個問題。這位科幻大師筆下最重要的人物，是一位心理學宗師，這位宗師原本是個數學家，後來將數學公式運用到人類世界中，既能預知未來，又能改變未來。在艾西莫夫的小說中，二十五世紀的心理學家才是真正的智慧之王，他們能夠了解很多關於人的記憶、祕密及行為動機等等的問題，他們知道這些都不是人的意識所能控制的，而是必定遵循統計方法所導出的定律。

透過這位偉大人物的計算，他預見了人類悲慘的未來，根據他的學說，銀河帝國最終會瓦解崩潰。他機關算盡，協助人們克服一個接一個的週期性危機。只要按照宗師的計畫，必定能夠度過危機，重新建立穩定的帝國。計畫順利執行了幾百年，然而人算不如天算，無端端卻突然出現一個具有強大精神力量的突變異種，席捲整個銀河。這次危機過後，又發生其他變亂，甚至到最後連宗師的計畫都要傾覆了。人們都以為預設的歷史事件將一環扣一環發生，卻沒辦法預料到穩定的規律中會發生計畫以外的變數，而自始至終能夠算到這些事的就只有一個人，那就是全世界最偉大的心理學家（師生笑）。

艾西莫夫想說的是：你無怨無悔確信你自以為是的「知道」，然而後來卻發現，原來你的「知道」是錯誤的。人在思考時所看到的只是片面的東西，還有很多其他的東西存在於人的視角所不及的地方。

一般俗世所顯示或表達出來的，差不多就是「實在存有」的東西，而「真摯」的存在，常常需要人們用「實在存有」的東西把它遮蔽過去。譬如說土蝕流的危險區，它就會跟「我的家」之類的東西套在一起，因為「實在存有」是生命的另一種氛圍，它是活著的一種狀態，不能被否認。「真實存有」是哲學或宗教的睿智，但是，不要用哲學的睿智來代替「實在」的存亡，這是很重要的觀念。

「轉化」並不全然是進入「願有決斷」的「真實存有」，它其實是在「實在存有」與「真實存有」的中間，這兩種狀態同時都能被察覺到。所以，我認為鄧美玲就是在這兩種狀態中存在。每一層都是她的生命記憶，每一層也都是她的生命感覺，這兩者並不互相排斥也不矛盾，「虛擬性」與「實在性」共同交織而成的一種狀態。

如果這個狀態是這樣成立的話，那麼人就會有一種「決」。譬如弘一大師，他每天都在寫毛筆字抄佛經，就是在藝術的領域裡，讓自己進入一個「虛擬」的狀態。人是可以藉著藝術，在心中產生空靈狀態，那也就是「虛」與「實」俱存的空間。在西方，你必須把東西畫得栩栩如生，那是完全的「實」；可是中國人講求神韻，如果要畫出神韻，那就不能把它弄得像真的一樣。

我這裡有一份資料提到，生活與養生的要訣，第一是「洗腳」，要慢慢地洗，而且要搓腳，搓腳時不要用心，水不必太熱也不要太冷。第二是「做無謂的事情」，像洗腳，或無所事事的呆坐。第三是「傾訴感情」，要談笑衷悅等等。或許你會說，生活得這麼閒散而沒有目的感，那豈不是成了一個廢物？基本上，「廢物」或「不廢物」並非真實的意義，它只是功用與價值上的意義。而價值上的意義是隨時在改變的。所以，真正的重點是「覺」的問題，就是你「覺到」你在做什麼，而不是你事實上做了什麼。可是有很多人是相反的，他們把「做什麼」當成是「覺」到什麼，那是錯的。

好，我們就先講到這裡。我們先休息一下，然後再聽同學報告。

條件性的轉變：《最後的演講》

本書內容簡介：蘭迪．鮑許（Randy Pausch）是一位熱情、風趣且教學認真的大學教授，在四十六歲時被診斷出罹患致死率最高的癌症——胰臟癌。隔年（二〇〇七年）八月，醫生說他的癌症已經轉移，可能只剩下三到六個月生命。九月，蘭迪教授應學校之邀發表了一場演說，這場演說讓現場四百個人笑聲不斷，也讓不少人掉下淚來，後來網路大量流傳，在全球各地引發了熱烈的討論。

這場充滿幽默、啟發性及智慧的演講廣獲迴響，之後《華爾街日報》專欄作家傑弗利採訪了蘭迪教授五十三次，寫成了這本精采豐富又讓人動容的書——《最後的演講》。蘭迪教授所傳達的訊息之所以如此撼動人心，是因為他以誠懇、幽默的態度去分享他獨特的經驗。他談的不是死亡，而是人生中的重要議題，包括克服障礙、實現兒時夢想、幫助別人實現夢想、把握每一個時刻……[14]

在世圓滿

有很多人在得知自己罹癌後，馬上就吃齋唸佛，然後便完全不理他原來在做的事情。

而蘭迪看起來卻是要無怨無悔地衝過去，你可以說他是為了要突破，也可以說他是壯烈犧牲，或是勇者無懼，或是想要人生無憾等等。他不去探問「空」是什麼，他要的是在世的圓滿，也就是在世界的價值。儘管是蠻虛幻的幸福，可是這本來就是很苦的事情，他卻還肯這樣撐著，這對他來說是何其的艱難啊。

我的父親也是在四十幾歲時發現自己罹癌，當時他立刻退休，每天把自己關在禪房裡打坐唸經，從修行的存在性來面對自己的死亡，就這樣過了二十年。我跟父親在這二十年的關係是，他偶而會探頭出來看我一下，或者當我們在吃飯時他便進來坐一下。他當時的整個生命就只有「我要解脫」的生死大事，這與蘭迪的狀態剛好相反。

蘭迪仍繼續原來的生活方式，他的信念是：死亡是他生命最後的成長。可是，中國人認為「面對死亡」還在做「最後的成長」這件事是不可思議的。我們中國人比較喜歡那種「行到水窮處，坐看雲起時」[15]的感覺，可是這種感覺對蘭迪來說卻又太消極太不圓滿了。如果人在死亡前能夠解脫人生的繫絆，終於能夠不必再為生活而做牛做馬，可以給自己一個自由的空間，這就是「坐看雲起時」的感覺了。可是蘭迪卻說，人一定要做牛做馬，直到最後的圓滿。蘭迪的「圓滿」是美國版的模式，而中國版的「圓滿」是像子孫滿堂、闔家福樂，或是五福臨門等等。這兩種不同的模式，只是文化意義上不一樣，它們其實都是所謂的「在世圓滿」。

所以，我們不要從「價值」的觀點去判斷事情，因為「價值」一定會有誤解之處。每一件事情看起來都是萬般艱難，我們要看到的是在人內心的那個「資糧」。

赫塞與蘭迪的觀點完全不一樣。赫塞的觀點是屬於心靈的層面，蘭迪講得很棒的那些東西，在赫塞看來只是一個過程而已。赫塞的小說《流浪者之歌》中，主角悉達多在成為一個成功的商人前也有他自己的過程，他有最美麗的太太及龐大的財富。可是每當飲酒作樂，他彷彿就看到有一個黑影籠罩在心頭。當這黑影不斷往他襲來，他發現自己已經無法再看重這些成功的東西了。而蘭迪卻是：「我要圓滿眼前的事物、我要讓我的太太在我死後生活有保障、我要留給我的孩子們很多可以記憶的東西」。蘭迪就在這裡止步，還沒有隻字片語提到關於陰影的部分。有些企業界的大老闆，在死之前都還在想著自己的事業；也有的人選擇退隱，蓋個小茅屋過日子。意思就是說，不管你是以哪一種方式來過日子，必須是在你能承受的狀態中活。蘭迪就用他受得了的方式，而他的方式在商界及政界是最受歡迎的。可是在教育界、修行界，或宗教界的人來說，他們對蘭迪的方式基本上不見得會認為理想。

願有決斷

如果「決斷」是面對死亡的一個信念，是否有什麼修行之道能讓你產生「願有決斷」呢？

在日本人的生活方式裡，就有很多「決斷」的行為。譬如日本的武士道，就是「願有決斷」的例子。在他們大學聯考的考場，到處都寫著「必勝」，這「必勝」就是一種決斷的宣誓。日本人還會在瀑布底下承受沖擊，那巨大水壓劈頭灌下的力道，有人覺得像是承受一千支鐵釘，或是一萬顆小石頭，有人覺得像是一隻大蛇壓在身上，其實那就是一種「決斷性」。

也就是說，人在面臨死亡時的核心問題，並不是你選擇了什麼，而是你要不要「決斷」，你又用了什麼方式來「決斷」。但是「決斷」不是生活，你不能一天到晚都在冬天下雪時用冷水來沖自己，對不對？

我常常講說，當人碰到臨終的處境時，很多東西對他來說都變得透明了，絕對沒有你想像中那麼纏繞。臨終的人，有要尋求解脫的，也有要尋求人生圓滿的，反正一切都變得很透明。只是到了生命的最後，他可能只想要至親在身旁，然後拉著他的手，這樣就夠了。

如果一個人在面臨死亡時處於一種「決斷」的姿態，身旁的人會覺得比較可以跟他契合。最麻煩的就是那種「不決斷」的人，當他「不決斷」的時候，連自己都不知道該怎麼辦，陪伴的人在跟他互動時也會感到非常困難。當然，也有很多人想要追求解脫但卻追求不到。譬如，覺得要唸「往生咒」[16]，就一直聽「往生咒」的錄音帶，可是越聽越空虛。後來沒辦法了就開始抄寫佛經，卻越抄寫越心虛。接著又跟著人家祈禱，可是人家是祈禱完後就安睡了，而他在祈禱完後卻更空虛。這都是無法「決斷」的狀況。

我們曾經碰到一個案例，是一名護士，陪伴一名癌末的泰雅族阿嬤。老阿嬤每天都會祈禱，祈禱完了就睡覺，什麼都不多想。可是那位護士儘管試過各種方法，卻還是無法面對阿嬤的死亡這件事。每當老阿嬤睡著了，她就坐在那裡哭。我們當然也覺得很難過，可是不管怎麼勸她都沒用。這是她在面對「死亡」時的「存在狀態」的問題。那位老阿嬤完全扎根在她的信仰上，完全不懷疑。可是這位科學主義的護士，就是因為什麼都要懷疑，所以才無根可扎。因此我才會談到日本人的那種「決斷」的精神，他們乾脆就在生活裡不斷訓練自己的「決斷」，長此以往，到後來也許就能夠面對「死亡」了。

這種「決斷」的信念對棒球選手很有幫助。有一位棒球選手這麼說：「當我要揮棒出去時，我是用我心中那塊盤石的力道，把球打出去」。他的意思就是說，他在打球時所使用的不是球棒，而是他心中最決斷的力量。

「決斷」是轉化的一種方式。還有另一種是完全「不決斷」的方式，那就是老莊式的面對「死亡」。那是一種「生存在全然的被動」，也是一個很妙的狀態，我們要在讀《口袋裡的鑽石》那本書時才會講到。到時候大家再來慢慢品嚐看看，然後慢慢地再把你的障礙及視野打開。

好，我們今天就講到這裡。

註釋

1 Being-in-the-world 多譯為「在世存有」或「寓居於世」（余德慧的譯法），但余老師對於外文的翻譯常有獨樹一格的譯法，有時取其「意譯」，有時則在顧及漢字特定意義脈絡或使用脈絡下，選用具有特定「意義效用」的譯法，作為其在行文或演講中展開議論的好工具。另一些時刻，則可能是不夠嚴謹的翻譯。但若讀者不單取其名詞翻譯，而能將此詞置放在其整片的論述脈絡中，能較清楚掌握該譯詞的使用意涵。

2 馬丁．海德格（Martin Heidegger, 1889－1976），德國哲學家，近代最重要、最有原創性的哲學家之一。他的思想對現象學、詮釋學、存在主義、解構主義、後現代主義、政治理論、心理學及神學有深遠的影響。

3 Authentic being，中文哲學界多譯為「真摯存有」或「本真存有」。按照海德格的看法，我們中的每一個人都有一種屬己而有待實現的潛能，並不得不面對自己的死亡。作為海德格講的「此有」（德文原文 Dasein，英文 be there），如果他（她）在面對這麼一個孤獨局面時採取決斷的態度，並且敢於承擔自己的唯一性和個體性，那麼此人就可說是進入了「真誠的」（authentic）生存狀態，並意識到這個狀態的含義。真誠性（authenticity）連通著個人的未來和過去，使自我具有連續性。它還要求在這種關係上接受自己的死亡。海德格認為，當人與自己的死亡遭遇時，真實屬己的自我才會顯露出來。在真正屬己的狀態中，「我」總是居先的，儘管這個「我」並不等同於一個傳統哲學意義上的主體。如果一個人被畏懼壓倒，通過沒入於眾人或匿名的「人們」（德文原文 das Man，英文 They）來保護自己，正如人們通常所是的那樣，他就進入了「不真誠的」（inauthentic）生存狀態。在「不真誠的」（inauthenticity）狀態中，「人們」居先，人失去了自己的存有意義。這種態度或姿態就是海德格所謂的此有的「沉淪」（德文原文 Verfallen，英文 fallingness），即此有避開自身，讓自身沉淪於日常的一般性事務中，與俗世共浮沉。

4 九一一事件是二〇〇一年九月十一日發生在美國本土的一系列自殺式恐怖襲擊事件。當天早晨，恐怖分子劫持了四架民航客機，分別衝撞紐約世界貿易中心雙塔和位於華盛頓特區的五角大廈，造成飛機上所有人員，以及建築物中的許多人死亡。

5 弘一法師（1880－1942），俗名李叔同，又名李息霜、李岸、李良，譜名文濤；生於天津，出家後法名演音，號弘一，晚號晚晴老人。精通繪畫、音樂、戲劇、書法、篆刻和詩詞，為近代中國著名藝術家、藝術教育家、話劇的開拓者之一。出家後中興佛教南山律宗，與印光、太虛、虛雲三大師並稱為近當代四大高僧。

6 釋廣欽（1892－1986），俗名黃文來，法名照敬，字廣欽，福建泉州惠安縣人，台灣當代著名的佛教苦行僧。

7 《五燈獎》系列節目是台灣電視公司委外製作的綜藝節目，同時也是台灣電視史上除了各台新聞以外最長壽的節目，播出期間長達三十三年（1965－1998）。

8 「半物」概念源自德國哲學家赫曼．許密茲（Hermann Schmitz）的身體現象學理論體系。以聆聽音樂為例，琴聲的物理音波與我們的知覺是互為「半物」的。此概念的說明請參考：王心運（2006），〈身體與處境——赫曼．許密茲的新現象學簡介〉，《哲學與文化》，三十三卷二期，pp.83-99。

9 「一葉蘭喪偶家庭成長協會」是一群有同樣喪偶際遇之婦女，於民國八十三年共同發起、成立的聯誼會，目的在協助更多喪偶家庭走出心中的陰霾，並自我期許有如單葉護花的一葉蘭，躍升為花中之魁。

10 戰國．鄭．列禦寇，《列子．湯問》：「昔韓娥東之齊，匱糧，過雍門，鬻歌假食，既去而餘音繞樑欐，三日不絕，左右以其人弗去。」

11 關於「惦念空間」與「縈繞空間」概念，可參見夏淑怡（2004），《臨終病床陪伴者的療癒經驗探討》，花蓮：慈濟大學宗教與文化研究所，未出版論文。

12 此處所提到的論文，很可能是指《臨終心理與陪伴研究》一書的第四章〈病床陪伴的心理機制：一個二元複合模式的提出〉中所提到的「背立／轉向」概念。參見余德慧等著（2006），《臨終心理與陪伴研究》，台北：心靈工坊。

13 以撒．艾西莫夫（Isaac Asimov, 1920－1992），出生於俄羅斯的美籍猶太裔作家與生物化學教授，門薩學會會員；他創作力豐沛，產量驚人，作品以科幻小說和科普叢書最為人稱道。美國科幻小說黃金時代的代表人物之一。余老師此處所談論的書，很可能是「基地系列」第二部裡的故事。

14 摘自《最後的演講》書封折口之內容簡介。

15 出自唐代詩人王維的〈終南別業〉，全詩為：「中歲頗好道，晚家南山陲；興來每獨往，勝事空自知。行到水窮處，坐看雲起時；偶然值林叟，談笑無還期。」

16 往生咒，全稱《拔一切業障根本得生淨土陀羅尼》，又稱四甘露咒、往生淨土神咒、阿彌陀佛根本祕密神咒，是佛教淨土宗的重要咒語。

第三講．認生與認死之間：《生命告別之旅》

在面對「死亡」時有兩條路可走：一條是往死亡的這邊跨過去，雖不能抵達卻也還是在「死亡」的方向上，這就是「認死」；另一條則是往相反的方向溜去，也就是「認生」。譬如有些人每天都在數佛珠唸佛經，在紙上寫了滿滿的祈求，然後很虔誠地在佛前迴向，這其實就是在「抱佛腿」，而「抱佛腿」就是「認生」的意思。

本書內容簡介：二〇〇六年七月十七日，單國璽樞機主教發現自己罹患肺腺癌，從一開始問：「怎麼會是我？」經過禱告後，他反問自己：「為什麼不是我？為什麼患絕症的都該當是別人？我有什麼特權不得此症！」進而接受得癌症的事實，把罹癌當作是天主差遣來陪伴他人生旅程中的最後伴侶。

他說，如果這即將逝去的生命能為人還有點「剩餘價值」，他願意為人服務，於是他開始了「生命告別之旅」，前往各地演講，分享八十幾年來的人生經驗與體悟。

這兩年來，單國璽的旅程足跡，鮮明可見；他不僅坦然面對、接受死亡，更寬容對待死亡，與生命同在。他怎麼面對、解答「生死無懼」的問題？支持他那「生死豁達」態度的力量從哪裡來？而在漫長一生中，他如何洞悉哪些課題才是需要我們全心關注的？他放下自己的病痛，將所有心力都放在關愛他人上，他的力量從何而來？

單國璽的答案看似簡單，卻需要用心體會與實踐：

「信仰能化恐懼為勇氣和愛。『愛在生命的轉彎處』，使我不會消沉無奈，反而使我看到人生最後一段旅程中的光明與希望。愛能夠轉變恐懼與痛苦，成為勇氣與快樂，正如大文豪聖奧斯定所說：『哪裡有愛，哪裡就沒有痛苦，即使有痛苦，痛苦也是甘甜的！』」[1]

編按：本次錄音不完整，因此謄稿到最後有嘎然中止之感，但概念解說算完整，因此仍獨立成一講次。余老師本課堂的授課方式，是讓同學從課堂的報告中找出關鍵詞，然後加以解說及延伸之。分析的重點是比較單國璽[2]與前一講次分析的蘭迪．鮑許[3]在面對自己罹癌後的兩種不同模式的狀態。

臣服與奉獻

同學：有一本書叫《死前活一次》[4]，是否跟我們今天要講的有關聯？

余老師：那本書的作者和攝影者走訪德國幾家臨終關懷醫院，分別為每位病人拍攝兩張臉部特寫；一張是即將畫上句點的生命，另一張則是死亡的容顏。然後將這兩張照片並列。那裡面有六歲的小孩，也有九十幾歲的老人，什麼樣的人都有。很多人在看到那些相片後就被嚇倒了，根本不會想要再去讀文字的內容。其實它的文字寫得更清楚，它描述病人臨死的每一個細節，譬如：感覺到哪個部位在痛啦、在癢啦、不舒服啦等等，它也詳細地把病人講的每一句話都記錄下來。在那些記錄裡，我們可以看到他們所講、所做的，幾乎跟你平時差不多。唯一不一樣的是，他們大概都會感到懊悔：「啊，如果我能再活一遍。」他們都知道自己一定會死，可是這輩子怎麼到這個地步才想到希望能重新再活一次。這是那本書最讓人感到諷刺的地方，因為在現實中，人從來不可能再活第二次，對不對？

單國璽的模式是：「我只活一遍，但是我從一開始就是『正確』的在活」。他在書裡談到他作為一個神職人員是一種「被動的生存」。他從未爭取要當樞機主教或其他職位，那是人們覺得他太成熟，太需要他在那個位子上，所以才把他選上去的。為什麼說他「成熟」呢？因為他很能思考又善解，在每件事情的抉擇上能「順服」，也就是真正的「臣服」。如果用慈濟的語言來說就是「縮小自我」。

所以單國璽的一生就是活在他的「臣服」裡。你千萬不能把「臣服」混淆成是「聽話」，因為他並不是臣服於他的上司，而是臣服於那更高層的上帝。譬如說，他的上司要派他到屏東去服務，可是他不想去，就向天主祈禱，然後聽到一個聲音對他說：「你去」，於是他就順服而去了。又譬如，當他得知自己罹患肺腺癌之後，向天主禱告，然後聽到一個聲音對他說：「這是你生命中的最後一個使命」，所以他就開始了這個告別之旅，在自己還活著時，把生命奉獻出去。這就是「奉獻」在這裡的意思。

同學：當人在發生重大災難時，似乎都會把無意識裡的東西激發出來。譬如單樞機，他本來沒想過要做這樣的旅行，在得知罹癌後才開始這個傳教之旅。還有蘭迪，他平時也沒想到要給家人留下什麼特別的回憶，可是當他知道自己就快要死了，他便很積極地做生命最後的衝刺。

余老師：人是可能有一種「要圓滿」的潛意識。那就是將內心的期望，讓它經過一個過程，然後達到一個圓滿的結局。

凡人認生，聖人認死

同學：我覺得蘭迪和單樞機都是用一種很肯定的語氣在說自己臨死前所做的事情，尤其是單樞機，似乎有一種「我活夠了」的意味。可是《死前活一次》一書的內容，似乎充斥著臨終者的懊悔與「我活得還不夠」的遺憾。

余老師：那就是所謂的「凡人認生，聖人認死」的意思。一般人通常是「認生」的，也就是「我要活下去」；而聖人卻是「認死」的，也就是「夠了，這就是我要的」。若以蘭迪的情況來說，他多少是有「認死」的。不過，他的「認死」方式是不願意改變自己「認生」的觀點，卻還要繼續去豐富他的「認生」，直到生命結束。有很多科學家基本上都不願意去「認死」，他們認為死亡就什麼都沒有了，那還有什麼好「認」的。所以，當很多人知道自己快要死了，都會希望在所剩不多的日子裡，用最完美的方式圓滿地活下去。

單國璽的死前圓滿是把他生命所剩下的分秒都奉獻出去。所以，蘭迪和單國璽對生命參與價值的認知是不一樣的。前者是「我要肯定此生」；後者卻是「我這一生本來就應該是這個樣子」，所以也不需要肯定什麼，唯獨要確定的是我與神之間的聯結。可是對一般人來說，要跟神聯結是一個很大的障礙。譬如，你感覺自己跟神的距離有多遠？好像遠得不得了，對不對？

單國璽從不懷疑神的存在，他也講得非常清楚：「要相信」。也就是說，當你產生懷疑的時候，你就動搖了你的「信」；當你「不信」時，你是無法單憑一己之力去面對死亡的真實。

人總是不肯放棄用理智來思考生命的事情。當你理智地看待自己的一切時，你就像是一個天使、一個神那樣的堅強。唯有當你生活在理智模糊與失控時，才能發現你的天使、你的神。我這麼講並不抽象。我們在臨終病房就看到很多信徒，當在面對自己的死亡時會大哭大鬧，拒絕教友們的探訪或甚至對他們破口大罵。他們覺得這些人所講的都是謊言，完成不能進入心坎。其實，這些信徒當初也是教會把他們從徬徨及孤苦無依的困境中救起來，他們也曾經滿心歡喜地在教會裡生活。在他們神智還清楚的時候，還會為自己的喪禮及細節預先設計與安排。可是當這個階段過去了以後，他們便開始要面對「我要死了」的真實，所以便感覺到沮喪和憤怒。你想，他們為什麼會這樣？

人通常在遇上急難時都會有「想要溜」的想法，對不對？同樣的，臨終的病人也會「想要溜」，可是偏偏「死亡」卻是讓人永遠溜不掉的。而這些來探視他的人，就只會告訴他要禱告或唸佛經，這樣才能進入天堂或往極樂世界。可是他的心裡卻是萬分驚惶，哪有什麼極樂可言啊。所以他感到很生氣，因為這些人講的話無法幫助他「溜走」。

我們知道「死亡」是不可逼近的，所以在凡人的世界裡，當看到這「不可逼近」的時候，會感到很無奈，也會想要溜得遠遠的。可是單國璽的模式卻是：「死亡」是不可逼近，不過我的方向卻是對的。他會憑藉著自己的某種信念去做一些事情，所以在回歸之前，他要先把自己奉獻出去。也就是說，在面對「死亡」時有兩條路可走：一條是往死亡的這邊跨過去，雖不能抵達卻也還是在「死亡」的方向上，這就是「認死」；另一條則是往相反的方向溜去，也就是「認生」。譬如有些人每天都在數佛珠唸佛經，在紙上寫了滿滿的祈求，然後很虔誠地在佛前迴向，這其實就是在「抱佛腿」，而「抱佛腿」就是「認生」的意思。

你可以看到人在面對「死亡」時的兩種態度，其實很多人是處於兩者之間的模糊地帶。當事情發生了，人就必需朝向死亡。若有不甘願的，就會開始產生躁動，噢，所有的煩惱、壓力、悲傷，全部都出來了。所以很多人會哭，一直哭到病情加劇、頭昏腦漲，他就不哭了，然後打針睡覺直到過世。這就是一般的情況。也就是說，如果你不修行，而是由上帝來安排你的路，那你就是這樣順著健康、惡化，直到生命結束。

人在進入了某種狀況時，「自我」自然而然就會被全部捨棄。為什麼？因為他已沒有精力，他想要恨也辦不到了，甚至記憶力也變差，連仇敵都認不得了。所以即使不修行，老天最終還是會幫你的忙，讓你能夠「順過去」。很多人其實都是讓老天爺來幫他「順過去」的，而這個過程就是所謂的「茫然」。上天既然設定了一種帶你進入「死亡」的機制，自然也會自動地去執行這個機制，然後再一步一步幫助你解決問題。這其實也是個不錯的辦法。

我用「認」這個字，是「看出價值」的意思。也就是說，如果你是「認生」，你就會看出活著時很多屬於有價值的東西；如果你是「認死」，也會在那樣的光景下認出另一類有價值的東西。譬如像「認死」的單國璽，他認為有價值的東西就是向所有的陌生人談上帝的訊息，這是他對自己的詮釋；如果是「認生」的人，他就會要「圓滿」，要努力去實現一些他過去沒辦法實現的事情。所以，「認生」或「認死」其實是一種對事物輕重的衡量方式，就好像有的人會把某樣東西看成是寶貝，卻也有人會覺得那並不怎麼樣。

續談「認死」與「認生」

同學：您說有些人是處在「認生」與「認死」之間的模糊地帶，什麼樣的情況可以讓人從那個模糊地帶朝「認死」的方向位移呢？

余老師：你的問題應該要問修行人，因為在他們的生命裡有一大部分是屬於「認死」的存在。德勒茲所引用的「莫比烏斯帶」[5]在這裡的意思就是：無論是「認生」或「認死」都會抵達兩個點，人就是在這樣的情況之下回流的。譬如，你損失了一百萬，如果你很重視這一百萬，你會哭得要死，對不對？萬一這一百萬對你很重要，那你該怎辦？只好去自殺對不對（同學笑）？可是你看那些到異域去服務的傳教士們，他們所承受的羞辱與生命威脅的程度，足以讓他們放棄生命而殉教，可是他們不但沒有，反而因此發生了轉化。所以，在這裡其實並沒有進入分明的生死問題。

同學：我覺得人會做出很多的區隔，然後把許多價值都固定化。

余老師：「價值固定化」是後現代的哲學界對現代科學和現代思想很嚴厲的一個批判，而最主要的批判者就是尼采[6]。尼采認為：很多人都用一種固有的價值觀來看待他生命裡的價值，而「固有價值」指的就是傳統留下來的東西，譬如，人要當官才能獲得榮耀、要行善樂施及品德高超才是貴人、要把小孩送到補習班才會有出人頭地的機會等等。尼采的意思是，我們看到過去有人做了這樣的事而成功或得到肯定，就覺得這就是有價值的。其實這是人云亦云的價值，也就是奴僕的價值，這在尼采看來是錯誤的，因此他就提出要對一切的價值重新評估。尼采並不是認為「固有價值」不重要，只是它並非那麼的「固有」，它是浮動的。

同學：那天我和妹妹一同出去吃飯，妹妹認為我應該換一件正式一點的衣服。其實我自己並不介意，只因妹妹的要求所以我還是換了一件衣服。

余老師：在我們的大腦裡存在著「鏡像神經元」，它會去對別人同理。當你在同理他人時，就會與對方交好。可是修道人卻往往不在這種處境之下，他沒有家只有山洞，他不上餐館只吃人家送來的食物，所以他們的生活裡沒有社會，他們可以照常修行。弘一大師就是一個例子，信眾見他用破爛的毛巾，想要給他換一條，他卻說：「還滿好的呀！」信眾為他送來豆腐，他視之如山珍海味般。這就是生命的一種基本態度與基調，是經過他一路不斷地鋪陳而成就的。

單國璽的生命也是自己一路鋪陳過來的，而蘭迪就不是了。所以當蘭迪在面臨「死亡」時才會造成措手不及。當他措手不及，便得想辦法解決，而他解決的辦法就是辦一個最後的演講。其實大部分的人在面臨「死亡」時都會措手不及，因為一般人都有「認生」的條件。

註釋

1 引自博客來網路書局《生命告別之旅》的書本簡介：http://www.books.com.tw/products/0010414565

2 請參考前〈導論〉註釋5。

3 蘭迪・鮑許（Randy Pausch），卡內基美隆大學教授，《最後的演講》的作者。

4 貝雅特・拉蔻塔（Beate Lakotta & Walter Schels）（2008），《死前活一次》（*Noch mal leben vor dem Tod: Wenn Menschen sterben*），王威譯，台北：大塊。

5 莫比烏斯帶（德語 Möbiusband），又譯梅比斯環或麥比烏斯帶，是一種拓撲學結構，它只有一個面（表面），和一個邊界。這個結構可以用一個紙帶旋轉半圈再把兩端粘上之後輕而易舉地製作出來。有兩種不同的莫比烏斯帶鏡像，它們相互對稱。如果把紙帶順時針旋轉再粘貼，就會形成一個右手性的莫比烏斯帶，反之亦類似。

6 弗里德里希・威廉・尼采（Friedrich Wilhelm Nietzsche, 1844－1900），著名德國語言學家、哲學家、文化評論家、詩人、作曲家；他的著作對於宗教、道德、現代文化、哲學以及科學等領域提出了廣泛的批判和討論，對於後來的存在主義與後現代主義哲學影響極大。

第四講．迂迴抵達與生命感：《凝視太陽：面對死亡恐懼》

親手做的小東西，有時候會讓人憶起很多存在的處境。在這裡面有一種濃厚的東西，談不上是「抵達」，卻是一種「不抵達的抵達」，也可說它是一種「貼心」。

為他人製作一樣小東西或是燒一頓飯菜，那都算是在「行巫」。「行巫」不是迷信的行為，它讓人感到最棒的地方是把情義及感情包容在裡頭。

本書內容簡介：死亡和烈日一樣，令人無法直視。但是唯有理解、看透心底這份對死亡的恐懼，才能讓生命變得更深刻、更珍貴、更充滿意義。

每個人害怕死亡的方式有所不同。對某些人來說，對於死亡的焦慮，像是生活裡的背景音樂，任何小事都會勾起時光一去不復返的感觸。對一些人而言，這焦慮更是猛烈難擋。它會在半夜三點突然襲來，讓人驚見死亡之恐怖而膽顫心驚，無法入眠。

本書作者歐文．亞隆（Irvin D. Yalom）是美國當代精神醫學大師級人物。他深知，就算有最堅固、最神聖的防衛，我們也無法徹底壓制心底的死亡焦慮。它永遠在那裡，蟄伏在內心某個隱密的深谷裡。因此，作為畢生幫助人處理死亡焦慮的專業工作者，以及眼見死亡也正一步一步逼近的凡人，他分享自己的觀點以及治療的經驗，讓大家在認識死亡的同時，進而也讓生命活出光采。

本書第一章，作者強調恐懼死亡所引發的問題。第二章討論如何辨認隱匿的死亡焦慮。透過臨床案例、電影和文學作品，作者探討許多人的焦慮、憂鬱或其他症狀底下，其實都是死亡恐懼在作祟。第三章點出，面對死亡未必會讓人萬念俱灰，相反地，它可能讓人覺醒。第四章討論哲學家、治療師、作家及藝術家，為了克服死亡恐懼所提出的一些真知灼見。第五章指出，唯有把觀念融入人與人的關係中，才是我們直視死亡的最強利器。第六章是作者個人面對死亡的體會，以及他對待死亡的態度。第七章是寫給治療師的建言。[1]

編按：本次課堂並未一開始就錄音，估計錄音檔開始於上課十幾分鐘之後。音檔一開始便是修課同學的口頭報告。

作者亞隆談到個人跟「死亡」斡旋的經驗時，覺得「死亡」讓他感到最害怕的第一件事是離開太太[2]——他自十五歲以來的心靈伴侶。

他在書中寫道：「我每週四會開車到舊金山和病患會談，內人每週五搭火車來和我會合度週末，然後一起開車回派洛艾圖（Palo Alto）。我載她到火車站停車場取車，她下車後，我會等在原處，從後視鏡注視著她，確定她上車發動後，才會驅車離開。我死後她將獨自上車，沒有我在一旁注視她保護她，我一想到這情景便感到難以言喻的痛苦。」[3]

雖然這只是個想像，對於已經七十幾歲的亞隆太太來說，卻是隨時可能發生的事情，到那時候一個老太婆該怎麼辦？你也可以想像你的至親，可能發生那些讓你感到害怕的狀況，譬如老伴在你死後孤單地在養老院生活、或是你的爸爸媽媽死了被埋葬在土堆裡等等。

不抵達的抵達

Y同學：有一天我觸摸到身體上有一個小硬塊，讓我想到「死亡」。我無所謂是否要死去，只是覺得自己現在還不能死，因為我對朋友還有遺憾、我覺得對妹妹還不夠好、我還沒有讓爸爸媽媽知道我很愛他們。

每次當爸爸騎著摩托車送我到火車站時，都會向我抱怨舅舅對外婆不夠孝順，我總覺得爸爸為什麼要去管這閒事。可是，我突然想到爸爸是否很寂寞，或許他真正的用意是希望我能多陪陪他。

我很愛我的父母，可是我不知道該怎麼表達。我很想問爸爸：「如果奶奶還在，你是否會對她更好？」可是，我卻擔心萬一這一問而問出一些我還沒準備好去面對的東西時，那該怎麼辦？

余老師：Y所講的情況，是一種裸體性的存有狀態。人只有在「裸存」時，這種既遺憾又害怕的感覺才會跑出來。

Y想去跟爸爸說，可是又很害怕，不知道會不會把事件裡頭更多的東西掀出來。如果是華特．惠特曼[4]就不會這麼想，他認為眼前的情況是怎樣就怎樣，不會再有變化或出現新的東西。你若問他：「我該怎麼做、怎麼跟爸爸說，才能抵達那個地方」。他會拒絕回答你，因為他很清楚知道無處可抵達。或許你只是煮一餐飯給爸爸吃，這看起來像是沒作為，不過該這樣就是這樣。也就是說，有些事情看起來像是小事，但卻是滿重要的。

我覺得自己的腦袋裡有一大堆的學問，卻做不出一點小東西來讓人看見，這是我一生中最遺憾的事。雖然我寫了一些書，可是這些書若不讀它也等於不存在。所以，我很羨慕有些人會做一些小東西，像小耳環、編中國結、織帽子圍巾或布鞋等等。我現在也學會了做飯燒菜，這是可以讓我做出來後貢獻出去的東西，是我唯一學到的生活記憶。

親手做的小東西，有時候會讓人憶起很多存在的處境。譬如，你為爸爸媽媽親手打造一對戒指送給他們，當他們過世了以後，這兩只戒指擺在你家中，讓你想著他們曾經戴過，就是這種很有意思的感覺。我覺得在這裡面有一種濃厚的東西，談不上是「抵達」，卻是一種「不抵達的抵達」，也可說它是一種「貼心」。但是，如果東西是用錢去買來的，那「貼心」就少了一層。

迂迴與抵達

凱博文[5]是第一位提到「乩童」[6]是最好的精神治療的精神科醫師，他也推崇「薩滿教」[7]的巫術，認為「行巫」在人的心目中非常重要。在美國那種科學至上的環境，很難接受他的論點，可是他現在卻已被奉為先驅。

不要小看「巫」，像我剛才所講的，為他人製作一樣小東西或是燒一頓飯菜，那都算是在「行巫」。「行巫」不是迷信的行為，它讓人感到最棒的地方是把情義及感情包容在裡頭。你想想，當你在無助的時候，有人願意無條件接納你、無條件回應你所講的所有事，或者擺設一個場合，讓你隨時想進去幹什麼都可以，像這樣的對象你到哪裡去找？你到醫院找心理治療師或精神科醫師是需要付費的；你若想要找人傾訴，對方也還得是好朋友才願意聽你說。

那天我接待美國長島大學的師生到法華山慈惠堂。當時我們看到兩個情景：一個是，媽媽帶著一對年紀很小的兒女，雙手拿著香在大殿前向神佛跪拜祈求了很久。另一個是，四男三女的青少年，他們燒香抽籤拜完後就拿了護身符在一旁討論。一群青少年不會無緣無故出現在廟宇，肯定是發生了事情。所以，落難的人會來到宮廟，這個地方就是這麼無條件地讓人進來，讓人有一個可以跪的場所。你別以為要有一個可以讓你跪的地方是很容易的事，在美國就很不容易了，因為他們的教堂平常都是關起來進不去的。而台灣卻有成千上萬的廟宇，它們的大門常常都是開放的。

因此，在廟裡讓人跪的那個墊子，就是我所說「小東西」的意義，你就知道這墊子的功德有多大。墊子是誰給出來的呢？當然，那是某人捐獻的。可是功德並不屬於捐獻者，而是「被擺在宮廟這個環境」本身就是一個功德。如果墊子被擺在家裡那就不是功德了，因為你或許把它當坐墊或其他用途使用。

又譬如「拜斗」[8]需要準備的六樣物品：斗、米、尺、秤、剪刀、鏡子，這些小東西從來不被說明會有什麼效果，可是它們的存在卻能發揮一種存有的氛圍，讓人能夠抵達某種「接近」。

我曾經看過一部紀錄片，讓我留下深刻的印象。在傳統的部落裡，住民對死亡的族人會有一種自然而哀傷的吟唱。「吟唱」看起來似乎很普通簡單，可是當它一出現，整個部落便開始醞釀成一種縈繞的感覺，讓所有人都突然放下他們的活動，靜靜地聆聽，並隨著吟唱的聲音盤繞，感覺著生命的呼喚，以及人存有的氛圍。於是，馬上便帶來了一種「接近」的存有。

在「接近」的存有中，有一種「迂迴」。「迂迴」就是避開語言的認識，從旁滲入到生活裡的真摯而抵達。所以，一只小小的戒指、或是一道可口的小菜，因為它們的呈現而產生的意外與喜悅，就是一種「迂迴」。也就是說，不要以為可以藉由語言的錯誤引導來抵達，唯有在「迂迴」裡，你才能抵達那不可抵達的。

死亡的恐懼

E也在閱讀報告中對「死亡恐懼」作了分析，她認為「死亡恐懼」可分為「非核心」與「核心」兩種。所謂「非核心的死亡恐懼」，是因對死亡的想像與焦慮而產生的。這種人會擔心死後被遺忘，重視在世的價值與意義。也就是說，那還不算是死亡讓人感到最可怕的恐懼。所謂「核心的死亡恐懼」，是指正在跟死亡打交道，譬如正在接受治療的病危者，想像著由生轉入死的那一剎那，將會看到什麼、將會是什麼情景。換句話說，這種人其實已經很靠近「死亡」了。

S分享了童年時期經常路過墳墓，讓她深怕失去父母親的恐懼。這看起來雖然是「非核心死亡恐懼」的經歷，可是後來卻在她心裡產生了一種「依附性」的害怕。

人在小時候都會有「依附性」的害怕，我也有。我記得在六歲時，曾經夢見自己過世了。在夢境中看到家人對著我的身體哭，而我卻在身體的上方拚命對他們說：「我沒死，我在這裡呀」，可是沒人理會我，然後我就被嚇醒了。那是我第一次對死亡產生恐懼的經驗，也就是所謂「依附性」的恐懼。直到我三十幾歲，恐懼越來越強大，常常胡思亂想，想像著屏東的老家突然打電話來告訴我祖母過世的消息，心裡很害怕。這就是E所講的「非核心死亡的恐懼」，也就是想太多了。可是人只要活著就不能不想，明明知道事情一定會發生，卻無法知道它什麼時候會來，那簡直是一種既不踏實又無底線的深淵。

我常常問自己一個問題：「如果能夠，我想不想知道自己什麼時候會死？」我立即的反應是：「絕對不要知道」。人在面臨死亡時，最大的敵人就是意識，也就是會思想的腦袋。假如我知道自己要死了，我一定會做很多的安排。在安排的過程中，其實壓力會很大，心裡也是極其難過的。所以，我才會跟大家提到創造「小東西」的想法，它會是一個媒介，可以指出一種感覺。

生命感

我一直在思考一個問題：是否能有像社區般的自然環境，可以取代養老院來安頓老人的安養問題。在那裡的老人可以生活在熟悉的環境中，看歌仔戲布袋戲、唱國劇聽音樂、種植有機蔬菜或草藥等等，就像是在家裡一樣，然後很自然地離開這個世界。我曾經看過一部影片，當有人過世時，村落裡的人都問說：「啊！是誰離開了？」然後馬上把手邊的工作放下，紛紛走到喪禮的現場。在喪禮上，有穿著工人服裝的、有農夫還戴著斗笠、有家庭主婦身上還穿著圍裙，如果沒有樂器，就拿出自家的鍋碗瓢盆輕輕地敲擊，然後大家再一起把亡者送上山。這就是「在地安養」的主張。美國已有許多安寧病房的設置，慢慢也脫離了冰冷的醫院，而轉移到溫馨氛圍的社區裡。

很多人都忽略了「生命感」的重要。譬如蘭嶼的老人，他們自出生以來便生活在文化的傳統裡，他們的「生命感」便從那裡產生出來。現代醫療不提「生命感」，而是重視像衛生營養之類的人道醫療。蘭嶼老人的營養與衛生條件雖不好，但是「生命感」能改變他們的身體，以便達到適應。

譬如，有兩個小朋友同時走在泥巴路上，其中一個赤腳走過去，另一個則是穿著鞋子小心翼翼地繞過去，於是泥巴就構成了他們各自不同的「生命感」。人道醫療的生命感跟人真正生活中的生命感是不會重疊一致的，這就是為什麼有人在髒亂的環境中能怡然自得，有人卻一定要把家裡弄得乾乾淨淨的，因為那是兩種不同的「生命感」。

但是，這種「生命感」從未被揭露，也沒有一種學問是叫「生命感學」，它是源自於身體的現象與空間。譬如，我不喜歡聽洋人唱歌，因為他們的歌聲對我的身體舒暢沒有幫助；可是當我聽到熟悉的《夜來香》時，我全身就暢快起來，而旁邊的年輕人卻可能在起雞皮疙瘩。因此，我們也應該尊重他人的「生命空間」。

「生命空間」涉及社會學、歷史學、心理學，及其他相關的領域，是非常「個人性」的東西。譬如，我在高中時期每天不分晝夜埋首讀書，有一天夜裡突然聽見炮竹聲響，才知道是除夕夜，頓覺身心舒暢，極為舒服。從此之後，爆竹的聲音便成了我心裡的感動，讓我充滿了「生命感」。我認為每個人都應該把自己「生命感」裡的「漣漪」寫成小傳記，這會比亞隆書裡講的那個「漣漪」還要好，畢竟他的想法只是留點東西給活著的人。可是，如果你留下來的是人家不要的東西，那該怎麼辦？

「生命感」是多層次的，我剛才只講到聲音的部分而已，它還包括觸覺與視覺上的生產。像我們學校對面的那座山頭，一直是我「生命感」裡的痛。我把那座山看成是一頭山裡的野獸，在牠身上插滿高壓電塔，像是槍箭般刺在頭、眼、肩膀、胸膛及背部，我感覺牠在哀嚎與哭泣，在我的視覺系統裡我無法原諒做這事情的人。於是，這就構成我「生命感」裡的東西。

每個人都會有構成「生命感」的東西，如果你能把它維護起來，保持它的存在，當朝向死亡時不要把這個東西破壞到完全掏光，對死亡這件事就比較不會感覺到太糟，這就是我們的「人文臨床療癒」所提倡的。

好，我們今天就講到這裡。

註釋

1 引自博客來網路書局《凝視太陽：面對死亡恐懼》中文初版的簡介：http://www.books.com.tw/products/0010436567

2 瑪莉蓮．亞隆（Marilyn Yalom），知名作家，在文學與女性史領域著作等身，並曾獲頒法國政府的教育文化勳章。現為美國史丹福大學「女性與性別研究所」資深研究者。著有《太太的歷史》（*A History of the Wife*，中文版由心靈工坊出版）等書。

3 摘自《凝視太陽：面對死亡恐懼（全新增訂版）》，P.202，〈我個人和死亡周旋的經驗〉。

4 華特・惠特曼（Walt Whitman, 1819－1892），美國詩人、散文家、新聞工作者及人文主義者，是美國文學史上最偉大的詩人之一，有自由詩之父的美譽。他身處於「超經驗主義」與「現實主義」之間的變革時期，著作兼融二者的文風。

5 凱博文（Arthur Kleinman）是國際知名的精神醫學家及醫療人類學家，現任哈佛大學人類學系教授兼系主任、哈佛醫學院精神醫學與社會醫學部門的醫療人類學教授。他桃李滿天下，足跡遍布全球，曾帶領過無數的醫生、公衛學家、心理學家和人類學者，深入不同文化地區，幫助跨文化之間的彼此瞭解，並將醫學人類學（Medical anthropology）的觀念應用於全球性的疾病防治，更進而影響許多國家衛生政策的制定與執行。

6 乩童是靈媒的一種，由鬼神附身到人的身上，以預言禍福展示威力，是道教民間儀式中，神明跟人或鬼魂跟人之間的媒介。

7 薩滿教是分布於東北亞的一類巫覡宗教，廣義上的薩滿教是世界性的。靈媒薩滿被認為有控制天氣、預言、解夢、占星以及旅行到天堂或地獄、直接溝通神靈的能力。

8 拜斗是道教為人消災解厄、祈福延壽的一種科儀，正式名稱為「朝真禮斗」。資料來源：http://library.taiwanschoolnet.org/cyberfair2001/C0136830007/6chapel/05.htm

第五講・無人稱存有的大海：《雪洞》

很多人打坐到不肯出來（離開打坐的狀態），但是你不肯出來，就破功了。喬達摩就是出來了，他曾經進入一個寂靜的存在，他在這個存在裡連結到當下活著的生命，所以這個人會叫作佛陀，因為他把這個存在的感覺，由裡往外翻，然後朝向外在世界。

本書內容簡介：在海拔一萬三千二百呎的喜馬拉雅山雪洞深居十二年，丹津．葩默經歷的不只是一種生活在艱苦環境中的考驗，更深刻實踐了精神上、物質上、情感上的自主。面對心靈的迷惘，丹津．葩默彷彿來自我們心靈深處的呼喚，提醒我們要往那深處尋覓，學習讓心靈洞開，生命自在。[1]

修行的靜謐處

丹津．葩默[2]這本《雪洞》的很多問題都不容易解。她的洞穴修行，其實只是一個中間的媒介，最重要的是，她當初為什麼要走向修行？我們從表面上看，她喜歡廣泛閱讀，特別是她讀到了密勒日巴尊者[3]，這對她意義重大。你們有沒有看過密勒日巴尊者的故事？丹津．葩默讀到他的故事後，感受很深。我想密勒日巴尊者的書會很吸引人，並不是他思考了什麼偉大的東西，而是他講了很多很平凡的東西。你們有沒有印象，密勒日巴尊者講的最令人印象深刻的是什麼？

對！他在洞穴裡唱歌，這還不是最重要的。他持續打坐，都不下山，他妹妹就供養他；打坐久了，衣服都破掉、爛掉了，妹妹就說：你全身衣著都破爛了，我給你做件衣服把身體遮起來，不然私處都露在外面了，很不好看。妹妹做好褲子之後又來了，她發現哥哥也在做衣服，可是那些衣服只是把所有的器官都套起來。妹妹問他：「你幹嘛！？」尊者就回：「你不是說凸出來的東西都要套起來？」妹妹就皺著眉頭說：「哥哥你一點都不知道羞恥啊！把你的生殖器遮起來，那是應該的！」尊者回：「不必如此！」為什麼不必？為什麼一定要遮這個、不遮那個呢？原來，他是在對妹妹說，你以為可以區分的東西，其實沒有那麼大的差別啊！

此外，密勒日巴尊者最喜歡跟空行母[4]在一起。你一定會覺得很奇怪！哪有空行母？我讀了很多森林修行傳記後，發現沒有一個修行者不提空行母。意思是說，空行母從來沒有不存在過，但她只能存在於非常乾淨的空間。當森林修行者進入到極為寂靜、安靜的狀態中，空行母就會出現，就如同台灣的櫻花鉤吻鮭，必須在很乾淨、很乾淨的水裡才能活下去。當你的心處在非常乾淨、安靜的狀態，空行母就一定會出來。如果你的心喧鬧得要命，腦子裡亂糟糟的，就不可能會有空行母出現。很多打坐打了很久的人，他們不但看得到空行母，還把空行母畫下來；你們有沒有看過敦煌壁畫中許多姿態飄逸的「飛天」？那些「飛天」其實就是空行母漢化後，被想像出來的形象。空行母本來只是在空中飛的精靈，可是敦煌的飛天都穿上衣服，有的頭上還頂著臼——其實這太重了，會讓她飛不起來。

只有在非常乾淨、清靜的狀態下，才有一個如霧、如羽翼般的東西跑出來；道家把這東西叫做「元神」。附帶一提，道家修行人是不太吃飯的，身體愈來愈瘦，打坐的時間愈來愈長，身體愈來愈輕；大多數時候，就是空氣在鼻腔跟胸腔運轉，運作到後來自動化後，人就不醒來也不吃飯，然後有一天「砰」一下就死掉了，這個叫做「羽化登天」。你們有聽過「羽化登天」嗎？羽化，就是身體變得很輕，最後死掉了，這叫「羽化登天」。那是很靜很靜的狀態，全身上下只有一個東西在變化。其實這是死亡的最佳方式，呼吸變得緩慢，到最後沒有呼吸。

許多人都不是這樣死的，大部分人一發現呼吸緩慢就恐慌起來，因為他覺得異常，認定自己是吸不到空氣，於是就出現像人溺水時那樣的反應。很多人死亡前的呼吸是又喘又大聲，典型的狀態是費力地大口吸氣。但最好的狀態是很緩慢、很靜的呼吸，然後人就過去了，從心脈這個地方慢慢過去了。因此常聽有人說，最好的死亡就是在睡夢中安然死亡，這樣的呼吸是很緩慢的，不像溺水的人。我們在安寧病房，看過太多猛烈抓取的臨終者，最後要過世時，因為吸不到空氣而拚命抓取，真是很可怕。通常醫院也很仁慈，馬上就給病人氧氣罩，這時喘息會稍微和緩一點，因為吸入氧氣後，身體會感覺比較穩定，可是氧氣罩讓人很不舒服，病人常會掙扎地想去抓氧氣罩。

修行的關鍵字

好！所以第一個問題，我們應該問：「你認為自己有修行的需要嗎？」這樣一問就很有意思了。你說有，但不知道那是什麼意思。那你一定有對於修行的想像。你們覺得修行的關鍵字是什麼？

J同學：「隨順」吧！

余老師：這太容易了吧！這關鍵詞不夠好。有誰要說？修行的關鍵詞是什麼？

C同學：我覺得是「自在」，自在是包括開悟和歡喜，不管有多大的困難發生。

余老師：這是已經修行以後了，還有嗎？

C同學：因為我看到自己的師父就是如此，便心想以後我也要這樣。

T同學：我覺得是「平等」。平等這個詞用得有點久了，在這個範疇裡包含很多意思。……通常我們會把靈魂放在一個秤子上去秤，譬如比較螞蟻跟大象的生命重量，然後得到眾生平等的結論……我覺得這不是修行要講的。像丹津．葩默，她從洞穴出來後，把她在洞穴裡體證的東西用在日常生活中，我覺得她有在實踐，而這種實踐，必須要從很安靜、很開放的心當中發展出來。

余老師：馬丁．路德．金[5]算不算？

T同學：馬丁所談的平等，是在一個時代的機運裡去追求人的階級上的平等；當然和丹津．葩默追求女人在修行路上的平等，是相同的。可是我覺得丹津．葩默追尋女人在修行道上的平等，不只是因為她身為女人、看到女人的不平等而已。

余老師：她應該只是想要為女人開闢一條可以走的道路。這可以走的道路跟她有沒有修行不見得有關係。在傳統中，有一些修行障礙明白地橫在女人面前，所以她要把路走出來。

T同學：她在進洞穴之前，曾加入一個男性俱樂部。而她在洞穴裡十二年出來後，卻可以跟豺狼、禿鷹坐在一起。我們可以看到，她作為女性修道者所追求的，應該已經超越了所謂「女性主義者」的層次了……。

修行：回到精神的赤裸處

余老師：那時候已經沒有男女之別了，而是與生命攸戚相關，所以修行顯然要比你說的平等還要更……。

修行人應該要回到比較底層的東西，亦即是指精神上比較赤裸的狀態。什麼叫精神上比較赤裸的狀態？譬如：我們談鑽石的時候，通常不會說「一個孤兒戴著鑽石」，這太赤裸了！最好談什麼呢？「美麗的手指上戴著一顆鑽石」，或是「月光下的鑽石」。但是，你會知道那裡面有某種虛華，它是一個欺騙，而且是好幾層的欺騙；最常見的就是商業欺騙，它用一個假的畫面來勾引你，讓你有追隨的慾望，這我們很容易揭露。再者是，這東西我很喜歡，不管有沒有人看到，我只覺得我戴起來，就好像我的肉體跟鑽石親密無間地結合在一起；當然，這一點男生可能比較沒感覺。很多女生戴上一條項鍊、耳環或手鐲，就會感覺到一種喜歡；如果價值不菲，戴在身上的感覺更舒服。進一步，當鑽石是別人送而不是自己買的，又是更進一步的虛幻感受。

可這其實是另一層欺瞞，雖然裡面一定有真實的感覺。為什麼叫做「欺瞞」呢？因為它產生一種 Halo Effect（光暈效果），讓人感覺如果我戴上它，我的人生是彩色的，走起路來有風；如果我沒戴，人生就是黑白的。這樣一來，生命就要靠這種 Halo Effect 來維持。很多出家人拍照時，會叫人拿道具，一拍出來，背後便有「祥光」。我以前不了解，就驚嘆：「喔！師父怎麼有那麼多光輝？」後來我才親眼看見，原來是拿一個燈泡放在他後面拍，所以我小時候也被唬弄，感覺師父或出家人很莊嚴。但就連這莊嚴都是一種欺騙，一種遮蔽。

你會發現，整個佛教寺廟都採用某種「法相莊嚴」的威儀，來維持這一層謊言，程度嚴重到要用整個戒律的意識形態來保護。我們知道，「法相莊嚴」有它的功能，這可以讓我建的寺廟大一點、徒弟多收一點，上台講經的時候，由於法相莊嚴，大家會頂禮膜拜。像L的媽媽在中台禪寺出家，回來後，她就爬到家裡的神桌上說：「我要講經說法。」叫她的兒女全在下面跪著，可是沒人理她、都走掉了，只剩她一個人坐在那邊。她就囁嚅：「師父講經說法，下面是八千徒眾。為什麼我上來講經說法，就連阿貓阿狗都不肯來？」這當中是否具備「法相莊嚴」，是很重要的條件。師父的架子必須被端起來。

你想，當年喬達摩（即釋迦摩尼）開始說法的時候，他的五個同道根本就看不起他，認為他破戒了，還接受牧羊女的乳粥；更糟的是，他後來不修苦行了，看起來好像只是坐在地上打瞌睡。當他走過來，同道就假裝不認識他，他叫住同道：「哎呀！我就是喬達摩啊！」同道就回：「沒有啊！」好像看到的是一名乞丐。我相信關於法相莊嚴的儀軌，大概是中國人發明的。最開始喬達摩的形象其實是破爛身軀，可是他破爛的身軀中，卻有個別人沒有的東西，就是他曾經進入很寂靜、很乾淨的世界裡，並在這個世界裡感覺到一種存在狀態，這恐怕是一般人不曾獲得的。可能，在座同學能做到的，最多只是早上起來打坐一下。你也許會說：有啊！有很多人打坐到都不肯出來（離開打坐的狀態），我也承認有這件事，但是你不肯出來，就破功了。喬達摩就是出來了，他曾經進入一個寂靜的存在，他在這個存在裡連結到當下活著的生命，所以這個人會叫作佛陀，因為他把存在的感覺，由裡往外翻，然後朝向外在世界。

你原來看世界的方法，是先將它遮蔽之後才去看；可是喬達摩不是這樣，他是將另一種存在橫移過來到這個世界中。但世界還是在那邊，他並沒有否認原先世界跟他的關係。表面上我們看到丹津．葩默創設藏傳佛教女眾修行者的協會等，但這在修行上其實不是很重要。修行跟不修行的差異，沒有辦法在形式上判別。那麼，到底什麼能判別？那可能是一種讓人覺醒的鮮活的感覺，一種讓人的存在得以彰顯的鮮活感。當修行人能透過他曾有過的存在經驗來活，會使得葩默的藏傳修行女眾協會跟女性主義的藏傳協會有根本上的不同。這是來自於當她把經驗「由內往外翻」後所產生的連結。

所以，密勒日巴尊者的歌唱是很重要的。很多人在唱的是「我的情」、「我的愛」，那是敷上一層欺騙外貌的歌。密勒日巴唱的歌應該不是那樣，而是隨意的，就跟小狗汪汪叫差不多，跟鳥兒咕咕叫差不多。你也許會說：「這樣叫很像神經病。」可是他就是要叫！譬如說，我聞到風的味道時叫一叫有什麼要緊？我聽到鳥叫時也高興地叫一叫有什麼要緊？我在它們求偶時一同「叭叭叭」地叫又有什麼要緊？不就是聲音嗎？可是，後來這些聲音慢慢變成所謂的「求偶聲」或「色情之聲」，慢慢地有愈來愈多的遮蔽性在裡頭。

修行：脫去幾層皮

書裡講了一句很正確的話，就是：「修行不是你得到什麼，而是你脫掉幾層皮。」終於，我們達到一個比較有共識的想法：修行首先要脫皮。我要問你們：「你最想脫的皮是什麼？你認為自己現在最想脫的皮是什麼？最輕易可以脫的皮是什麼？」

C同學：脫掉面子。

余老師：對！這「不要臉」的修行功夫是很不錯的——「不要臉」功。

H同學：脫掉社會給我的價值。

余老師：如果人家讚嘆你的時候，你的感覺怎麼樣？

H同學：我以前會高興，現在會害怕。

余老師：連害怕其實都不行喔。若你說會害怕，就是功夫還沒修到位。讚美而心不動，我大概五十歲就學會這個，就覺得讚美跟別的沒有兩樣，所以人家讚美我，我就臉不紅、氣不喘，但也不會快樂。

如果我獎賞這個人，不獎賞那個人，這是一種條件化的運動，讓你的生命產生一種條件化的狀態。而「解脫」，就是要把這條件化給去掉。像有人看到某一個人得到榮譽，自己沒有，心裡就覺得很失落；譬如我沒考上研究所，別人有考上。你們回想自己一下，有沒有這種失落感？這其實就是修行。很多事情我不見得做得到，可是我知道訣竅就是我必須把這份失落扭轉過來。我最驕傲的一件事情就是，我這輩子幾乎沒有得過獎！哈哈，我自從十八歲以後都沒有得過獎，好像有得過啦，但我也忘掉了，主觀上我真的覺得幾乎沒有得過獎。有一次，我去審查別的教授的計畫，才發現這個也可以當作獎，那個也可以當作獎，那時才知道，原來我的看法跟別人不一樣。

面對社會上各種各樣往自己臉上貼金的現況，我就想：人的障礙到底是什麼？這些「禿鷹」[6]比較沒有障礙嗎？當然，一般認為禿鷹的能力很強，存活能力很強，我們對禿鷹都沒有辦法，禿鷹太厲害了！我們看另一邊的人，是靠一些小小榮譽維持自我，苦苦地用一些微弱的東西撐住他的世界。而禿鷹這邊是什麼情況呢？他們三、五人就可以出資來建大醫院，自己卻躲在背後。為什麼我稱他們為禿鷹？因為他們還是愛「吃肉」啊！他們已經對這些表面上的謊言不感興趣了！他們建構在世功業就是因為愛吃肉。（編按：以下刪除若干余老師對時事的品評）

他們（指前述「禿鷹」）因為愛吃肉，所以是禿鷹。在醫學界，我看到有人戒了肉，就很靠近成佛了。當醫生戒了吃肉，就很接近成佛，而且很容易成佛。為什麼？我當年在大學參加佛學社，裡面有很多醫科學生，他們都拒絕吃肉。拒絕吃肉的醫生有幾個特色：第一，他們很少待在大醫院；第二，他們成立了診所，設備都非常簡陋；第三，他們是看「病人」，不是看「病」。這差別很大，你去看他的時候，他會跟你聊天，會跟你談最近的生活，不太跟你談你的病怎樣；有時候你覺得著急，他就說：「還好還好啦！不要擔心啦！」

可是你一進大醫院，就要做各種檢查，再開一大堆藥給你。你簡直像一頭牛，要被剝好幾層皮。很多癌症病人，不斷做檢查；也許一個癌症病人從他開始治療到死去，要經歷不下二、三十次的各種檢查，不斷在抽血，各種檢驗天天做，非常痛苦。你就變得不敢去治病，因為怕一旦治下去，這邊出問題，那邊出問題，千瘡百孔。現在醫院賺癌症病人的錢，是無時無刻在賺。但當這些醫生一旦決定不吃肉，就不待在大醫院了，收入可能比一般的公務員少，可是對他而言不要緊。禿鷹跟修行人之間就差這一段，差在嘴巴要不要吃肉而已。有時候我觀察醫生這一群人，發現當中很多人面臨死亡時，會很快放下過去禿鷹的種種，甚至有點虔修的意味。可是另一群人沒有虔修的現象出現，他們會開始到處亂拜，一下這裡拜仁波切，一下那裡拜喇嘛。醫生中聰明的都不會去追求上師、去求道。為什麼？因為「道」這東西是不可移轉的。

我們可以有「道友」，但不要找「上師」；這世上不存在把一個人的修為轉移到你身上這種事。即使是名師，也不見得會出很多高徒，大部分就是蝦兵蝦將而已。修行人都說親近善知識、上師很重要，其實真正的好上師是你的鄰居、你身邊的人，是創造我們周遭良好氛圍的人，而不是一天到晚講經、展現威嚴，整天跟你說怎麼可以這樣、怎麼可以那樣的人，那就不像（上師）了。

上師這名詞有誤導之嫌，它是有「化妝」過的，上師不該是指導者，而是一個旁敲側擊的人。看你哪個關卡過不了，就敲一敲，但你最後有沒有過，他也不會管你。所以上師的正確名稱充其量應該只是「道友」，他沒有那麼偉大。

然而真的道友很難在這世上找到，「嘴巴道友」太多了，真正有親身體驗的太少。真道友一般來講是有磁場的，跟他一起修行，會覺得你的磁場會通，有受到幫助——當你自己修行的時候，好像沉靜下來的速度會稍微快一點。但是你不能仰賴他，你自己修行的時候還是要一步一步挺進。這樣你們就可以解釋，為什麼這種道友很重要，因為他是很好的導遊。

何來生命的悲哀？

接著我們從丹津．葩默的起點經驗來談。她十三歲時，有一次坐在公車站，突然想到我們大家有一天都要死，死前都會變老，而且要生病；她看著公車從眼前開過，車中人都在談笑喧嘩，她納悶他們不知道事情要發生了嗎？她對母親說：「生命真的是讓人很悲哀，因為我們必須經驗到生老病死這一切。」你們有沒有過這種感覺？有沒有曾經突然覺得，生命真的很悲哀；好像生、老、病、死都等著一個一個發生，這常是修行人對人開示的話頭。對這些話，我們要問的是：「悲哀何來？為什麼要悲哀？」一定有個聲音跟你說：有些東西是不能丟掉的，而我們會悲哀，是因為我們明明知道那些東西會丟失、不再，但我們依然努力去維持。這樣，我們當然會覺得很悲哀。

若往更底下去找，為什麼會悲哀？真正的悲哀源頭，是我們先活著、然後死掉的這個事實；死掉的是誰？是「我」。這個東西就叫做 personal（個人的）的標誌，就是說，我們即使死掉了，我們擔心的是人的某種標誌。這樣理解嗎？死掉的是人的某種標誌；每一個人在他活著的時間，就在經營他個人的標誌，「我」要做什麼？「我」要變成什麼樣的人？這都是一種 personal being（個體存在）的變化。

K同學：人都會死掉，那我幹嘛還要活著？

余老師：對。這句話的意思就是說，那我的價值應該是什麼？這個「我」跟「價值」是連在一起的。

K同學：我現在這個活著的狀態是什麼意思？

余老師：你如果想講它是什麼意思，它其實沒有意思。

K同學：對啊！我就覺得沒有什麼意思。那也不用刻意尋死，它就是這樣的狀態，可是在這樣的狀態我又感覺不到什麼……。

余老師：對！這就是「小狗的存在」。最近有一個新聞：有一隻漂亮的瑪爾濟斯犬，牠的主人吸毒，警察來抓他時卻怎麼查都查不出毒品在哪，結果可愛的瑪爾濟斯就咚咚咚地咬了一堆安非他命跑出來，蘋果日報刊出了牠的照片。這瑪爾濟斯就像很多人講的「聖人」，聖人是怎麼樣呢？他「寵辱皆忘」。小狗也不知道牠這樣會獲得公開讚揚，也不知道牠侮辱了主人，這就是「寵辱皆忘」。牠就是牠的當下存在。

我們要知道，人其實就是小狗，人只是多出一些有關「個體存在」的想法而已。你們回想一下這本書所談的雪洞修行，雪洞修行是從個體的存在往哪個方面運動呢？往「無人稱的存在狀態」（impersonal being）去移動。在丹津・葩默的個體存在裡，她長得很漂亮，也有個男朋友；她在英國的時候，跟一個日本男孩又很親近，這些狀態一般來講就是「個體性的存在」（personal being）。可是，當她的精神要朝向「無人稱的存在狀態」去運動的時候，她就必須把這段感情看淡。這段感情在別人眼中，並不能看淡，因為會把最寶貴的關係給丟掉，可是她最終還是「滾」到無人稱（impersonal）的這邊來，走她該走的路。

人能不能不「滾」？可以不「滾」。你看到很多人就是這樣，譬如約翰・藍儂[7]跟Yoko[8]的結合就是。我們看到很多男女的結合，基本上就是不滾動。而丹津・葩默為什麼要滾動？因為她的精神中有另外一個方向的動力。而通常在滾到impersonal（無人稱）之路的途中，我們會先把自己投到一個類似大海的感覺中。什麼叫大海的感覺？一般而言，我們在做事情的時候，總是希望增加出什麼東西來；可是當你切換到我剛說的那狀態時，這狀態不求要增加什麼，卻保持著一種「存有的大海」的狀態。「大海」的意思是，個人不重要，重要的是你自己一個人要走到沒有個別性的「無人稱的存在狀態」。但是，很多人就算經驗過這種沒有個別性的存在狀態，當他回到紐約、回到美國的塵世後，該做的壞事還是繼續做，該吵的架還是繼續吵，該貪的繼續貪，該恨的繼續恨，彷彿十幾年在上師阿姜查[9]那邊所學習的一切，全都還給阿姜查。只有當人覺醒到這一點以後，他才開始其修行之路。換句話說，這些人在阿姜查那邊以為的修行，不是修行。只是那個地方能提供環境，讓你有機會去經驗到某種狀態，可是這些狀態完全沒有辦法保留。為什麼呢？因為你的世界非常複雜。

那真正的修行是什麼？

修行：投向無人稱的存在狀態

其實丹津．葩默也了解這份複雜，可是她選擇走另外一個途徑。她知道各種貪念、妄念在人世間全都存在，她從來不批評這些妄念的存在，她只刻意不走這些妄念之道；她突然發現自己像世尊一樣，有一條自己的路徑，一個人走下去，這裡面有種排山倒海的氣魄。這種排山倒海的氣勢，是因為她的自我很強嗎？其實不是，而是她看到了道路。她一步步前進時，看到了道路在承接、在相續，彷彿她眼前就面對紅海[10]，當她一步步往前闖，大海就為她讓路，她的心中真的感覺有如紅海讓出一條路來。或者像一陣風，她每次都在逆風而行。（編按：以下省略余老師對於當今宗教界與政治界的評論）

這是一種「我的路，我來走」的姿態。我不需要你的掌聲，我不需要得到任何東西。我的路，我來走。若談真正的修行人，哪一個修行人不是如此。為什麼？他願意開天闢地，給自己開一條路；而且他對這條路，很有興趣。此外，這條路其實無益眾生，也無益他自己，只有益於消磨他的自我，把自己的皮一層一層往內剝。但為什麼「消磨自我」、「把自己剝一層皮」比較接近修行？我們再來看這句：「既然每個人都會死，為什麼我要活著？幹嘛要活著？」當讀到這句話，我心生恐懼，我心裡不舒服，我會覺得沒有意義。原因何在？因為你以為你的自我只有一種，可是我剛才講的例子中，他們的我不是這個我，是一個存在狀態，很奇怪的一種存在狀態。你可以把它稱作一個存在姿態，或把它看作一種生命的見地；你也可以把它看作所謂的無自我，或者是一種不再屬於「某一個人」的自我，已經沒有個人標籤在裡頭的自我，這種 impersonal being（無人稱的存在），基本上是人類的精神之所在。

我們知道人類的精神，常常是看不見、無形的。這個無形狀態是透過大海一般的自我狀態所匯聚出來的。如果你是英雄，那就不是水，而是岩石，岩石會讓幾百、幾千人為他們死，然後沉下去變成礫石。我們讀歷史，就是在讀許許多多大石頭構成的東西。石頭不是存有，而是存有的屍體或屍塊。可是，大海依舊是大海，我覺得最好的 metaphor（隱喻）就是大海，或者是風、是大氣、是光，但還是大海這 metaphor（隱喻）最好。為什麼？因為這些都找不到 personal being（個人的存在）；也就是說，當你開始要修行的時候，你當下就是準備要讓那 impersonal being 變成你存在的狀態。這種 impersonal being 有什麼不同型態？有些人會投身在一個「偉大的召喚」底下，像慈濟就是一個偉大的召喚，或某種環保運動也是一個偉大的召喚。你也可以投身到一個「默默的存在」中，像S師姐一樣。S師姐是個很奇怪的、默默的存在，大家都發現，她沒有工作、沒有住處、沒有自己的衣櫃和床、沒有自己的房屋、沒有自己的鍋碗瓢盆，什麼都沒有，但是她就存在；她沒事就來參加我們的頌缽活動，來照顧病人，一起去社區幫忙。你們會覺得她就是一種無名的、匿名的存在，人們永遠不會注意到她。

匿名的存在可以有千百種形式，但形式不是最重要。最重要的是什麼？是你投向一個

impersonal being，沒有個人標誌的存有狀態。這種情況底下，你可以打坐打得天翻地覆，日夜無光，也是 impersonal being。什麼叫 personal being（個體的存在）？當你一天到晚說人家的壞話，說人家的缺點，然後闡揚自己的優點，這就是強烈的 personal being，對不對？你如果沉迷在這種 personal being，我要追求榮耀，某獎項我非得不可，那你就朝著另一個方向走。這樣走好不好？沒有好或不好。有人在這邊走得轟轟烈烈，譬如他們追逐愛情、親情，就像戲劇一樣，很慘烈、很虐心，最後倒了下去，這也是一種活著的方式，這就無庸修行，也不必修行。

修行跟不修行，是轉動方向的差別，跟裡頭有沒有朝某個東西移動的差別而已，不存在價值上的好壞。如果你一直評量怎樣才好、怎樣不好，就根本不用修行了，就轟轟烈烈去幹一場！有什麼不行呢？上戰場去拚，跟人罵三字經，有什麼要緊？沒什麼要緊。你如果厭倦，突然發現這邊不是你真正想要的，你當然就往另一邊轉動。但是不要一天到晚在兩邊之間來回走動，一下這樣、一下那樣，看到出家人就罵他們一事無成。出家人可能會反問：「我出家還要成什麼？」或罵他們是米蟲，出家人會回：「我不當米蟲要做什麼？我也要吃飯啊！」很多出家人也不懂，只知不斷說不可以謗僧、不可以謗佛、不可以謗法，其實這樣說也是反修行的。為什麼？因為就是怕人家罵，心有罣礙嘛！所以不斷出來擋。這也是沒有用的。

這樣的話，你們是不是要慢慢返回自身去想。你現在還有機會選擇，要修行還是不修行？

課後師生對話：開悟是動詞，不是名詞

余老師：剛才C說「自在」，我就不接腔了。「自在」是一個定性[11]的詞，定性的詞會殘害你們的腦袋思維。你憑什麼去定義「自在」是很棒的？你們上次沒有聽到王心運老師[12]在演講中提到，那個女孩子為什麼要用刀割自己的血管？因為她整個人太鬆了，鬆到她根本不知道自己的存在。這是很難過的事！她必須要割自己的血管，才能從痛、流血、快死掉的感覺裡，發現自己的存在。所以，不能用定性的詞來界定事物，甚至連「平等」二字都不能拿來為事物定性。我們不需要「定性」，我們要看「運動」。你們一定要弄清楚，當你們想走修行的路時，是在「personal being」（個體存在）或「impersonal being」（無人稱存在）這邊，你們要很清楚。我此刻的狀態是在這邊，還是那邊？這會幫你很深刻地去認識，我為什麼不敢走？譬如說，如果人家要你捨棄，什麼東西是你最後才能割捨的？除了生命之外，什麼是你最後會捨的？如果你找到最後會捨的東西，你就會找到你的

生命跟它依存的關係，修行就是在察覺這種依存的關係。

你在探問每件事情的時候，要問的是它的運動狀態。當你看到你一生最不捨的東西的時候，你就知道自己的生命正在跟它親密交往。如果你要問「為什麼」？並沒有為什麼。問「為什麼」是沒有用的，橫豎那親密的交往就是現實的狀況。在這裡面，修行的要素就跑出來了。我常會說，修行就是在體驗某種型態的 becoming（生成），某種型態的「變成……」。最後，就是修行沒有終點，不可能有終點。所以並非是丹津・葩默從雪洞修行出來後，就開始接受供養，完成修行，不是這樣的。

開悟如果當成名詞就沒有意思了，而且也就不存在了。如果把它當作動詞，它絕對存在。「我」好像今天看破了一點，就開悟了一點點，意思是：若說開悟是動詞，這是有意義的，但很多人會執著於名詞化的「開悟」。其實並沒有「作為名詞的開悟狀態」。

K同學：動詞的開悟會用什麼方式來發生？

余老師：通常就是對某種東西突然有所領悟，原來以為是的，突然變成不是；或者原來不是的變成是了。最主要的，還是原來以為是的，後來變成不是。這個最重要。為什麼？例如你原來以為修行是得到什麼，但其實是剝掉了什麼。

很早以前我的指導教授問我，一般我們對待知識都是要不斷累積，可是我看你好像不是。我說沒錯，我學了詮釋現象心理學，就是一步一步地去除累積，把累積的、以為存在的東西去除掉；每去掉一步，我的學問就進一步。而且，在不斷去掉的過程中，你隨時可以放、也可以隨時拿起來。所以我說，人類真正的進步，是他解除了過去所建立的以為「是」的觀念；然而，以現在的知識來講，其實還是和過去一樣。你如果不斷學習現在的知識，你會發現腦袋愈學愈呆；當你不斷丟掉某些東西的時候，你的路會變得比較不一樣，你會開始發現另一條路。

註釋

1 介紹文字引自書封簡介。
2 請參考前〈導論〉註釋9。
3 噶舉派上師，為西藏著名的密教修行者，也是偉大的詩人。密勒日巴早歲失怙，家產盡為親戚所奪，母親遣他學習法術咒殺仇人，後懺悔依止馬爾巴譯師，受盡艱苦磨練，經歷山洞中長期苦修，終於證悟解脫。是西藏許多民間傳說的主角。

4 空行母被認為是天界或他方佛土的女性金剛乘修行者，有許多是佛或菩薩的化身。

5 馬丁・路德・金（Martin Luther King, Jr., 1929－1968），美國牧師、社會運動者、人權主義者和非裔美國人民權運動領袖，主張以非暴力的公民抗命方法爭取非裔美國人的基本權利。一九六四年獲諾貝爾和平獎。

6 以下余德慧老師以「禿鷹」及「吃肉」等隱喻，指稱名利場上熱衷追逐功名利祿的人及其各種唯利是圖的行為。

7 約翰・藍儂（John Lennon, 1940－1980），英國歌手和詞曲創作者，為披頭四樂團的創始成員。

8 小野洋子，日本多媒體藝術家、歌手及和平活動家；約翰・藍儂的第二任妻子和遺孀。

9 參考前〈導論〉註釋16。

10 這裡是以《聖經・出埃及記》中摩西帶領以色列人穿越紅海的故事來做比喻。

11 定性：指以話語為某個事物或狀態定出其屬性、特性、內容、範圍、價值等性質的人類意識行為。

12 王心運為高雄醫學大學醫學人文與教育學科的副教授，其主授課程為醫學專業素養、醫學與思辨、生命與死亡現象、生命倫理、科學和哲學；學術專長為胡塞爾現象學、德國身體現象學跟列維納斯倫理學。此場演講為九十八年九月十日（週四），王心運教授於慈濟大學人文社會研究院與癌症病人廖歷慎女士共同發表的迷你講座「我的生病經驗」與「身體現象學」。

第六講・自然死亡與守夜儀式：《雜菜記》、《黑晝記》

你們現在都住在「透天厝」裡，可是你們不知道這透天厝有「地下室」。平常你們會使用一樓客廳，二樓臥室，三樓書房，四樓遊戲間，五樓神明廳，可是你們的生命其實還有「地下室」。這是個黑暗、潮濕又悲慘的地方！「地下室的真實」是有天你總要離開你的透天厝的上面樓層，下沉到「地下室」去。

課堂影片[1]介紹：本次課堂放映兩部許慧如導演的紀錄片作品，二〇〇三年作品《雜菜記》記錄導演和父親間的感情與日常生活；二〇〇八年的《黑晝記》則記錄其父親罹患癌症後的就醫與共同面對死亡來臨的課題。

記錄是為了繼續活下去

余老師：請同學們先說說影片的觀後感。誰要先說？

J同學：看第一片《雜菜記》的時候覺得很普通，看第二片《黑晝記》的時候則覺得，若能活下去，就算是再普通的日子也願意好好過。

余老師：好幻滅的話喔！為什麼很幻滅？我們讓年紀輕的先說。

S同學：看《黑晝記》爸爸就醫的過程之後，我也想像導演一般以吼叫來發洩情緒！看《雜菜記》的時候，我對許多沒有聲音的畫面印象深刻，很像是死亡的壓迫降臨！當中有很多日常生活的不經意畫面，對我來說，這凸顯了日常生活錯過了就回不去的味道。

H同學：我比較看不懂電影的手法，我看的是情感。看到他們相依為命，爸爸從健康到往生的過程被記錄下來，最後導演自己也生病了。我覺得導演很勇敢，也覺得我們要好好把握親情，因為我們都不太會表達，都藏在內心裡。我覺得自己跟爸爸很疏離，也讓我想是否要做些紀錄？也許以後比較不會遺憾吧！

余老師：遺憾還是會有！只是變成有記錄的遺憾！或是有照片的遺憾。因為到頭來，我們什麼東西都抓不住，對不對？但為什麼我們還是會想要記錄些什麼？

S同學：我覺得人留下紀錄不是為了要回到過去，記錄是為了要繼續活下去。

余老師：對了！這回答很好。所以我們必須要看以前的東西，看以前的東西就好像寫論文看參考文獻一樣，這樣才能繼續寫下去。你們不覺得寫東西也是這樣？不曉得接下來會怎麼樣。如果我是導演的話，我真的剪完片子就不想看了，不能再看了！這片子記錄了人陷入醫療、面臨死亡的過程，誰也救不了你。我記得T講過自己乾姊姊的故事，妳來給大家講一遍吧。

現代醫療下的悲劇

T同學：我在台灣有個乾姊姊，後來她病逝了。她是七年前死的，她死的時候四十四歲。她的家庭處境很艱難，先生不只不好好工作，還養鴿子賭博；她的三個小孩在台北士林長大，墮胎、吸毒、打架通通都來。以一個傳統出身、家庭觀重的人來說，你能想像她在人世間的綑綁有多大。她在三十五歲發現自己有紅斑性狼瘡，一般這種毛病只會拖不會死，她也拖了很久。這麼多年來，她就是每月初會出血很多，這時候就到醫院輸個血，回來就好了。幾年下來她就這樣過也沒事，但其中一次關卡她就走不過了。

那次她還是去醫院輸血，可是遇到新醫生，懷疑她可能有其他病情，就把她找來做很多檢查。她本來是好好地走進醫院，打算輸完血就回來，家裡還有很多事等她處理；但她卻是微恙地走進去，二十一天後被橫著抬回來。她在醫院受了很多檢查的折磨；本來很單純的紅斑性狼瘡，因為貧血要輸血，後來不曉得為什麼弄到胰臟也發炎、肝也不行，還急性腎衰竭要緊急洗腎，因為來不及做人工血管了，就從脖子接管子，到最後是一個個器官衰竭。

最後宣布急救無效前，醫生說：「她的肋骨已經斷了，你們還要急救嗎？」她就這麼死掉了。在治療過程中，每科的醫生都給她一大堆藥，每次得吞下二十八顆藥。但吃治療胰臟的藥後，肝臟就不行了；吃治療肝臟的藥後，免疫系統就不行了。每個醫生開的藥都會跟其他的藥打架，讓這些毛病更嚴重。當我們跟醫生說這個問題，醫生就一副「我也不知道該怎麼辦」的反應。「你還要吃嗎？或不要吃了？你自己選擇。」我們家屬的想法是：她是被醫死的，因為她從來就沒有這麼多毛病。最可笑的是，她最後的死亡原因是什麼，寫不出來，我們就看幾位醫生在那邊討論半天，卻不知道要怎麼寫她的死亡原因。我們真的很無奈！

余老師：醫生總不好說「是我們醫死的」這句話。

Z同學：我今天很不能進入狀況。因為我整個暑假有超過一半的時間要去醫院，我阿公住院十五天，同學住院三個禮拜，還有一位阿姨中風；所以六十天有超過三十天在醫院，我現在一看到醫院，感官就自動關起門來。

余老師：這跟我還沒洗腎前很像，那時光看到洗腎病房，就倒抽一口氣了！到自己變成洗腎病人後，我發現這條路我非走不可了。這條路我不願意走，但還是得走。這種情況下，若再去針對洗腎歷程做更多文獻上的了解，那就真是太難過了！你眼看其他人活蹦亂跳、爬山什麼的，都看不下去了。又像癌症病人常見的，隔壁病床的人今天還在，明天也許就走了。在這種情況下人真的會皮皮挫（台語，指極度恐懼、緊張而發抖）！絕對會皮挫！所以每個病人都在看著別人，若有人往生了，他們馬上會說：「我不要住了！我要回家！」因為這件事太明顯了，昨天才談過話的人，今天就這樣不見了！

每個人的情況都不太一樣，我的情況是，我得走進去，但實在不願意！我用最壞的情況想，我不走也得走，所以看到最壞的情況後，就走下去了。可是如果走到尾端了，那真的是不想看！

自然死亡與臨終守夜

我們來想像一種情況：我們是古代人，像我阿嬤那一輩的人。那時的人過世，是突然有天爬不起來，躺在床上，家人請一個醫生來給他量量脈搏，若不能吃藥就不吃藥，讓他躺著，也沒什麼額外醫療，也許今晚或幾天後就往生。另一種是我們現代人，死亡前躺在醫院，讓醫療系統的各種檢查去翻攪虛弱的身體。我想不通，為什麼醫生不鼓勵我們「自然死」？為什麼他們永遠一想到自然死就會指責？

Z同學：老師剛講到這的時候，我就想到我阿嬤過世時我還很小，阿嬤就是在家中躺三天後過世。這中間我們真的沒有做任何事，沒有急救醫療，反正知道阿嬤就要過世了；只有家人在她頭髮上綁了什麼東西，希望可以延長她的壽命而已。這三天來，她的房間有稍微被整理過，變得沒這麼私人，像是半公開場合，親友就輪流來看他。我是家裡最大的孫子，那三天我感覺到家裡有非常濃厚的死亡氣氛；等到阿嬤過世一個禮拜，我們整個家族的情感都聚集在一起，那是我這輩子最有安全感的時候，因為每天晚上親戚就橫七豎八地睡在房子裡，你走到哪裡都是人，我覺得這是死亡帶來的很好的恩賜。

余老師：這叫「自然死亡」。你描述得好像《西藏生死書》[2]裡第一章的描述。你們記得嗎？作者在第一章描述一位老仁波切要往生了，整個寺廟充滿死亡的味道，仁波切的上師不斷在他身邊唱誦度亡經；作者說他很害怕，就躲在屋子角落，看到每個人的心情都很肅穆、低沉，可是整座廟充滿一股保護往生者的力量。這也像美國芝加哥大學人類學系的教授瑪格麗特．米德[3]的臨終。她和丈夫離婚後，兩人都罹患癌症，生病期間他們見過面，她前夫格雷戈里．貝特森[4]說，她死亡的方式就是躺在家裡而非醫院，身邊有十二名身穿白衣的瑜伽士，點蠟燭坐在她身旁靜坐，最後就這樣過世了。我對她這最後一幕覺得非常羨慕！真的非常羨慕！

我想像的是，我臨終時有十二名靈氣師在身旁靜坐，這樣我躺在那邊一定死得很爽快！我希望這將來能變成真正的葬禮，就是人臨終時的守夜，「真正的守夜」。你們不要小看「守夜」，這是人在死亡前非常非常重要的一個儀式，它不僅僅是一個儀式，還是一種磁場、宇宙的感覺，是很深刻的體驗。若你身邊能有豎琴輕輕地撥，不要撥出音樂的調子，就只是撥而已，有點像頌缽的聲音，讓這弦的聲音散透到身旁的瑜伽士、靈氣師的身邊，然後每個人都會發生很大的震動！這震動的力量會遍佈整個場域，產生很大的力量！光想到這一幕，我連作夢都會笑！

真的，你要是看到自己臨終時，身邊有群手足無措的人，甚至是沒有心的俗人，這真的是破壞磁場！而且你們絕對不要用念佛機，一定要把念佛機丟到垃圾桶，任何電子聲音都不要，連電燈也不要，就用最自然的蠟燭，而且是不汙染的油蠟，這樣才不會污染空氣。你們自己一定要好好想一想！如果你們練就出一個靈氣師的本事的話，對你們的親友一定有很大的幫助！你們會懂得清理磁場，把嘴巴嘮叨、哭哭啼啼的人，全部趕到外面，替臨終者佈置出好磁場的地方，邀請好磁場的朋友前來。

萬一你們沒有弦聲，缽聲也可以；最多只有缽聲，或是人聲低吟也可以，但是不要高音；所以你們要練這些，尤其我們宗教研究所要學這個。很多人都以為念宗教所是來讀經文、來研究註釋經文的。我跟你們講，這在我的看法裡是很無聊的，這是你們閒暇時做的事，正正當當的時間不要做這些事，要做「活的事情」。現在沒人敢提「自然死亡」，沒有一個國家敢提！如果有的話大概就是不丹吧，因為醫療太不發達了。所以每個人就在自己的屋子裡死掉。好，大家想想，到底我們要不要狠下心來提倡「自然死亡」？

我們知道在醫院裡講「自然死亡」是件很殘忍的事。面對病人時你不敢講，沒人敢講！因為它意味著放棄，這世界上沒有人要被別人放棄。可是我知道我阿嬤從來沒有被家人放棄，她就是「自然死亡」。橫豎那年代也沒有醫生，人就躺在那裡自然過去了。我媽媽因為是腎衰竭，整個人水腫一段時間後就呈現半昏迷狀態，之後再也沒有張開眼睛。我一直很懷念我阿嬤的「自然死亡」，我爸爸是半自然死亡，他也沒有醫療，他的癌症讓他的肛門邊破一個大洞，體腔的血就從這洞口流出來，大概流了一天；我父親從來沒有住過院，就是痛的時候叫人來打止痛針，就這樣而已！他過世的時候是民國七十八年。他是修行人，後來腫瘤很大了他也都不管。

S同學：老師會把「安寧療護」看作某種程度的「自然死亡」嗎？

余老師：這比較接近「自然死亡」，因為「安寧療護」在病人進來後，會把身上多數的管子拔掉，但不能拔的還是沒法拔，像腸造口、氣切口都沒辦法拔。常常你會看到病人進來前被五花大綁，身上有十多根管子，最後若能拔掉大部分，他死前會有一段比較快活的時間，不然人就像植物人一樣，那是很可怕的酷刑！

回到這部片子，我想它對很多人來講會是一種「喟嘆」，就是某種「覺醒」啦！因為它逼你去面對死亡的過程，所以人會是痛苦的。如果你不在這個脈絡裡，第一片《雜菜記》你會覺得無聊，第二片《黑晝記》你會覺得悲慘，就都不想看。可是如果你有同體大悲[5]的感覺，你會覺得自己也參與其中。你們不要以為這片子是在演別人，它其實就在演我們自己。你平常很少有機會去看別人是怎麼死的？很少想像自己會怎麼死？這紀錄片至少就讓你「喟嘆」、稍微「覺醒」一下！

生命的「地下室」

我最後要介紹一種觀念，叫做「地下室」。什麼叫「地下室」？你們現在都住在「透天厝」裡，可是你們不知道這透天厝有「地下室」。平常你們會使用一樓客廳，二樓臥室，三樓書房，四樓遊戲間，五樓神明廳，可是你們的生命其實還有「地下室」。這是個黑暗、潮濕又悲慘的地方！我跟你們講，「地下室的真實」是有天你總要離開你的透天厝的上面樓層，下沉到「地下室」去。

有些人是連「地下室」的門都不打開的，有些人則會去打開「地下室」看看。「地下室」在世界上當然到處都是，可是你接近了沒有？譬如說臨終病房，多數正式「掛牌」的醫療志工不敢進去，敢進去的多是沒有掛牌的志工。什麼叫沒有掛牌的志工，就是完全沒有志工的外貌，完全是為了照顧病人而進去的。這些沒掛牌的志工會看到所有「地下室」

的實況。平常人只要看到一個巨大傷口，可能就要昏倒了！更何況還看到有白白的蛆蟲在蠕動。可憐的小護士不怕嗎？她怕啊！可是她必須拿大棉花棒去清理傷口，這也是她必須要過的日子啊！

你說小護士會不會想到死亡？不會。因為對他們來講，傷口就是傷口，爛就是爛，刮爛肉就是刮爛肉，就是做這些事情；本來傷口有蛆在咬是件好事，因為腐肉會被吃掉，傷口會清得比較乾淨，蛆不會真的咬你身上新鮮的肉，所以讓蛆在傷口上是正確的，可是很多人真的很害怕！因為想到傷口有一堆蛆，你睡得著嗎？重要的問題是：「我們怎麼對待地下室？」基本上你把「地下室」關得愈緊、愈神祕，有天突然被打開的時候，你就會措手不及、呼天搶地！你才知道什麼是人間地獄。但假定你現在就稍微知道「地下室」的真實，也許到時候你稍微還可以忍受一下。

有些人因為生命機遇，徹底體驗過「地下室」後，他就變成「地下人」了。真的！像杜斯妥也夫斯基[6]能夠寫《地下室手記》[7]，就是因為死神曾經擦身而過。他因為冒犯沙皇，被判槍決，行刑隊一列排開要槍斃他，槍都已經瞄準了，最後卻戲劇性地沒死；前面那批人就在眼前被槍決，但他就是沒死。他就在行刑前一刻，因沙皇的一紙特赦，撿回一條命。之後他寫下《地下室手記》。

《地下室手記》的第一句話說：「我是一個有病的人……我是一個心懷惡意的人。」你認為小說中的這個「我」在做什麼？我想，這個「我」很可能是第一次發現，對這個自己活在其中的世界，他很想蓄意地欺騙它，這根本就是他的樂趣！而且他可能還會說「請你們不要剝奪我的樂趣！」現在你們應該能看得懂他的作品，這就是「地下人」的作品。杜斯妥也夫斯基就是道地的地下人。還有誰是地下人？齊克果也是，當他們突然穿過必死的遭遇卻沒死，以後他的生命就是一個地下人的生命，他就住在地下室，不像我們還住在透天厝裡。

註釋

1 許慧如（2009），《黑畫記＋雜菜記 DVD》，智慧藏出版。

2 索甲仁波切（1998），《西藏生死書》，鄭振煌譯，台北：張老師文化。

3 瑪格麗特・米德（Margaret Mead, 1901－1978），美國人類學領域最重要學者之一，也是全世界最受歡迎的人類學家。她將人類學從社會科學中一個鮮為人知、艱澀冷僻的領域，帶進了公眾的意識裡；其研究也對其他相關學門，包括社會學、心理學，乃至精神醫學，留下深刻的影響。

4 格雷戈里・貝特森（Gregory Bateson, 1904－1980），英國人類學家、社會科學家、語言學家、視覺人類學家、符號學家、控制論學者；著作貫穿許多學科。曾在新幾內亞和巴里島研究模式與溝通，而後又從事精神醫學、精神分裂，以及海豚的研究。對於早期控制論有重要的貢獻，並將系統和溝通理論引介到社會科學和自然科學的領域。其研究深刻影響當今我們對學習、家庭，及生態系統的了解。

5 對他人的生命經驗發生感同身受的切近感，如同自己經驗到的一般，而能與他人共同悲喜。

6 杜斯妥也夫斯基（Fyodor Mikhailovich Dostoyevsky, 1821－1881），俄國小說家，亦是探索人類靈魂奧祕的思想家，與托爾斯泰、屠格涅夫並稱為俄羅斯文學「三巨頭」。著作對後世文壇影響深遠，啟發尼采、愛因斯坦，以及二十世紀存在主義哲學思潮。尼采認為能邂逅杜斯妥也夫斯基作品，是他生命中最美妙的幸事。

7 《地下室手記》的無名主角兼敍事者「地下室人」是一個年約四十的退休公務員，他在聖彼得堡獨居，是一個與現代社會群體疏離的邊緣人，精神似乎錯亂，內心充滿病態的自卑。他將自我的內心埋進地下室，寫下一大堆混亂且矛盾的手記，以此剖白自我的內心交戰。這篇手記由兩部分組成：第一部分是地下室人的長篇獨白，內容探討了自由意志、人的非理性、歷史的非理性等哲學議題；第二部分是地下室人追溯自己的一段往事，以及他與一名妓女相識的經過。

第七講．修行是動詞：《當生命陷落時》、《一朵小白花》

「轉化」，就是把原來是A的變成B。我們都以為用講的，就可以把A變成B，但事實從來不是這樣。「轉化」必須要有一個實質的過程，「面對」就是一種讓轉動發生的力量。你不一定轉得過，但不必去強調結果，因為再怎麼樣，也有一得，不是完全無所得。所謂無所得是Nothing change（沒有改變），你還停留在原來的狀態。

本書內容簡介：佩瑪．丘卓的教導，以溫柔觸動卻又清晰果決聞名。她將藏傳佛教修行法化為貼近現代生活的淺白字句，鼓勵陷入低潮的人們將逆境視為良機，習得立斷煩惱、安住當下的智慧。在這本經典著作中，佩瑪建議我們直視恐懼、發覺內在的慈悲心，方能安住於逆境，得著清醒。[1]

修行形式的有無

余老師：你們能不能從佩瑪．丘卓[2]的東西裡，發現「為何是修行？」只要有看到一點線索的人，就請提出來。

J同學：她覺得修行跟我們的生活息息相關，她覺得每件事情的當下就是在修行。我們一般理解的修行是必須要跳脫自己的生活框框，去某個山林、道場，才叫做修行。

余老師：這樣的修行叫什麼修行？去山林啊！去禪房啊！這叫「有形式的修行」。那什麼是「沒有形式的修行」？這兩種修行的差別在哪裡？除了形式不一樣外，它們內在有什麼不一樣？

W同學：我覺得她跟我這禮拜導讀的小德蘭[3]有共通的地方。剛才講到「沒有形式的修行」，這讓我想到小德蘭的修行也是在生活的很多小事裡，實踐無處不是修行的道理。

余老師：所以修行本身有一個分裂的點，大家看得出來是什麼嗎？只要你將心法抓住，形式或非形式都不是問題。那個分裂的點是什麼？大家先要知道的是，「生活的形式」其實只是一個處境上的要求，就好像我念高中的時候，每天早上都四點起床，因為我晚上九點就睡了，所以早上四點就睡不著。最重要的是，我四點半要聽正聲廣播電台的英語課，因為鄉下沒有什麼美國人，都聽不到人講英文，只好聽廣播，這也是一種生活形態。我媽也是每天四點起床，因為她要準備飯菜給大家吃，接著五點就出門割香蕉還有巡田，大概八點前就不工作了，因為太陽太大，下午四點才又去田裡。家裡就是早上八點才吃飯。幾點吃飯或一天只吃兩餐，都不算什麼修行，這跟修行是八竿子打不著關係。就像我現在因為生病吃不下東西，也是一天只吃兩餐，我同樣不覺得這是修行。那什麼才算修行？

S同學：會不會是說「有形式的修行」是別人公認出來的，「無形式的修行」是「自己轉」；就是說「無形式的修行」可以自己視情況而定？

余老師：這要怎麼做？佩瑪．丘卓有沒有告訴你怎麼做？

S同學：有啊！她說你自己可以輕鬆、幽默地去做。不必害怕制度的語言！

余老師：好，我們問一下T：「你對你的生命有沒有希望？」

T同學：是近期的還是比較遠程的？（全堂笑）

余老師：就是指你的活著。

T同學：講真的，我沒有想過這麼遠，只希望自己和家人每天能健康平安，直到有天倒下來。

關鍵字：面對

余老師：就剛才T講的版本，我們來看佩瑪．丘卓怎麼說？她說：「我已經放棄了我心中趨樂避苦的希望。我已經放棄了獨立自我的信念。我必須不抱希望才能有所體驗。」從這點來講，T距離修行好像還有一段距離。這不是不好，我只是要讓大家注意到這點。所以這裡面的關鍵字是甚麼？Facing（面對），而不是「死亡」、不是「恐懼」，是「面對」，它是個動詞。在我們身體底下，真正的關鍵詞是動詞——面對。譬如說為什麼九二一大地震對很多花蓮人來講，像個平常的地震，可是對J來講就產生很大的影響？因為她立即面臨她的「面對」，我們因為沒有震災經驗，所以就像七月半的鴨子不知死活[4]。

但是J不是七月半的鴨子，她突然發現自己必須面對震災（面對死亡也是一樣），這裡她說：「我放棄所有對生命的期待。」一般人都會告訴你，你對生命一定要充滿期待，這才是健康的生活。可是修行人怎麼搞的？她卻說：「我一定要放棄期待，我要絕望。」人要絕望就能絕望嗎？不見得。人不是說要絕望就能絕望，而是等到事情降臨了，你差不多就會絕望。接下來這個修行人說，我知道絕望很難熬，因為「面對」讓我保持了一個不斷掙扎的狀態，它讓我對曾經擁有的東西產生懷疑。就好像某天我看一位臨終者往生後，他的東西被大家收拾好準備拿去燒，突然我就想到自己：將來我往生後，我這輩子的許多東西應當會被捐出去，這無所謂。可是自己穿的衣服，因為上面有血跡、汙垢而可能不會有人要，我現在還在穿，只是因為我還活著。

當我在想這些事的時候，我想的是自己跟這世界的關係。原本你以為自己跟世界有種牢不可破的關係，可是事實並不是如此。像是若我死後，想到我們家的皮皮（編按：余德慧老師的愛犬）沒人餵的話。哇！這真是難過對不對！或想到我太太一個人在家裡，如果生病怎麼辦？或者她的餘生會不會常常坐在椅子上哭？你怎麼辦？這事也許遲早會發生，但我看不到了。當你在面對這些事的時候，會馬上感受到心如刀割，這種「割」就是在修行。「割」就像佩瑪・丘卓講的：「在各種絕望裡我才獲益。」最重要的是後面這句話。

這也是J告訴我們的：「我必須在不抱希望的時候，才能有所體悟。」當一個痛苦、疼痛來的時候，我們會哀爸叫母[5]（台語），我們會求醫生趕快給我們打止痛劑，可是你也很清楚知道，這就是一種修行！因為它割到你心中的某部分了。就好像很多吸毒的人，以前覺得「自我」很重要，到頭來卻根本都不要臉了！因為身體渴望所帶來的煎熬啊。你說這也是修行？沒錯，他必須要通過這大煎熬，但這很難很難！可能一百、一千人裡只有一兩個人能從這毒苦裡熬過去，可是熬過去以後，他們就變成另外一種人；像是花蓮主愛之家的鮑牧師跟鮑師母，他們年輕時就是吸毒，鮑牧師是外國人、師母是本國人，兩人認識後一起吸毒；最後兩人成功戒毒（＝修行），哇！那真是成果輝煌！

你可以看到鮑師母、鮑牧師的樣子，真的是經歷過修行！我們有很多錯誤的認知，很多人把修行當作隱忍，所以「忍辱」、「無量慈悲」一大堆名詞掛在那裡，卻沒有看到真正的修行。真正的修行絕對是一個殺戮戰場！它折磨你原來的信念，折磨你以為永恆的東西，你所有的一切都一併受到折磨。W等下要報告的小德蘭修女，我想她是有史以來無數的修女中，經歷最多病苦的一個，才短短二十四年人生，她幾乎什麼病都有過！你一定覺得很奇怪？沒錯，她遭受厄運，可是她之所以修行，不是因為遭受厄運——遭受厄運的世人很多，而是她在厄運跟自己關連起來的過程中「面對」了。

修行要掌握「動詞」

Z同學：老師，「面對」是不是一個過程？之後就變成可以接受？

余老師：個人的機緣有各種可能。我現在才知道什麼叫做「轉化」，就是把原來是A的變成B。我們都以為用講的，就可以把A變成B，但事實從來不是這樣。「轉化」必須要有一個實質的過程，「面對」就是一種讓轉動發生的力量。你不一定轉得過，但不必去強調結果，因為再怎麼樣，也有一得，不是完全無所得。所謂無所得是Nothing change（沒有改變），你還停留在原來的狀態。像我們去品茶、靜坐，到底有沒有改變我們的原來狀態？嚴格意義來講並沒有。那為什麼我們還是要品茶？因為品茶的過程會喚醒你的另外一種感覺；雖然品茶沒有讓你改變，可是它會讓你覺察。你平常的生活都太粗糙，喝茶就張口咕嚕咕嚕地喝，有天你突然發現，當你可以很慢很慢地品味茶水的味道，這會改變你生活的質地。

你過往從來不知道什麼叫做「慢」，對「慢」的經驗並不了解。但若有天你瞭解了這些，卻每天沉溺於品茶，很抱歉！那跟很多人打坐完很舒服，每天就只管打坐，其他什麼都不做一樣，這跟貪圖美食沒有兩樣，都變成沉溺。可是，很多事情的價值，是在那覺察的時刻，你把某種新經驗跟自己的過往結合起來。這是為何我一直強調：修行掌握動詞就不會錯！如果修行只掌握名詞，那什麼都不是！你若沒有覺察，沒有鮮活的感覺，你的打坐、品茶都只會是一項熟悉的活動，會做得像例行公事；這跟你去散步、和人聊天，沒有差別。

所以，不要從名詞去認定什麼叫修行，沒有這東西！你只要對此有所體悟、有所領略，你就知道「有形式」跟「沒有形式」的修行並沒有絕對差別。形式是讓你去認定東西的名詞，可是事實上，若你撇開名詞，直接去考慮你有沒有「面對」，你會發現無處不是修行。日常生活中常常接觸到新東西，有些新的經驗被你察覺，讓你覺醒，這些是一般的小的修行；若是你被硬生生從A逼到B，像是丹津．葩默的雪洞修行[6]，她面臨到自己的死亡，這就是大修行。所以「動詞」在修行中很重要，以下這個命題才會成立：「混亂應該被視為大好的消息。」為什麼？因為人在面對大部分的事件時會很不安，世事很少能像品茶、禪坐那般讓人快樂。但這並不表示我們都不要去品茶、打坐，有一天我們都該到山裡去！你還是要做點練習，像是體會新的呼吸；多數人都不知道什麼叫新的呼吸，因為我們平常都沒有覺察，但人要覺察才會有轉動。

以前我看過《真假王子》[7]的故事：真正的王子跑出王宮，假王子留在宮裡；王子在外面的世界發現了很多新的經驗，這是因為外面的人不知道他是王子，如果人家知道他是真王子的話，就不會以對待平常人的方式來對待他。最後當他再回來，他變成一名真正合格的王子，因為他的經歷讓他成熟。這就是一種修行的方式：被欺負也是修行，被討厭也是修行；但討厭人家就不是修行，因為只是強加自己的意志在別人身上，這裡頭沒有轉動。

動詞是真實的

Z同學：請問「修行」跟「真實」有沒有關係？

余老師：「真實」與「非真實」的層面，跟修行應該是兩回事。但是，在某些實踐裡，它們常常合而為一。為什麼？因為當你體驗到真正的修行，你會發現很多事情，在你放棄了名詞以後，動詞的東西就是真實的。當你放掉名詞以後，大部分的動詞都是真實的。比如我做某件事，有人說這是不道德的，這是欺騙；我就跟他辯說，我這不是欺騙，這不是……，我們兩個就會越辯越「不修行」。我們兩個都離修行越來越遠，為什麼？因為對方會指著你說的名詞，說這、做那，很容易停留在標籤化的層次，變成徒勞的爭辯。舉一個最近的例子：吳敦義[8]最近跟一個「黑道」互動的消息。事實上「黑道」就是一個標籤，所以你罵吳敦義，說他跟這個「黑道」怎樣怎樣，嚴格來講這只是停留在名詞，而沒有能力看見這整個過程中真實而複雜的動力關係。

這事情應該這麼看，這位先生出獄後，會去當文化觀光夜市的總負責人，不是因為他有這個標籤（指「黑道」），而是因為他的實力背景，使得縣長委託他來做這件事。其實一般來說，全台灣的夜市幾乎都是黑道把持的，如果沒有黑道把持的話，任何攤販是不可能成立的。為什麼？因為許多生意會變成黑道的對立面，黑道就一天到晚來勒索，夜市就做不成。我有很強的證據，來自我指導的研究生，他告訴我：「我研究所師姊的弟弟在混黑道，因為她弟弟每次回來就跟姊姊吹牛：我怎樣徵收空地，怎麼跟政府某個人打交道；每個攤販收多少錢，錢怎麼用，錢要歸誰……。都講得一清二楚。」我才知道夜市會這麼興盛，跟黑道不無關係！

這情況下，如果我是縣長，想發展夜市文化的話，我一定會找一堆黑道來支持我。我們知道跟黑道交往最簡單的道理就是「稱兄道弟」。你如果跟黑道說：「我是縣長，你是黑道，我現在指示你做什麼。」黑道一定不爽，所以縣長一定要跟他們套好關係，這是常理。黑道至少也表面上要跟縣長交好，人心也許隔肚皮，但肚皮外的表面功夫一定要裝得好。我內心當然知道：他是黑道我是白道，如果兩方交誼更好一點，我會知道黑道有黑道的規矩，我做白道的不要冒犯黑道的規矩，黑道也不要冒犯白道的邏輯，這樣我們就會有很好的交往。等到我要選舉了，他的兄弟姊妹後援會，會給我提供基層的綁樁，當然縣長的位置就容易坐穩，對不對？這現實並不可恥，也沒什麼好可恥的。

真正的問題出在哪裡？不是吳敦義跟黑道，這兩個名詞都不重要，重要的是吳敦義怎麼說？所謂的黑道怎麼說？你一旦撇清了關係，黑道就不爽了，所有人都懷疑你一直以來說的都是謊話，這才是真正的要害！你的說（saying）本身是動詞、是姿態，有很多心理元素在你的 saying 裡面。黑道放話要攻擊吳敦義，就是要攻擊他說謊、不誠實跟巧言令色；他很清楚知道了你是政客。真正造成傷害的不是「名詞」，而是你中間的動作，這東西很難捏造。其實吳敦義若四兩撥千金，只笑笑說：「台灣就是這樣子。」事情可能不會越鬧越大，對不對？你可以看到處理事情的差別就在這裡。

所以我說，你們要深入了解動詞，不要去了解名詞；名詞的價值是被賦予的，可是動詞是從頭到尾就在生活裡，動詞就在生命裡。為什麼這樣講？我們知道一個人可以好話說盡，可是當看不出來你做了什麼具體行動的時候，你會相信這些好話嗎？當然不相信。舉一個讓人心寒的例子：一位媽媽表面上對女兒很好，可是嘴巴講完好話後，就忙她自己的去了，小孩完全感覺不出媽媽有關心，她發現媽媽只靠嘴巴說，而且外人不在的時候就不講了。這個動作的 saying 是真實的。所以，若能了解動詞，你們對生命的認識就會比較透徹，因為這是生命的真實語言。你們要放棄名詞，名詞是社會用詞、公眾語言；你們知道名詞容易了解，但動詞需要體會，不是那麼容易被了解。

動詞形式的「愛」

好。接下來我們來看這段，佩瑪．丘卓說：「就是完全放棄內心的掌控慾望，瓦解所有概念和理想的一種開放胸懷。愛、佛性、勇氣，這些密碼，真正的意涵，我們心裡不一定明白，但我們可以體驗。」這裡面我們不是在談什麼是愛，而是談什麼情況可以「成為愛」？你們試著用「動詞」講給我聽，你們做了什麼是愛，講最簡單的例子就好，像我每天抱皮皮就是，我不會管牠的感覺，我管的是動詞，我抱牠時牠會不會掙扎？當牠躺在我身上時若不喜歡就會掙脫，我不要唯心論地去猜：「牠快樂嗎？」這種「你不是魚怎麼知道魚快樂」[9]的循環論證，我不去討論它，這論證沒有用，我們要直接切進愛的行動。

R同學：做飯給家人吃。

余老師：Good！現在講這東西是告訴你們，愛的過程不是因為有一個概念叫做愛。從來沒有一個概念叫做愛！愛的過程常常是你想做某些事情，而你就做了，這過程你都不說我要給你愛，而是你就做出來了。像你每天替狗洗臉，剛開始狗會掙扎，可是過沒幾天牠就自己來找你。為什麼？因為牠突然發現眼屎沒了很舒服，就來找你了，這就是你對狗的愛正在進行當中，這是很重要的！

最近有個名人要我給他作序，我都不回他，因為他在書中寫說：「最重要的是愛。」他的愛從頭到尾都是名詞，我覺得這有問題。另外，他整本書的架構都是以「名詞的愛」為前提，以為說上帝愛你，佛陀愛你，我們就頭腦發光了！我認為這個愛的認識論根本是錯的。為什麼名詞的愛是錯的？就好像我們最恨的人常常不是張三李四，而是戀愛時的情人。情人讓我們最愛也最恨，因為只有你的情人有條件可以傷害你嘛！別人說你肚子凸又皮膚黑。你會覺得那又如何？可是你的情人說你烏黑黑，你就覺得傷到你了！別人可以講一百遍你像黑人，可是情人就是不能講。為什麼？因為情人身上含有讓我脆弱的東西，當我愛你的時候，我對你必定是毛細孔全開、沒有防衛，才跟你結成親密關係。如果你今天用很硬的東西來砸我的話，我一定會流血，因為我對你沒有防備。如果你講我黑，我會努力去找皮膚科醫師美白，可是同樣的話朋友講了一百次，我無動於衷。

我們沒有理由相信愛是腦中的概念，沒有這個道理；如果你追求「有形式的行善」，認為愛心就是去送米、捐款，這也沒有道理。若這麼說的話，我們多數人都沒有愛心，因為我們都沒有捐款、送米。可是我們有多少人都是活在愛裡，我們就活在愛的動作、愛的過程裡，愛常常從很小很小的事情出發。有天不知是誰跟我講，自己是個沒用的人，我就照樣反思自己：我果真是個有用的人嗎？我覺得這些日子以來，能學會煮點菜給大家吃，我很高興，我終於能有一種手藝可以做這些事情！

前天有位博士生找我，他的論文一直遇到瓶頸，前天是他生平第一次報告得眉開眼笑。他的突破是怎麼發生的？就兩件小事。首先，他看到洗腎病人常常腰酸背痛；因為他跟藥廠有關係，就買了一些藥片給病人貼。本來他到洗腎中心每個人都不愛理他，可是有天護理長要買二十四箱貼片，他就弄來二十四箱分給大家，並提醒大家濫用藥布不好，還說了許多關心的話，於是所有病人都來找他，平常不能講的話都和他說，有時三更半夜也有人打電話找他講話，他因此累積了許多田野訊息。另外，就是他認識一名中醫師，他知道很多病人的氣血不通，問中醫師有沒有能讓氣血流通的藥膏？中醫師回他：「你出藥材錢，我免費幫你調。」他把調製好的藥膏做成一罐罐，看到誰需要就給對方用一些，有個外傭拿了一罐給她家的阿嬤用，阿嬤的腳舒服了，他們就到處宣傳，他於是又變成藥膏大王。就是透過這兩件小事，他現在已經是蒐集田野資料的天下無敵手，論文研究的主題都出來了！

我不是在講因果報應，而是在講「小小的動作讓愛發展」。你看到病人跟他講話，是因為有愛在發展，這些資料的收集都只是副產品而已。今天很多人會針對性地去病房搜資料，可是都不成功；假如我是會煮菜的人，我就會每天煮一點東西帶過去，這樣一定會有很多人跟我講話。可惜現在很多醫院的安寧病房不能煮飯了，不然好溫馨喔！以前煮些麵、煮些飯送到病房，病人吃了很舒服，這真的是很棒的行動，可是在制度底下就辦不到了。我常說這社會有很多制度是眼睛瞎掉了！一旦制度定下來，許多事情的發展就被扼殺掉；像電視機殺掉很多親情，電玩殺掉很多人跟世界的關係，忙碌造成妻離子散、婚姻破裂，各種不幸狀態在現代變得很容易發生。

不幸迫使人修行

我們現代人都要等碰到像丈夫外遇這類的不幸，才會跟作者佩瑪·丘卓一樣，開始尋找自我轉化的方法。所以你們發現，修行在現代社會很必要；沒辦法，這社會不斷用各種方式讓我們遭遇不幸，我們只好被迫修行，把不幸轉成菩提。很少人有全面的幸福，真的工作愉快、家庭美滿……，很少！現在的寵物很得人疼愛，活得很不錯，然而人類才應該是最需要被疼的物種。可是社會因為追求利益，把這些部分犧牲掉了。以前我們看電視，還有《苦兒流浪記》[10]、《星星知我心》[11]這些片子，我們多少還能體會台灣社會裡的流浪、孤苦的心情，現在的電視節目哪有這些？我們有一百多個電視台，但幾乎都沒有這些東西，只有偶像、名嘴吐出的連篇廢話，天天吵、浪費時間；我們的教育就是這樣，青少年只能在三流連續劇裡，用間接的方式去拿到他們想要的東西。有天我問一個小妹妹，妳為什麼看偶像劇？她回我：「你不覺得他笑起來很可愛嗎？」意思是，她要每天迷他，不管這齣劇在演什麼都無所謂，就是一直盯著他的身影。

說起來好貧乏喔！如果她身邊有真實的人，就會產生很豐富的東西。因為真實的人會吵架、打架，會有很豐富的經驗可以面對，就能實際展開人與人的關係。就算她家住豪宅，家裡的電視機很大，也都拯救不了她的貧乏生命。這有夠慘！這完全取消了「面對」，變成只有「觀看」；「面對」是「朝我而來」，「觀看」就只是在旁邊看，這完全是兩回事。一個人要成熟、成長，當然要「面對」，而不是「觀看」。「觀看」頂多學到一些知識，揣摩到一點情緒，但看完人就空掉了，什麼都沒有。這裡面重要的是，真實的人與人之間的接應，怎麼進入你的生命，讓你的生命發生運動，產生一些不同的狀態，且這狀態每天都在變。

愛：在孩子的行為倉庫裡游泳

顧老師每天都會談五味屋[12]的事情給我聽。她從來不覺得他們的小孩是壞孩子，雖然學校會認為，從偷竊等行為看來，這小孩絕對是壞孩子，但顧老師好像是把所有壞孩子的動作，變成一個行為的倉庫，她就打算下去這倉庫裡游泳。這樣說是什麼意思呢？

她發現有個孩子幫忙登記貨品時，每當拿到某樣東西，就會丟到窗外去。顧老師當然知道這是在做什麼，就是偷五味屋的東西出去，外面一定有這孩子的夥伴在接應。一般人肯定氣急敗壞，認為五味屋不能有這樣的壞孩子。可是顧老師只是在那邊一直看，隨便這孩子丟，等他丟完後才問他：「你剛才丟了多少東西？」孩子回說：「我不知道。」顧老師就和他說：「這不是好的行為。因為別人拿去賣，又不給你錢，你不是丟了也沒有意義？」孩子覺得有理。顧老師沒有罵他，只問：「你為何要丟這些東西？」孩子說：「因為學校有同學缺這些東西，卻沒錢買，我想用便宜的三、五塊錢賣給他，不然他要花五十塊才買得到。」他又說自己有一個黨，其中也有成員缺東西，他也要順便幫助他們。

孩子就這樣娓娓道出，等他講完，顧老師就問：「你偷這東西幫助這人，偷那東西幫助那人，你算算幫助了多少人？」她接著說：「你這樣幫助他們，你就是領袖，你講的話他們會聽，所以你是大哥。可是如果人家說你是小偷怎麼辦？你有辦法處理嗎？老師告訴你一個辦法：如果他們來五味屋幫忙做事，我就把他們需要的東西掛起來，他們走的時候就可以帶走，不過我把他們在這裡的工作，交給你來指揮，他們會覺得是在自己的老大底下工作，你也不用偷，他們做完事就可以拿到東西，這比你被發現、被罵好得多。」顧老師做的這動作叫什麼？就是去「孩子的行為倉庫」裡游泳，游完後，小孩偷竊行為的標籤就消失了，我們就不必叫他們是偷竊的壞孩子。

回到書裡說的「關懷、愛、佛性這些都是密碼」，這些密碼不是用講的，而是體驗出來的，像顧老師就很清楚這些關鍵。會打到關鍵的動詞，就不會用標籤的名詞，用名詞去標籤是沒有用的，重要的是把握到讓事情能夠轉動起來的「動詞」。

剛才要你們講一些很小的愛的行動，就是這個意思。像你會織毛線、做蠟燭，這些都很好。你們不要小看這些手藝，有時候這些小手藝會變成真正的心意。這是為何很多生病的人喜歡媽媽去看他，因為媽媽的雞湯就讓你的病好了一半，尤其是感冒。原因何在？因為裡面有媽媽小小的手藝，有許多東西在裡面，這看不出來，但等你喝湯的時候就知道。我印象最深刻的是，有次我生病，我媽媽拿了一杯水放在佛祖面前，她在那裡念觀世音菩薩的經，念了很久，我就在旁邊睡覺，我到現在都還記得那杯水的感覺，我喝了那麼多水，就這杯水最特別！這就是有動作在做，不能只靠嘴巴講，嘴巴是會說謊的，所以你們要學習能讓事情發生轉動的「動詞」。

動詞有兩種，一種是及物動詞，一種是不及物動詞。像媽媽的雞湯是及物動詞，但有很多東西是不及物動詞，抵達不到受詞，但它還是動詞。這意思是什麼？並不是所有事情都要跑出結果，很多情況在過程發展中不用有受詞。比如你問一個人：「你在做什麼？」對方回：「我在活著！」聽起來好像沒回答，但如果你是大難不死的人，真的會講出這樣的話！

出離自己，護持他人

最後要講「打坐」這件事。作者說：「打坐不是為了要獲得高深的道行，而是要在生活中更加清醒」，她不談「境界論」，打坐沒有境界，而是讓你獲得一種經驗，讓你更加清醒。我談「宗教療癒」以來就反對「境界論」，而是談「出離論」；出離經驗是人類最寶貴的經驗。什麼叫出離？在自我之外就是出離。譬如說你看到一個人很可憐，你當下就有惻隱之心想要幫助他，這就是出離。你事後可能會想，這是我嗎？如果是我一定要計較投資報酬率，可是那時我怎麼會一點都不計較代價？這就是出離。

很多人不知道「出離經驗」是修行的偉大經驗，因為它讓你連自己都不認識了。人的偉大只有一件事，就是當你不認識你自己的時候，你就偉大了；像很多志工，無怨無悔地付出，這就是「偉大」。以前我還覺得「優秀」滿好的，後來我就不喜歡了，因為很多優秀的人並不偉大，他們只為了自己的利益而變得優秀，若你請他們捐錢，他們還要考慮半天。所以東華大學的校訓「追求卓越」我就不喜歡，我覺得這是一個謊言。

這裡還提到：「當修行人遇上他人的大厄運時，當存何念？」其實修行人只有一件事情能做，就是「護持」。修行人是不去控制世界的，只去「護持」受苦的人，這是修行人唯一能做的事情。修行人也不是要追求個人的境界，像是羽化登天這一類的；修行人會懂得如何對待這個世界，懂得用「護持」來對待受苦的人。

為何我們很難做革命志士？因為在這個複雜時代的層層利害關係之下，世上已經沒有人要跟你革命了。就像有人覬覦金門，要將金門變成賭場，凡是某個層級以上的人，都垂涎得一塌糊塗；他們動用千萬文宣，還牽拖酒廠，拉酒廠下水，真是無所不用其極！花蓮也是財團覬覦的目標，七星潭一蓋起飯店，花蓮就毀掉了，如同台東的美麗灣渡假村一樣。到底是什麼人這樣利益薰心？你知道一定有一群人，而且這群人完全不會被革命革掉，因為他們操控主流，一般階層的人怎麼也看不透他們的計量。我心裡常常有個可怕的意象：時序進入二十一世紀，世界上的富豪大亨每天都在大量掃錢，金錢瘋狂的洪流之下卻有許許多多餓死的人；金融風暴來的時候，我突然感到放鬆，甚至還小小快樂了一下，因為這些富豪搜刮的錢，總算還吐了一些出去。

藝人的嬰兒可以拿到一兩千萬的廣告費，花蓮壽豐鄉卻有許多三餐不繼的小孩，你很難想像這是什麼樣的世界。你問這一切是誰促成的？就是商業利益。你會說，商業是公平的競爭，對，可是這不是「護持」，這叫強奪豪取！有資本的人可以引進更多資本，但沒有資本的窮人誰要「護持」？我們不是要世界把窮人變得富裕。但只靠慈濟在努力護持，這力道還遠遠不夠，這世界不能只光靠慈濟，慈濟有它的限制和範圍。在世上對他人進行「護持」，就是修行；如果你堅定「護持」就是修行，應該付諸行動，你的護持應該跟你的修行是在一起的。這並不是你在做功德，而是你在改變自己，變得不一樣。

《一朵小白花》

《一朵小白花》介紹：本書是小德蘭修女的自傳。小德蘭在加爾默羅隱修院度過了她人生最後的十年，逝世時年僅二十四歲；她不曾遠赴異邦傳教、從未建立過一個修會，也沒成就過什麼大事業，生前沒沒無聞，死後卻受教宗譽為「當代最偉大的聖女」。此書記載了她單純、謙虛及渺小的聖潔生活，啟示我們其追求天主的方法，是人人都可做到的。[13]

恩典：人的自我出離

小德蘭[14]出身修道院的系統，用的都是基督宗教的語言。可是那只是外殼而已，基本上她過的是某種「順服」的生活，並不是順服本身有什麼重要，關鍵在於「放掉自我」。「放掉自我」而產生另外一種超過自我的感覺。她在這邊放棄自己，人卻進入另外一種感覺去，她在那種狀態中形容：「耶穌，我的愛、我的聖召，我終於找到了祢……我的聖召就是愛！」這都只是一套說詞。對比中國歷史上某位乩童的經驗，也有同樣的描述。這人在四十幾歲時突然開始作夢，二十年來他每天與神為伍，他的夢裡也全部是神明；有天他和神說：「我要跟你們在一起。」隔日就自殺了，完全沒有任何悲苦。這裡真正要說的是，在出離自己之外，會有一個世界。大家一般都認為這是宗教的語言，可是從我自己的經驗來看，越來越覺得這不是宗教語言。人真的在自我之外，還有一個世界；而且在那個世界裡，發生許多像做夢一般的事情，每件事情都出乎你的意料，這是所謂的「出離」[15]。

這經驗其實是人類身體的另外一個面向，它是一個恩典，這恩典讓小德蘭得以不斷越過苦難。誰會有這個恩典？不是很多人有。像我們陪伴過一個泰雅族的二十三歲女生，我的助理在她病最重的時候去探望她，事前沒有通知；助理進到病房，發現她在唱歌，明明已經接近昏迷，她卻在唱歌。她是在哪裡唱歌？她在她的另外一個世界裡唱歌，是她自己移到另外那個世界去的，所以到她過世前，其實是有另外一個世界存在。有人把它視為宗教的幻想，可是我們照顧的人都知道，她沒有宗教信仰，她從來不談耶穌基督什麼的，這顯然跟宗教不太有關係。

基本上小德蘭是在十九世紀的修道院裡生活，重要的是她的「出離經驗」。「出離經驗」一般來講，對你們比較年輕的人來說並不明顯，如果你身強力壯，大概就更沒有了。可是有一日你慢慢虛弱下去後，會發現你從現實中慢慢退出來，當這時候，不是你故意發展「出離經驗」，而是它會來迎接你，這是自然發生的。當你的身體漸漸虛弱，你對世界的興趣會越來越小。我談這個，是想解開伊比鳩魯（Epicuus）的魔咒，伊比鳩魯是道地的無神論者，他認為人死後就什麼都沒有了。可是他沒有注意到，人快要死的時候，會有一個東西，這到底是什麼？每個人各有詮釋。

柏拉圖（Plato）把它想成是伊甸園，聖徒想的是耶穌的存在，道證法師[16]想的是阿彌陀佛。你們要注意，他們的身心都有另外一個世界的存在。所以你們看道證法師燃臂供佛，你會覺得很奇怪，不會很燙、很痛嗎？可是她卻覺得快樂，因為她突然整個人進入阿彌陀佛的世界去。道證法師是腫瘤科醫師，她在還沒出家前就苦口婆心地勸導健康人、懇切地鼓勵癌症病患；後來她自己得到癌症，她並沒有怨天，或耽溺於憂懼，而是整個人進入阿彌陀佛的世界，非常像是小德蘭罹病時的情形。當你們對另外一個世界沒有過體驗，讀這些書會很焦慮，你會疑惑這些人到底要告訴我們什麼？可是一旦你懂得以後，你會發現這些不過是很普通的內容，就是一般性的談話。我想人在過世前若有機會領受到這種恩典，就沒有對死的害怕了；因為這已經不是害怕的問題，而是人有可能進入另外一個世界，另外一種狀態。

這樣的狀態很難解釋明白，我建議你們自己去看小德蘭最後跟神的對話。我最近在讀中國古代一位乩童的文獻，很多人研究這位乩童，都省掉這部分；大部分談的都是哪年發生了什麼事，或當這位乩童夢見神，他怎麼畫神的外貌等等。他們從來不碰「出離」的現象，但這現象絕對不是欺騙。剛講這位乩童寫完東西後就自殺了，不是要你們相信這件事情的可能性，而是要你們保持對這類事情的開放性，慢慢你們會發現這些人的真摯、誠實、坦白、勇敢跟直接。小德蘭後來會成聖，是因為基督宗教的修行裡也承認這些東西，所以讓她成聖；否則一個二十幾歲的小女孩，又怎麼可能被封為聖人呢？

註釋

1 本段介紹文字引自《當生命陷落時：與逆境共處的智慧（二十週年紀念版）》書封簡介。

2 佩瑪．丘卓（Pema Chödrön，本名 Deirdre Blomfield-Brown），一九三六年生於紐約，是藏傳佛教界一位享有盛名的美國籍阿尼。她是丘揚．創巴仁波切的弟子，也是傳承仁波切所創立的香巴拉教團的導師。現任加拿大甘波修道院的住持，該院為北美第一座藏密修道院。

3 指描述小德蘭修女生平的傳記《一朵小白花》，本講次的最後，余老師將討論此書所述之小德蘭的生命轉化歷程。

4 台語俗諺：農曆七月半是民間祭拜好兄弟（孤魂野鬼）的月份，傳統中在此時節家家戶戶宰殺雞鴨是常有的事，但鴨子作為動物卻不知其大難將至。此句引伸為人不知大難將至，無憂患意識的意思。

5 指疼痛難耐時，台語語境中的口語激烈表現。

6 請參考本書第五講〈無人稱存有的大海：《雪洞》〉。

7 美國作家馬克．吐溫（Mark Twain）於一八八一年在加拿大發表的第一本歷史幻想代表作。主角是兩名長相一模一樣的小男孩，因為羨慕彼此的生活，相約交換身分。歷經多次冒險，甚至經歷牢獄生活，亨利八世的兒子愛德華在國王去世後，正當和他交換身分的貧民湯姆即將受冕之時，出面與湯姆換回原來的身分，他以離宮前藏起的玉璽向眾人證明自己的真實身分而順利登基，湯姆則獲得新國王的感激而賜予「國王護衛」（The King's Ward）的終身頭銜。中文又有譯作《王子與乞丐》、《王子與貧兒》。

8 台灣著名政治人物，現任中國國民黨主席，曾擔任中華民國副總統、行政院院長跟兩任期的高雄市長。發生此「黑道」事件時，任職行政院院長。

9 典出兩位著名思想家莊子與惠施辯論人能否感知魚之快樂的對話，文字見於《莊子．秋水》。

10 一九六〇年香港同名電影上映，由蕭芳芳及王引主演，其中插曲《世上只有媽媽好》深入民心。

11 一九八〇年代由台灣電視公司製播的八點檔國語連續劇，紅極一時。

12 五味屋—囝仔們ㄟ店，位於花蓮縣壽豐鄉豐田村，利用豐田火車站前之日式「風鼓斗」建築的閒置空間，經營社區公益二手商店，作為鄰近村落兒童青少年的社區活動場所。五味屋於二〇〇八年由余德慧的妻子，東華大學顧瑜君教授，與社區青少年、大學志工共同成立。

13 此段介紹文字摘錄、改寫自聞道出版社及簡體版豆瓣讀書網頁的書目簡介。

14 小德蘭（法語：Thérèse de Lisieux，本名：Marie-Françoise-Thérèse Martin, 1873－1897），法國赤足加爾默羅會修女，逝世時年僅二十四歲，卻是天主教會最受愛戴的聖人，其靈修精神「神嬰小道」使成千上萬人找到了成聖的「小道」，人們尊稱她為「耶穌的小花」。一九二五年為封聖，一九九七年教宗若望保祿二世宣布小德蘭為天主教會的聖師。

15 請參見余德慧（2014），《宗教療癒與身體人文空間》，心靈工坊，第十三講次〈暫歇語：出離作為宗教療癒的基礎〉。

16 道證法師（1956－2003），俗姓郭名惠珍，出家前以醫師身分講述學醫和學佛體會，後因罹患卵巢腫瘤而毅然於廣輪精舍出家，著有「毛毛蟲變蝴蝶」系列講述，其於重病至往生歷程間的深刻念佛身影，影響了許多人。

第八講・修行界裡的地下人：《當下，繁花盛開》

你們要「求求上帝」給你們另外一雙眼睛，讓你們用另外一雙眼睛看到另外一種狀態和世界；所謂宗教的轉化，就是為「我」安上一雙新的眼睛。

我們需要用另外一雙眼睛，才能看到「反邏輯」，而且這種反邏輯並不是只存在於宗教領域，在一般的社會裡都有反邏輯。

本書內容介紹：正念減壓療法創始人卡巴金博士[1]，整合現代醫療及佛教禪修，以質樸的語言、具體而微的方式，為你揭開如何在日常生活中運用正念[2]，做為自我療癒的方法和原則。

禪修的精義是時時刻刻擁抱現狀，與每一個時刻同在，沒有「演出」，只有此時此刻。[3]

修行界中的地下人

上次我們提到，修行的道是一步一步來的。若問你們一個問題，從透天厝到地下室，請問你是住在第幾層？你感覺自己在第幾層？住在頂樓的人，會有一個明顯的特徵，就是看這本書是沒有感覺的。那麼，你在幾樓呢？這個定位對大家來說很重要。這樣你就會慢慢知道，為什麼你喜歡看某些書，對另一些書則看不下去；很多人告訴我，這本書他看不下去，我覺得很奇怪，那一定跟他所處的樓層有關。透過這本書，我們講的是「地下人」。地下人有幾個成因，譬如說經歷大難不死者，本來一把槍都已經頂著身體了，可是突然間死亡就遠離他。大難不死的人才會從地上樓層掉到地下樓層。像文學家杜斯妥也夫斯基就是「地下人」，他的《卡拉馬助夫兄弟們》[4]跟《地下室手記》都是他成為地下人後寫的。

杜斯妥也夫斯基是一個匪類[5]，大家知道，他是一個不可救藥的賭棍，他會為了錢發明各種騙人的方法，騙老闆、騙同事，能騙的就騙。後來他被抓了，因為被懷疑參與革命，就被送到西伯利亞處死。執行時，人都已經被架到牆上了，槍也瞄準了，突然間，就好像台灣的連續劇那樣，「刀下留人！」沙皇尼古拉突然生起一念慈悲，在行刑隊扣下板機前的千鈞一刻，一紙特赦令來到刑場。幾個倖存的囚犯都嚇得臉色慘白，回去監獄後躺在床上，不知道如何是好，久久後才醒來。他們成為地下人，很像是某個東西「碰」地從天花板掉下來。

還有沒有其他人是地下人？在宗教界也有地下人，像是突然間就變成修行人的頭陀[6]，我之前讀他的東西，他通篇都是哭啊、火災啊、死呀……，後來我查《聖經》的〈詩篇〉也是一樣：火燒啊、死亡啊……。頭陀的很多經歷跟《聖經》中〈詩篇〉裡講的東西一樣。頭陀那時候絕對沒有讀過《聖經》，因為那時候《聖經》還沒有翻譯。他就是典型的地下人，大家都很討厭他，佛教界也不太喜歡他，覺得他是一隻烏鴉。佛教界還有兩個很有名的「地下人」。「地下人」的特徵是什麼？他們會被人家看不起。大家想得到是誰嗎？寒山寺的名僧寒山和拾得[7]。為什麼叫他們「地下人」？他們的道行不是很高嗎？後來他們出山了，逃到森林裡，沒有飯吃，就跑回寺廟偷飯吃；人家怎麼知道他們偷飯吃呢？因為他們還留了詩。這還不要緊，因為他們沒有筆、孑然一身，就把詩寫在牆壁上，這首詩對廟內的和尚極盡笑罵：「說空有空不是空」。這很諷刺啊！說你們這些出家人，整天說空、談空，但沒有一樣空；懂得的人看了就很難受。如果你是屬於重威儀、重視山頭聲名的人，聽起來一定很難受。

我們去了解他們時，不是要去了解他們的偉大，不是！他們一點也不偉大，他們就是地下人，他們是道地的地下人。若從這個觀點來看，你們可以檢視讀過的書，哪些可能是描述地下人的書？哪些可能無關地下人？所有的地下人都不符合宗教德行，包括不自誇、不驕傲……；他什麼都沒有，這就是地下人。

地下人的重生領域

所有你不喜歡的東西，他們都有。他們很骯髒，有一頓沒一頓的，沒有前途，而且法相還不莊嚴，甚至形容猥瑣，原因何在？一個很重要的原因是，地下人所接近的領域，是一個重生的領域。重生不是指他將來要進入輪迴，而是他已經隱約窺見了一個人存在世界的底層的感覺。如果是還在世界裡的第二層或第三層的人，他們就會喜歡談論政治、說長道短，還沉迷美食、旅遊，沉迷人與人之間的交際應酬，這些是住在高層的人。「樓上的世界」就是要逸趣橫生（好壞皆有），然後在裡面充滿意志：「我要努力！」「我要奮鬥！」我要怎樣怎樣的，這是第三層。到第二層就開始發現有些不對勁了，慢慢發現自己沒有那麼偉大，甚至發現自己一點也不偉大。就像我以前常講的，在第三層的人，每天都在講自己「優秀」，可是到第二層時，就沒那麼肯定優秀的價值了！他慢慢看到，有一種人和他人在一起的偉大，看到有些事物無關乎自己，而關乎某群人、某些階層的存在的扶持。

像我有一位同學是理財專家，有一次朋友聚會的場合，她痛哭失聲，滿腹辛酸，因為她兒子玩水上摩托車不慎溺水死了，她被夫家罵得一蹋糊塗，不知道要如何是好。用我的話詮釋：她住在三樓，所以完全不知道怎麼面對這狀況。有一天她對我說，人最重要的事情是上天堂前，要把身上的錢花光，如果上天堂前你剛好破產，這就是你最幸福的時刻。她不知道哪天突然有了領悟，認為把錢財留給子女，會害得子女都不成材，而且錢財帶來的麻煩，遠比沒有錢財的麻煩更多。她終於想出這點，並當作心靈上很重要的見解。但我一聽，認為這絕對還是在第三層的人所講的話。所以樓層不一樣，人的差別真的很大。回過頭來，為什麼讀這本書的人所處的樓層要低一點呢？若你心存養生之念的話，看這本書沒有用，這本書不是用來養生，也不是用來調理身心狀態的。它是什麼呢？是一種生活形態，或者生活的心態，可是這跟一般世間常態，差別還是很遠。

你必須給自己的身體、自己的心靈狀態一個確信的理由，你必須要安靜下來。為什麼呢？這條安靜的通路大部分的人都沒有。原因是：第一，我現在身體還好，不必看到這些；第二，我不知道那是什麼？這世界除了吃好、睡好、有運動養生、有良好的人際關係外，還有其他嗎？人在第二層樓時也許會想，還有其他的嗎？在第三層樓則會嚷嚷：「唉呦！那是何苦來哉？」人會離安靜更遠。所以人要有一條通道好進入某一種存有狀態：當你對世間的意氣風發、權力、名聲、功利的興趣都不大，卻突然發現身體帶來的一種感覺很有意義，那就對了。

大部分人的「瞬間」是沒有意義的，譬如你跟人家約好去看電影，在他還沒來以前，你在那邊等，等的那段時間，大部分人都覺得沒有意義，沒辦法產生意義。如果你住在三樓，產生意義的是什麼呢？是在當前環境的互動裡所產生的，譬如吃美食、吃毒品、K他命、搖頭丸，或是有酒當喝、有花堪折，然後喝酒唱歌⋯⋯。

這些東西如果黏人很緊，人大概就不可能去走這條安靜的路。大部分人都想用語詞去感覺「我就是我」；可是這本書的作者，或和他同樓層的人，他們不是用文字去感覺，他們是用身體本身，透過自己跟宇宙的關係，生產一種存有的狀態，是這個狀態讓他當下「繁花盛開」。他不是因為跟別人形成一種攸戚相關的關係。但這種非關連性的當下，對很多人來說是難以忍受的，很多人會把這當成孤單、寂寞、無聊，或者不知道要做什麼。當弄清楚後，你們可以反省看看，要開始為自己準備什麼道路，來進入存有的另一種狀態？

來自生命經驗的體悟

午夜。無波
無風，船空
滿溢月光。

——道元禪師[8]

這首道元禪師的俳句，給你們什麼感覺？我們用「動詞」的觀點來思考好嗎？他為什麼寫這東西，他一點也不尋求意義；意義是枝微末節的，我們因為隨著意義，所以我們老是住在第三樓。哈！意義沒什麼了不起，因為我們生活在第三樓，所以我們會說：我好崇拜有意義的東西！I want a meaningful life！我想要過有意義的生活！（編按：以下略過余老師對時事的評論）

當我看法師講經時，我很容易看出他們是在第三樓、第二樓還是第一層樓。毫無疑問，很多電視上的法師是在第三層！第三層是什麼？也是口水戰，它絕對不是像《六祖壇經》在「第一層樓」的講座，當下就「殺下去」，「殺」得一刀斃命。相較之下，台灣這種飄在空中的講座多不多？好多喔！這些大概都是口水戰，因為它可以完全跟你的生命經驗沒有關係。這裡的核心要點是：我們要去分辨，自己有沒有呈現透過生命經驗體會出來的東西？生命體驗就是當下，它可以「澈深入骨」。如果你從來沒有把經驗放在主體，你會發現你讀了很多書，但看到的都是表面，只有當你自己不一樣的時候，一切才會不一樣；讓你不一樣的不是禪坐的方法或禪坐的思維理論，而是落在你的身體本身。人家說「身心脫落」，指的就是你的身體本身有沒有什麼東西是可以脫落的。

你看道元禪師的這首詩。五臟合一、全體形合，毛細孔都張開了，張開了以後，月光才有月光，空船才有空船，波浪才有波，無波也是波，無聲也是聲，就好像一開始我到東華大學教書，那麼大的校園就只有七十六人，四五十個研究生，加我們二十幾個老師，沒有大學生。整個校園幾乎都看不到人是件很奇怪的事情，白天看不到人，晚上更看不到人，因為太大了，兩百多公頃！有天台大的一群學生跑來找我，晚上十一點我帶他們到東湖去，那邊有一座木頭拱橋，拱橋的一邊是湖面，月光從那裡照下來，大家沒事就坐下來，我的學生就噗噗跳[9]（台語），後來每次到了禮拜五晚上，我就會叫他們來吃飯，然後跟他們同遊校園欣賞美景。有時候晚上七點會起霧，尤其在秋天。哇！那霧好濃喔！有些人一輩子都沒有看過這麼濃的霧！可是到了晚上他們就都走了，全部趕九點幾分的火車回台北去！有學生跟我說：「老師我跟你說實話，沒有看到台北那麼多燈火，我心不安！」（全班哄堂大笑）

人生的浮沉

我這些學生現在都三十幾歲了。我覺得他們這十年、二十多年來的生命都在浮浮沉沉，他們好像漂流在世間河裡的桶子，在那邊載浮載沉，比如說結婚的陷入婚姻的浮沉，有事業的陷入事業的浮沉，讀博士的陷入博士的浮沉，到現在還沒有一個人可以攀起來說：「老師，我現在放鬆了！」有天其中一人跑來找我，他最近又失戀了，我說你三十七歲了，哈，那你的適婚年齡是四十五歲。他說不曉得這個世界就是這樣啊！他有段輝煌的過去，可是今天呢？回顧他的輝煌史：聯考的狀元，台大電機系畢業……後來談個戀愛，幾年後就沒有了。每次分手前，他都把所有錢財、車子送給對方，自己孑然一身。原以為此後可以跟自己心愛的人在一起，可是心愛的人看到他搬出自己的家，就不要他了，他就又什麼都沒有，就這樣浮浮沉沉，從原本有房、有車，到後來變成無房、無車，人就這樣子一直浮沉，這倒不打緊，因為他不久後一定會再買房、買車，可是人還要浮沉多久？還要繼續浮沉下去嗎？

他問我：「老師我應該怎麼辦？我看不到前途。」我說：「你生活無缺，也有不錯的工作，什麼問題都沒有。那問題是什麼？你這個人沒長大，你應該變老，但你卻變得幼稚。在台灣你還算天才人物，怎麼還變幼稚？」後來我想起許多醫學院的同學，都變得比較幼稚，尤其是當上名醫後，就會跟明星傳出緋聞。我說你怎麼笨到去搞這東西！他說沒辦法啊，我的心就「碰碰跳」啊！我說「怎麼這個年紀還可以這樣碰碰跳？」他就說：「沒辦法啊！我每天都這樣。那麼多錢財你要我放著，叫我不要去吃一客一萬元的牛排，邏輯上好像說不過去！就像你叫我不要注意漂亮的女孩子……。」聽到這些我只能嘆一口氣：「就是太優秀了！優秀到不知道這世界裡有一種偉大，其實是你們可以做、但又不去做的事。」偉大是什麼？偉大是你認認真真去做一件事情，結果可以幫助很多人，護持很多很多人，這叫偉大。但顯然這個優秀的人並不偉大。

身體的修行地

我們再回來講書上的東西。表面上看，他講的東西很零亂；他基本上在講每一個動作的時候，其實是在講怎麼把你的經驗變成你的全部？你怎麼去面對你的痛、不舒服、快樂，甚至各種不堪的經驗？他很清楚告訴你，光靜坐是沒有用的，這就是一種娛樂遊戲而已。問題是什麼？作者要告訴我們的事情首先是：「身體是你的修行地。」各位要懂得，「身體是你的修行地」不是口號，你的身體會有各種感覺、狀態，這是第一層面；譬如很多人會感覺自己的身體哪裡緊、痛、不舒服、氣不通，這個層面通常是屬於「養生層面」。像我一個朋友就在這個養生層面，這個朋友會每天打坐，可是她的打坐是身體性的打坐；她每天在固定時間會自我診測，診測的方法就是坐下來開始靜坐，靜坐的內容是去看哪個氣往哪走？哪地方阻塞了？走到哪個地方怎麼樣？還有就是脊椎怎麼樣？她每天就是這樣自動打坐。她是一個早產兒，至今身體保持得還不錯，基本上就是靠她悉心地照顧保養。

她從小就知道一定要自己照顧自己；這不只是生活的自理，而是，她發現當自己哪個地方稍微冷一點、哪個地方氣血不順、哪個地方阻塞、不舒服或什麼其他的狀況發生時，她不能完全靠別人，於是發展出她的「個人醫學」。你們在醫院看到的叫做「第一醫學」，它用的是一種 general model（一般性診察模式），所謂 general model 就像感冒時去看醫師，醫生先檢查你是屬於哪一型？檢測出來就使用對應的療法、藥物，這就是一般性的診察模式。但是落到你的個別身體之後，就發現某些藥吃了會過敏，某些藥吃了有副作用，於是你開始小心謹慎地加減藥量，或不再吃這些藥；那些醫生說什麼藥就吃什麼藥的人，就是服從醫學的一般性診察模式，通常會死在醫生手上的，都是這種人。在醫學界裡，他們指責病人的時候，都是指責病人沒有按照醫生說的去做，可是如果完全遵照醫囑，也會有副作用產生。像我原先不曉得長期口服鐵劑會造成胃潰瘍，我就每天服用，三個月後果然胃潰瘍，很折磨地住院五天，我還以為是自己飲食不當什麼的，這就是聽了醫囑的下場。另一位醫生就跟我說：「你幹嘛聽他的？」我說對不起，你們的標準就是要聽醫生的話，這就是一般性診察模式。

可是這種第一醫學的東西，它在正常的社會裡運作，會漸漸發展出「第二醫學」。第一醫學是在醫療知識跟醫療專門研究機構裡行使的診療，它不考慮每一個人，考慮的是一般性情況；第二醫學則把個人視為中心，需綜合病人生活世界裡生病的狀況，這裡面的意涵就跟第一醫學裡的意涵不太一樣，而這兩種要同時並存，第一醫學要看到第二醫學，第二醫學也要看到第一醫學，它們應該是互通的。可是現在的情況不是這樣，自從美國提出「第二醫學」的重要，台灣居然很可笑地把第二醫學的「病人本位」轉置到第一醫學來呼口號。你看現在所有的醫院評鑑拿出來的招牌就是：「本醫院以病人為中心提供服務。」可是實情是這樣嗎？我跟你講，不可能！第一醫學系統不可能以病人為中心，因為它是整個龐大的醫療知識體系，不可能對病人提供個別化服務；像我就會被視為 difficult patient（困難的病人）、製造麻煩的病人；所以它們的口號是假的，從頭到尾都是假的。

所有醫院都大言不慚地把這口號掛出來，「以病人為中心」是不可能的！真正的「以病人為中心」，是在生活世界裡面發生的，那才是以病人為中心的照顧。為什麼？因為他要特別量身照顧才行，譬如同樣做血液透析，有人的血管比較不會阻塞，有人就一天到晚塞住。針對血管常阻塞的人所做的治療方式，就是灌水（生理食鹽水）去沖它，如果沖水還行不通，就開始分段，這段做完，再做下一段，一條手臂能給你做幾次瘻管啊？這會讓病人非常受苦啊！實際上常會碰到非常特殊的狀況，比如有些病人的人工血管會流血，但是醫院基本上只會做一般性處理，他們沒辦法做其他特殊考量。像我長久注射胰島素，一注射就過敏，我就腫成這樣，然後他們拿過敏藥給我擦一擦，但有什麼用？就是不癢而已，擦久了類固醇都從皮膚吸收了。你問醫生：「有沒有其他方法？」但現在的藥都是這樣，哪有甚麼好方法？除非你回到筆針還沒發明的年代，每次都用胰島素針頭來打，但這是不太可能的，我們現在都用筆針[10]，一下就扎進去了。事實上，在醫療上有很多個人的狀況，不是一般性醫療會去關注的，於是就需要由這邊講的「個人醫學」或「第二醫學」來處理了。所以，我們每個人都在「第二醫學」的生活世界裡變成小神農[11]，不管好壞亂試一通，試得對、通了、剛好適合，就算你幸運；試不對，你就一直背著那個問題，沒辦法解決。

反邏輯

你會慢慢弄清楚這些東西，你們要「求求上帝」給你們另外一雙眼睛，讓你們用另外一雙眼睛看到另外一種狀態和世界；所謂宗教的轉化，就是為「我」安上一雙新的眼睛。我講了這麼多，再回來講這本書，其實也在講同一件事情，為什麼人要去聽這本書的話？特別是從一般世界的角度來看這本書所談的內容，是很無聊的，真的是很無聊。

作者談了很多東西，包括你要能夠強、才能弱，或者你要弱到怎樣才能夠強，這裡面有很多所謂的邏輯，基本上都是「反邏輯」，可是我們需要用另外一雙眼睛，才能看到反邏輯，而且這種反邏輯並不是只存在於宗教領域，在一般的社會裡都有反邏輯。譬如，你要不要嫁給富豪？當你嫁給富豪的時候，你覺得自己的夫家多麼壯大！可是你不要忘記這裡面有反邏輯——你看到他最壯大的時候，剛好是他的頂峰；你一嫁過去，他就開始往下掉。

註釋

1 喬．卡巴金博士（Jon Kabat-Zinn, Ph.D.），麻省理工學院分子生物學博士，麻州大學醫學院醫學榮譽教授，正念醫療健康中心以及舉世知名的「正念減壓」（Mindfulness-Based Stress Reduction, MBSR）創辦人，也是禪修指導師、作家，其著作已翻譯為三十多種語言。二十多年來，卡巴金博士的「正念減壓療法」已為醫療、學校、企業、監獄等機構廣為應用，目前美、加等地約有二百多家醫療院所和相關機構運用此方法幫助病人。

2 正念（英文：mindfulness），佛教用語，可解釋為時時保持覺知在當下，如實、不加任何批評地明瞭自己當下的身心狀態和變化。在卡巴金博士等人的努力推廣下，正念禪法為引入主流醫療界，成為現代身心醫療的重要方法，運用於多種身心疾病患者的臨床治療上。

3 本段介紹文字引自書封簡介。

4 《卡拉馬助夫兄弟們》是杜斯妥也夫斯基創作的最後一部長篇小說，公認為他一生創作的巔峰之作。本書故事環繞卡拉馬肋夫家族的七個男女展開，他們彼此以強烈的個性互相糾纏，呈現出人類原始的愛、恨、慾望和主張，最後以弒害父親的慘案達到悲劇的頂峰。杜氏以抽絲剝繭的解剖筆法，描述卡拉馬助夫家三男阿萊莎以外所有人物的自我毀滅過程。

5 台語，指為非作歹的人。

6 原為梵語的「抖擻」之意，是佛教僧侶的一種修行方式，即打起精神、勇猛精進的苦行方式，據傳摩訶迦葉是佛陀的十大弟子中，排名第一的頭陀。此處並不確定余老師提及的頭陀是廣義的稱謂或特指某位修此法門的僧人。

7 寒山是唐太宗貞觀時期的僧侶，能作詩，隱居於浙江天台山的寒巖洞；因姓氏、法號不詳，人稱「寒山」，又稱「寒山子」。拾得本是棄兒，為天台國清寺豐干禪師外出拾回，故稱「拾得」；後來出家，成為國清寺的和尚，掌管食堂香燈。寒山與拾得是至交，兩人常結伴雲遊四方，喜愛吟詩作偈。據說寒山、拾得兩人曾入主蘇州普明院，廣興佛法，後普明院易名為「寒山寺」以紀念之。亦有傳說寒山是文殊菩薩化身，拾得是普賢菩薩化身。民間則稱呼為「和合二仙」。

8 道元（1200－1253），日本鎌倉時代著名禪師，將中國曹洞宗禪法引進日本，為日本曹洞宗始祖。本詩中文引自《當下，繁花盛開》，p.230。這首和歌原句或為：「波も引き 風もつながぬ 捨小舟 月こそ夜半の さかりなりけれ」（或「波も引 風もつなかぬ 棄てをふね 月こそ夜半の さかりなりけれ」），應係出自道元的《正法眼藏》。

9 台語，指身心開懷、暢快甚至到了些許浮躁或燥動的程度。

10 「筆針」是專門為胰島素治療的患者所設計、方便自行注射的工具。

11 中國傳說中以嚐百草奠定漢傳醫藥知識的仙人，在此意指現代人得效法神農氏，親自體嚐醫學處方以知療效。

第九講・世界的消失與反轉：《亞當：神的愛子》

一般的慈善團體是「向外」修行，也就是「做就對了」。當你選擇了「內向」修行，你就不能「做就對了」，你需要留下許多的空白與空間。

盧雲的修行是內向的修行，重視「存在」比行動重要；他接近重殘、無依、一無所有、及無法照顧自己的病人，而進入一處非常寧靜、安詳的內心所在，那是一種趨向零的無限運動，也因他把「無所舉動」作為舉動而獲得恩寵。

本書內容簡介：作者亨利．盧雲[1]在「方舟」[2]的「黎明之家」當一名照顧重度身障或智障的志工，書中描寫的是有關個案亞當的故事。亞當無法說話，甚至需要在旁人的協助下才能移動及生活。對於盧雲，亞當成了他的朋友、老師，及指導；展現在他眼前的，不是沒有價值的殘缺生命，而是一個靜默的生命奧祕。盧雲也發現，在照顧亞當的過程中，看起來他是「施者」，亞當是「受者」，其實不盡然，他從這些所謂「弱者」領受的，遠比所付出的多，他們反倒成了醫治與喜樂的泉源。到底誰是「富裕的」，誰是「貧窮的」？誰是「豐足的」，誰是「匱乏的」？誰是「幸福的」，誰是「可憐的」？本書向讀者展現了對一般人自以為是的反轉現象。

編按：余老師於本課堂的授課方式，是引導大家從同學們的報告中找出關鍵詞，然後加以解說及延伸論述之。其中，E同學從語言的觀點切入來談「缺席者」的部分，余老師在課堂中常常引用。故以下摘錄E書面報告之某些段落。

一、沒有語言的亞當

「語言」的出現斷裂了人類原初的動物性直覺，人們不再聽命於內在的直接性，而是由「語言」來操控事物、成就事情，人們內在性的經驗因此無法被引導出來。「語言」還會製造謊言，是所有欺瞞的源頭，人們因此被自我及在世的目的所蒙蔽，失去了對生命真相的知曉。

本書中的亞當天生弱能，不能講話，對人們所提出的問題也不會回應。他從不受到人類文明與自我意識的干擾，完全憑著內在的直接性生活。他的內心沒有城府，是一種既開放又讓人感覺到安全的空間。所以，「沒有語言的亞當」代表兩個意義：第一、亞當不具與人溝通的語言能力；第二、人們若想藉由「語言」進入亞當的世界是行不通的。必須先讓「語言」的部分褪去，放下任何的預設之後，才可能探入亞當的內在，與他真實的存有狀態相滲透。亞當的內在，是人類理性之外的殘留。

二、宗教是語言的產物

人們應用「語言」去詮釋及定義所信仰的神，人們同時也通過「語言」去了解及接納他們的神。那麼，「神」是否被人類用有限的語言及認知所框架了起來？這被框起來的「神」還能算是完整的嗎？是否還有「不可言」的部分，是存在於某個被遮掩處，只因它無法被言語，所以沒有被說出來？是「語言」成就了所信仰的神？還是「可言」與「不可言」的真相，組成了神？

亞當的案例讓人看見凡事皆存在「反轉」的可能，也就是說，事情會有正負的兩面相，也會有邏輯及非邏輯的存在模式等等。譬如在「黎明之家」，誰才是真正軟弱及健全的人？誰才是真正需要被幫助及幫助他人的人？誰才是真正不會說話卻說了很多話的人？誰才是真正缺乏安全感卻讓人產生安全感的人？這就是亞當與現場志工的對照。又譬如，亞當因服用癲癇的藥物而害命，藥物到底是用來治療病人還是毒害病人？這些都是「反轉」的現象。盧雲看到了這一點，看見了生命中無法言喻的東西，因此他特別喜歡接近亞當。

在神聖的世界裡沒有「語言」。住在「黎明之家」的收容人，皆因腦疾而造成弱智或弱能，完全無法或不能完整地通過語言表達，他們與亞當屬於同一領域。雖然無法應用世界的語言，他們彼此之間卻存在著可行的溝通模式，長久以來建立了深厚而動人的感情。譬如，當亞當快要死時，不愛與人親近及經常無故尖叫的收容人露絲，堅持要到亞當的床邊。她握著亞當的手，靜靜地凝視他的雙眼，大約有兩分鐘的時間，從來沒有人見過她這樣做。隨後，她將亞當的手放回床上，靠在自己的輪椅上準備離開。就這樣，露絲與亞當已互相道別了。這就是在他們共同領域中的溝通模式，是在神聖世界中「非語言」的存有。

E於結束報告時提出問題：初生的嬰兒尚未被世界的意識渲染時，他們的存在狀態是否如同「亞當領域」？

余老師：E的提問涉及「真實存有」[3]。初生嬰兒沒有語言的知識，他們以身體的感應及感覺的流動作為依歸，具有「幻化生成」的能力，能放大某些深刻的感覺，以及縮小人為造作的東西，並將「社會化」的成分去掉，基本上是屬於「情感」的東西。人生活在社會上通常很難存留在「情感」的狀態，而道家的修行就幾乎完全是建立在這之上。

「情感」是一種閒散的狀態，譬如當人在感動時，會感覺到內心固化的東西在流動。諸如「我跟你有仇」、「你是好人或壞人」等等，這類的認知都屬於「固化」的東西。當「固化」被融化而流動時，固有的認知便不再被看見，對敵人已不再感覺到仇恨，好與壞也無法清楚地分明，這就是流動中的狀態，也就是我所謂的「情感」。當人處在深度的惻隱之心時，就是進入「情感」的流動狀態中。修行人在面臨生死的超越狀態，也是一種「情感」的狀態。

編按：余老師隨後引用發表的論文〈探討癌末處境「聖世界」的形成〉4裡所談論的「金浩現象」來說明「亞當領域」，同時說明志工在神聖領域中轉化的發生。

反轉

金浩是一位住在台東的癌症末期病人，三十四歲，自幼父母離異，與妹妹寄居在親友家，過著相依為命的生活，長大後便去當船員，直至生病後便回到花蓮慈濟醫院接受治療。在藥石罔效之後，他被移往緩和照顧病房（安寧病房）。他的下肢全部被切除，腰部以下長滿淋巴腫瘤，以及非常大區塊的褥瘡傷口。金浩既非智慧大師，從來不曾給出智慧的語言，也不是高尚的道德者，提供模範德行當作典範；他和凡人一樣怕死，一樣依賴志工的照顧。可是，金浩身邊的人卻領受到一種「金浩領域」所帶來的氛圍，深深地受著感動。從他住院至過世，走進這領域的人都受到震撼，其中有醫生、護士、志工，乃至心理師、神父，都受到這領域的滋潤而發生改變——醫師哭泣、護士懺悔、志工有所領悟、神父不再說教、心理師發現沉默的奇妙、師姊自覺地成長，幾乎凡是走近他身邊的人都受到影響，但是大家都說不上來為什麼。

我印象最深刻的是一位心理師，有一天晚上，他在心情挫敗之時進入金浩的病房，他們兩人一起反覆看著金浩在七星潭的錄影帶，幾乎不說話。看著看著，心理師突然感覺到這個空間無比龐大、無比寬容，也一無所有，想到自己處在這麼一個完全鬆散的場所時，他忍不住哭出來。「靜默」給了心理師奇妙的一晚。可是，當時在病房裡如果沒有金浩的存在，現象就不會發生了。

「金浩空間」帶領進入者從喋喋不休的言談進入靜默中，那是一種回應人間的應答，但這應答從不出現於「話語的現場」。在靜默之後，人們在競爭、比高下的世界裡整個被繃緊的捆綁突然鬆脫，哭泣成了鬆綁的表徵：人們放掉防衛的姿態，放肆地哭，那是社會性的「非」，因為社會性的設防消失，社會性的面具被扯下來，某種赤裸裸的直接性發生在現場，某種內在的召喚穿過社會叢林而被聽見。[5]

有一個二十幾歲的女志工，生性靦腆，對生命的真切有一層恐懼。她每次打電話回家時，家人都問她：「要做什麼事嗎？」她只會回答：「沒有啊，只是想看看家裡有沒有什麼事。」她只能對家人說一些平常卻不帶感情的話語。但自從與金浩對談後，莫名的感情也包裹住她，讓她產生巨大的改變。終於，父親再次在電話裡問她「要做什麼」時，她迫不及待地說：「就是想你們啊！」當時，她聽到電話那頭傳出父親發自內心的笑聲。要對家人說出這麼簡單的話語是她多年來的夢想，而這股溫情，讓她久久無法自已。於是，她覺得自己的世界改變了，生命也整個反轉。

有一位負責追蹤金浩病情的護士，她曾經多次與金浩發生衝突，後來也寫了封信，當著十幾位志工面前，跪下來向金浩道歉。她在信中說：「……我很慚愧認識你這麼久，從不知道你曾航行遠洋，當時生活的苦不亞於今日的病痛。我很懊悔第一個聽到你的故事的人不是我，當我從你的背影看到頭上稀疏的斑斑白髮，我才恍然錯過了最珍貴的時光。……現在我正開始學習褪去矜持與驕傲，用謙卑與微笑面對尊重生命的人。」當她說完了之後便一直不停地哭，整個人也就因此而反轉，之後不再只是執行事情，同時也會關心病人的感受，照顧病人的心理狀態。

轉化的發生是從「社會化」轉向「非社會化」，從「意識世界」轉向「非意識世界」，從「語言」轉向「非語言」，從「可見」轉向「不可見」，那是一種無人稱的存有（impersonal being）。至於那些沒有轉化的志工，他們的志工世界是「社會性」的，在意識上有明確的社會稱善並具有功能上的價值。

非語言與不在場

E提到「語言」只是一種輔助，在事件的當下還存在著一個沒有語言的空間，這空間具備強大的魔力，人們無法了解它的來由，因為它超越了人們腦袋所能思考的。也就是說，那是一個人們所不知道卻絕對存在的真相，它不是被憑空捏造出來的，只因人們太重視語言，用語言詮釋生命的全部，所以才忽略它。譬如，一個精明能幹的人去看了一場電影，電影的劇情讓他當下感動得痛哭流涕，可是當影片結束，他把自己的情緒整理一翻走出電影院之後，就把剛才的感動完全不當一回事。這種人其實很可憐，因為他的生命是以蒙蔽真相的方式在生活。所以，我很不喜歡那些很會搬弄學術語言、甚至裝模作樣的人，因為他們用盡及仰賴所有華美、準確，及尖端的語言，卻還當作是事實的全部。

譬如，我家的皮皮注視我的眼神總是讓我心裡過不去。牠每天都會在我的工作室，無所求地坐在一旁看著我。如果你認為那是皮皮要跟著我，這就是「語言」給出來的東西，可是我總覺得不是那樣。皮皮的眼神對我來說存有一種無法理解的東西，那是一種沒有意圖的狀態。

人其實也可以有「非意圖」的存在，可是它有時候會是難以忍受的。譬如，有兩個人坐在一起，他們的心情都很沉重，所以都不講話。顯然的，不講話的對與錯是由某種存有有的狀態來決定的，而這種不知、不痛、無感的狀態，人每天只要擁有兩三分鐘就夠了。

中國人在山水畫的創作裡發揮了「空靈」的意象，以「空靈」來表現某種滿實的效果。所以，他們可以把人畫得像小孩般簡單、把東西畫得很模糊不清，因為它真正的目的不是讓人看到物體的實像，而是實像以外那「不可見」的意境。

另外還有一種言談的「空」，也就是「我沒講出來的才是我真正的意思」。譬如，某人明明就是有事情發生了，卻還在說服他人沒事，這就是語言上的「空」與「不說」。

在美學上也有一種「不在」（absent）的美，也就是在缺席的狀態中，當在思念的時候才發現失去，那個「不在」因此就顯得非常重要了。譬如，凱瑟琳．安．波特[6]曾在她的書裡這麼寫道：「我總是在走過一堆爛泥或雜亂的瓶罐時，某個記憶突然晴天霹靂地迎面而來。」另外還有一位偉大的法國文學家普魯斯特[7]，他在著作《追憶逝水年華》[8]裡也有一段話：「當我走在路上時，馬車從我旁邊經過，我為了閃避而不小心踩到一樣髒東西，就在那一瞬間，我突然想起在伊斯坦堡海峽的那座塔與香味。」普魯斯特就是這樣，常常因為生活中的一個小細節，而促使他想起已經過去的事情，這就是他生命中所充滿的生命感。文學家們擅長在作品中以追憶的手段，借助超越時空概念的潛在意識，不時交叉地重現已逝去的歲月，從中抒發對故人、往事的無限懷念和難以排遣的惆悵。

所以，生命其實有各種表達的方式，可以直接呼應到這塊被遮蔽的「不在」。可是，卻很少有人能夠擁抱它，因為大部分人的意識都是偏向「正向」的，「正向性」的知識與權威蒙蔽了人，也把他們變呆了。

E從語言的觀點來談「不在」，是一個很好的切入，她所講的東西涉及拉岡[9]的議題。拉岡告訴我們說，對於這個世界的詮釋，除了可看見的「語言層」與「象徵層」，還有實存（The Real）的「真摯層」。「實存」就是主體無法言說、無法幻想的完美境界的真實存有。

邏輯與真相

S在她的報告中用了「神愛世人」，這是個邏輯上的語詞。當人用邏輯去思考時，他就是依附在這個基礎上。「神愛世人」在邏輯上看起來似乎是成立的，可是因為無法證明它，所以這個論斷便是有問題的。「邏輯」基本上是個假象，因為它必需先有個假設，然後才能推斷出結論。所以，人們必需擺脫「邏輯」的模式，直接看到真相。譬如說，「如果S是個偉大的科學家，那麼S會對人類做出很大的貢獻。」這就是一個邏輯性的言論，任何人都知道偉大的科學家對人類一定會有貢獻。可是，有許多科學家的發明，同時也是在危害世界，譬如核子彈就是。因此，「邏輯」不是真相，人們必需越過「邏輯」才可能看見真相。

「成了」

如果有人死了，通常會讓人感覺到「可惜」，而不是「成了」。「可惜」就是「不成」的意思，人死了被哀悼就是因為覺得「不成了」。那麼，盧雲在書中引用「成了」來說亞當的死亡，那又是什麼意思呢？

簡單來說，「成」就是道成肉身的意思，也就是因為求道的緣故，最終死亡了。在基督宗教的脈絡裡，只要是被上帝揀選應許的人，他的死亡就可以被認為是「成了」。那麼，如果是非基督徒，在什麼情況之下的死亡才能算是「成了」呢？

米歇爾．昂希[10]的觀點是：「土」是一切的基礎，包括人的自身也只是暫時出現的土堆。他所指的「土」是一種「土性」，也就是人到後來是返回自身及大地，然後就「成了」[11]。因此，人若在死亡前說「我成了」，那就是最大的好。「成了」其實是非凡而偉大的。

內向修行

如果你是幫助亞當的志工，每天早上七點鐘開始，你叫他起床、幫他穿衣服、帶他到浴室幫他刷牙盥洗、帶他去廚房吃早點等等，前後要花上兩小時。你是一整天都不講話，包括亞當後來去睡覺，你也一直跟他在一起，沒有離開他的房間。這時候，你無所謂是否有燈光，因為你不需要看見，語言的暴力沒有了，沉默在擴散，你突然覺得自己已不是你本來想的那樣，你只是個存在的狀態。

有一次，心蓮病房的一位志工單獨一人與病人在病房裡，他看見那病人側躺在病床上望向窗外，看著一隻小鳥正沿著青山慢慢地飛翔。病人的眼神一直盯著小鳥看，沒有說話也不發聲，志工當下也不知道該怎麼辦，直覺自己似乎進入了一個神聖的空間。就是那樣的空間，那樣的場景，一個在那裡不講話，一個默默地在飛，青山白雲在，然後什麼都沒有了，沒有醫療，沒有安慰，沒有社交與世界，這位志工體驗了「世界消失」的感覺。

當你和「世界消失」的狀態在一起時，你能不融化嗎？這就是亞當的殘缺讓世界消失的意境。

有一位慈善團體的年輕志工，單獨在病房陪伴病人阿伯時，突然感覺到害怕，就不斷去騷擾阿伯，問他要不要喝水、叫他起來運動等等。其實那就是上帝給他的一個空間，他卻因害怕而破壞了。一般慈善團體總認為當志工就是要一直做事，所以當他們陪伴到某種程度時就無法深入了。其實志工在陪伴時，遇到該反轉的狀態時也要跟著轉。

盧雲因接近重殘、無依、一無所有，及無法照顧自己的病人，而進入一處非常寧靜、安詳的內心所在，那是一種趨向零的無限運動，也因他把「無所舉動」作為舉動而獲得恩寵。

盧雲的修行是「內向」的修行（inner returning），重視「存在」比行動重要；而一般的慈善團體則是「向外」的修行，也就是「做就對了」。當你選擇了「內向修行」你就不能「做就對了」，你需要留下許多空白與空間，甚至當你在最饑餓的時候，也會感覺到內心十分平靜，在平靜中非常地寂靜，在寂靜裡頭有一種非常深沉的被動，這「被動」的奧祕就是「內向修行」的特色。

註釋

1 請參考前〈導論〉註釋12。

2 請參考前〈導論〉註釋13。

3 可參見本書第三講余老師對「真實存有」（authentic being）概念之解說。雖然取用同樣的四個字，但第三講中「真實存有」指的是海德格（M. Heidegger）的「朝死而生」的概念，而本講次中「真實存有」指的是非語言、非社會、無分化、具有當下性與流動性的存有狀態。

4 余德慧、石世明、夏淑怡（2006），〈探討癌末處境「聖世界」的形成〉，《生死學研究》，第三期，pp.1-58。

5 同前書，p.27。

6 凱瑟琳・安・波特（Porter Katherine Anne, 1890－1980），美國當代著名小說家，其作品大多取材於親身經歷，描寫細膩。長篇寓言小說《愚人船》（1962）獲普利茲文學獎。

7 馬塞爾・普魯斯特（Marcel Proust, 1871－1922），廿世紀法國文學巨擘。長篇鉅作《追憶似水年華》（*À la recherche du temps perdu*）藉超越時空概念的意識之流，交叉重現逝去的歲月，抒發對故人、往事的無限懷念和惆悵。

8 普魯斯特（Marcel Proust）（2015），《追憶似水年華》（*À la recherche du temps perdu*），桂裕芳、周克希等譯，台北：聯經。

9 拉岡（Jacques-Marie-Émile Lacan, 1901－1981），法國精神分析學大師，從語言學出發重新解釋佛洛伊德的學說，他提出的諸如鏡像階段論（mirror phase）等學說，對當代理論有重大影響。

10 米歇爾・昂希（Michel Henry, 1922－2002），法國現象學家及作家，其哲學的獨特主題「活的主體」（subjectivité vivante）貫穿在他的所有著作中。

11 土的意象比較像是另一位法國哲學家巴舍拉（Gaston Bachelard, 1884－1962）的思想，但巴舍拉沒有宗教（「成了」）的意味。昂希的宗教意味較濃，也談肉身，卻較少談到土。因此，不能確定余老師此處引用是否有誤。

第十講・身體情緒Ⅰ與《流浪者之歌》

人是否有辦法超越「是」與「非」的二元對立而靠邊站呢？如果要超越這種對立，便得發展個人經驗的「極致」；由於經驗的「極致」是無法被分享出來的，所以是「孤獨」。

如果想要發展自己的宗教經驗，就一定要走上自己的流浪路，因為在那裡面才有專屬於自己的東西。我們無法從佛陀的經驗教誨中學習到自己的部分，那是來自於佛陀自己的機緣。

編按：余老師於本課堂中，一開始先談了「身體情緒」的概念[1]，然後讓同學報告本次指定讀本《流浪者之歌》，隨即提出對本書的分析與教導。

末期病人的生存難題

在兩個星期前C來找我談她師兄接受化療的事，病人接受末期治療的痛苦與無奈的課題再次呈現，讓我的心一直無法感覺到踏實與安定。

台大醫院外科加護病房主任柯文哲說：「病人若因心臟不好，可裝循環輔助器；若因肺臟不好，可裝呼吸器；若因肝臟不好，可血漿置換或輸入冷凍性新鮮血漿；若因骨髓不好，可以輸血；若因免疫不好，可以打抗生素，即使是死的病人也可以撐得很久而死不了。自從『葉克膜』的出現，讓醫師陷入更沉重的生死抉擇，因為即使沒有了心臟，裝上『葉克膜』也可以暫時維持生命，只不過，並不是每位病人都可以走出醫院，更多的是看著自己的腳從下面一直黑上來，清醒地看著自己在慢慢地死掉。科技發展到今天，醫生最大的問題不是病人如何活下去，而是怎麼善終、如何死掉，可以讓病人在往生前少受點折磨。」[2]

醫護人員的專業是教人怎麼活，「如何讓病人善終」根本就超出了他們的專業。《最後期末考》[3]這本書的作者是一位器官移植的外科醫生，她在書中也談到了以上的問題。

我在安寧病房當志工作研究時，看到很多病人因病痛及接受治療而受盡折磨，然後便開始服用大量的止痛劑，後來甚至因癌細胞的轉移，而需要同時使用各種止痛劑。當時，我常常與王英偉醫師（編按：前花蓮慈濟醫院心蓮病房主任）討論「醫生到底能為病人做什麼？」的問題，王醫師認為他們可以用很好的止痛劑來舒緩病人的痛苦。可是，我所觀察到的是，每當病人感覺到很痛的時候，醫護人員為他們注射止痛，病人便迷迷糊糊地睡著了。病人幾乎無法睜開眼睛，因為只要一睜開眼就喊痛，只要一喊痛就馬上被注射止痛。

也就是說，病人其實就像處在一種不斷被擊昏的狀態中。每當我看到這種情況，心裡都會很難過，卻又不知該怎麼辦。後來，我發現了一個很妙的東西，那就是我現在要告訴大家的「身體情緒」。

靜坐的身體現象

好，現在請大家坐好，調整到一個讓你感覺舒適的姿勢，全身放輕鬆並閉上雙眼，從現在開始靜默一分鐘。

（大約過了一分鐘之後）現在請大家回過神來，想一想你在剛才的那一分鐘裡頭怎麼了。

同學：我感覺身體的某些部位酸痛不舒服，於是我試著放輕鬆，什麼事都不想。

同學：我不斷地把腦袋裡一直竄出來的東西丟掉。

同學：我覺得自己好像是在洗牌，有一種什麼事情都可以重來的感覺。

同學：開始時我的注意力在呼吸，然後就試著讓自己放空。

同學：我專注的目標一直在更換，剛開始時注意到我身體的姿勢，然後慢慢地注意到呼吸，然後感覺胃在痛，然後疼痛又轉移到身體的其他部位。

同學：一開始時我想要無所作為，就整個放鬆下來，接下來就想到老師剛才講的事情，如果我是癌症末期的病人，能不能不讓醫生用嗎啡來把我擊昏，然後就想到老師做許多助人的事情，而我又能做什麼？

同學：我在調呼吸，慢慢地就浮現一個空間，好像把本來的空間關掉，然後又打開另一個新的空間。

同學：跑出很多的念頭，無法控制。

同學：我想到《流浪者之歌》裡所講的那條河，我依附那條河，想像黏著在河水的感覺，然後我注意到手指與手指之間的感覺，接著就聽到時鐘發出嘀嗒的聲音，我感覺這聲音貫穿了我的身體。

余老師：謝謝諸位的分享。我聽了大家所分享的「一分鐘」，大致上可歸納成兩類。一類是意識與意識之間的空隙：念頭冒出來是意識在作用，有時想讓念頭的流轉停頓或結束，可是另一個念頭又再竄出來。這種情況在打坐時最常發生，大家應該都知道那是怎麼回事，所以不算是新發現。另一類是有關「身體框框」的現象，也就是我所要談的東西。當S靜坐下來後，便開始感覺到身體不同部位所冒出來的痛感與變化，這就是一個簡單的「身體框框」的例子。

所以，我想要知道的，就是腰椎打直輕鬆坐著的這六十秒裡，你的情感變化。一般人或許以為情感指的是因看到、讀到或想到而產生的害怕、緊張、快樂或不快樂等等的情緒反應。可是，那樣的情感基本上是屬於「一大片一大片」的，而我所要講的是那種「大片」之外其他「小片小片」的感覺，它可以連結到身體現象，當身體空間發生變化時，它也會隨著起變化。

其實，那些躺在病床上的癌末病人，他們的心境幾乎都已遠離人世間的紛擾，可是有時卻還是會覺得痛苦，我心裡常想：他們的痛苦到底從哪來？

觸摸與膚慰

我要告訴大家的是，當身體的狀態發生變化的時候，會發出情緒的訊號。也就是說，身體是有情緒的。所以，剛才當大家把外在事物放下，做出放鬆的姿態，極其細微的「身體情緒」就已開始發生。當「身體情緒」發生時，有的人會感覺到身體上有痛、有的會感覺到身體的空，不管怎麼樣，這些感覺本身都意味著「身體情緒」的變化。

如果，這種「非感情情緒」的「身體情緒」可以發生，那麼，是否可能讓它的變化對人們的身心產生撫慰或保健的作用？大家想一想，在這裡面是否有什麼可能性會發生？

我舉「靈氣」[4]的例子來說，靈氣治療師的掌心在受者的身體上隔空放置，經過一段時間之後，受者因感覺到來自治療師掌心的溫度而自行調節身體的狀態。我們暫且不去討論是否真有「能量」或「氣」的存在，只管一點：當受者感覺到從對方掌心傳送過來的溫度，便開始覺得舒適與安定。那麼，這種感覺本身是否會造成「身體情緒」上的變化呢？

（余老師隨即請一位同學到前面來，並以直接碰觸的方式為他進行約兩分鐘的靈氣傳導，然後請該同學分享感覺。）

同學：我覺得「觸摸」是有情感的，而且它不是那種「大片」的情感，它讓我最直接的感覺就是被接納、被保護。

余老師：好，這就是我所要講的「身體情緒」。我們過去所講的能量、穴道按摩，或筋骨痛點等等，那些都叫做物理治療，而我們現在要談的是心理治療。

在病床前，我們到底能為病人做到什麼？

我們在上一講[5]談到許多案例都在說明「沉默」具有很大的力量，這一點我也認同。可是，「沉默」基本上只是屬於修行的層次，它還不見得是「膚慰」的工作。那麼，我們該怎麼去考慮真正的「膚慰」呢？

「膚慰」這兩字很有意思，指的是在皮膚上的撫慰，也就是「觸摸」的狀態。「觸摸」是一個非常重要而基本的動作，它是「知覺現象學」的一個根本課題。梅洛-龐蒂[6]的《知覺現象學》都在談「觸摸」，其中很有名的一段是：當我的右手摸著我的左手時，左手在承受與回應右手，所以左手其實也在摸右手。

除此之外，「觸摸」是會有結果的，人們一直都知道這個事實。譬如，當你看到你的小狗很不安時，你會把牠抱起來，摸摸牠的頭，然後牠會慢慢地安靜下來。有時候小狗還會對你點點頭，表示摸得還不夠（師生笑）；可是如果摸得太用力，小狗也會有反應，於是便要順著牠的毛去摸，因為順著毛摸是愛牠，逆著毛摸是在騷擾牠。這就是小狗「身體情緒」的表現。

談論身體情緒的必要性

我為什麼要談「身體情緒」？因為很多病人到了生病的末期，這世上的林林總總與是是非非對他而言都已無所謂了，重要的只是眼前自己這一片「身體風光」，而偏偏這片「身體風光」在目前的研究領域裡，就像荒漠般鮮為人知，人們無法理解它為何能發生那麼多「膚慰」的效應，而且完全不需引發身體的物理性質，也不會改變身體的物質狀態。

（編按：在醫療的模式裡，病人必須打針吃藥，以改變身體的物理或化學的狀態，才可能有效地改善病情。）

因此，我所要談的「心理膚慰」是一種不一樣的狀態。過去的心理治療用了太多「大片」的語言，卻不知身體有很多情緒都不是這麼大片的東西，也不是用話語就進得去的。當病人處在痛苦的時刻，卻還要承受他人囉嗦地講一堆無益的廢話，那只會讓他更不耐煩。

兩個案例

有一個癌症末期的病人曾經告訴我們的志工：「當我在痛的時候，請你不要來碰我，不要來干擾我。」當病人的身體正在不舒服的狀態，是不要讓人去碰觸他的。我在病房為病人進行「膚慰」時，也都是把手騰空而靠近地放在病人的身體上方，然後慢慢地撫順過他的皮膚表層，病人很容易便安靜下來，這就是「身體情緒」在作用的緣故。這種「身體情緒」的安定效應，在學理上還未進行開發與研究，所以無法找出理論來說明，可是在實際的體驗上它確實是已經發生了。

無論是進行「靈氣」、俗稱的「魔幻手」與「大愛手」[7]、或其他形式的治療，在開始前都需要先有個儀式，就是向上天祈求及召喚能量的降臨。當人對著上天，想像聖靈的光與愛從頭頂上灌注下來的時候，就是在開啟自己的「身體情緒」了。當自己的「身體情緒」發生變化，再把這種變化的感覺慢慢地傳達到病人的身體，這就是「膚慰」的進行與發生。也就是說，病人的身體在當下，同時也在感覺施予者的「身體情緒」。

有一次，我的健康正處於非常危急的狀況，因為不想讓太太擔心，我答應了一個朋友的介紹，去找她的師父接受治療。那是在一個四、五十坪大的開放式空間，除了很大的佛堂外，其他什麼擺設都沒有。那位師父用他的雙手在我身上，從頭到腳緩慢、耐心地撫順了五十分鐘，過程中我一直感覺到來自他手掌的溫度。如果是在擁擠的公車或捷運上，我會對別人的體溫感到厭惡而想要避開，可是在這裡我不會。我開始感覺到自己的身體、開始去接應師父手掌的溫度，而且我對這種溫度是歡迎而不抗拒的。當時，我整個人就像是從世界的某個情境進入另一個情境般。在乾淨而清爽的環境中，佛堂瀰漫淡淡的香氣，師父穿著舒適的衣服。感受著他傳送到我體表的溫度，我的「身體情緒」慢慢地安定下來。而且，每隔一兩分鐘還會感覺到那股暖氣在我身體的不同部位流動，簡直像是沐浴在「膚慰」之中。其實，那就是「身體情緒」在發生變化，它並不是改善了我的疾病，而是讓我整個情緒安靜下來，這就是絕妙之處。當我的身體得到「膚慰」而舒暢了以後，我走出道場，看到世界竟是一片清明與光亮。

有了那一次經驗以後，我才知道「膚慰」病人不盡然是要去改變他的身體結構，「身體情緒」上的變化也可以讓他一夜好眠，或甚至只是一個小時的安靜。所以，如果能夠把「身體情緒」這個領域開發出來，讓大家了解有這麼一個部分是需要去照顧的，那就真是功德無量了。

有一位臨終的病人，她的子女在病床前徬徨無依地一直哭叫著媽媽。於是，我先請家屬安靜下來，再開始為該病人進行掌心「膚慰」的動作。過了一會兒，病人的狀態明顯變得安詳。在離開病房前，我對病人的兒子說：「媽媽現在正需要我們為她這樣做。」我離開後，孩子們也學著用我的方式緩緩地、安靜地「膚慰」媽媽的身體。大概過了一個小時，我接到病房護士的電話通知，病人剛剛過世了，而病人的家屬要對我表達感謝，因為他們的媽媽是在他們的「膚慰」之下，於安詳的氛圍中過世的。護士還對我說：「我從未見過病人過世時，病房、病人與家屬是這麼祥和。在那裡沒有一句佛號、沒有一句祈禱語，可是就是達到了。」其實，佛號或祈禱都是表象的東西，若無法真正抵達病人的「身體情緒」，是無法讓他的心安靜下來的。

自從上述的經驗之後，我就一直把這件事放在心上，好久都不知道該怎麼去思考這個問題，直到最近這幾天才又開始面對它。我現在已有足夠的資料和田野，也在寫與「身體情緒」有關的理論。譬如，我有一位學生，她是用「靈氣」的觀點和脈絡，來探討氣喘病人接受「靈氣」治療的過程。我從她的描述中，發現很多「身體情緒」變化的線索，所以我會捨棄「靈氣」的觀點，直接切入「身體情緒」來談。將來待我有更成熟的結論時再跟大家談，至少現在是把這一束光打開了。有了這一束光，對於諸位在宗教上的服務肯定會有很大的幫助。你們千萬不能隨便應用語言，因為語言太「大片」了，尤其是宗教的語言，那簡直就像盜賊一樣可怕。譬如，「不唸佛就不能到達阿彌陀佛那邊去啦、心要放下才能得到清靜啦、要祈禱上帝才會來接引你進入天國啦等等」諸如此類的話語，在某種意義上都是屬於暴力，都是對事情的一種誤解。

與寵物相處的真理

同學：您剛才提到對小狗的觸摸，是否因為對象是自己的主人，所以即使牠不喜歡也還是讓你摸？

余老師：寵物不太會有人類的「自我感」，牠們只會肢體的動作，對主人的認識是用身體來感覺、是長久以來主人曾經對牠做的動作，而這些動作的集合體就是牠們心目中的

「主人」。所以，人們只要掌握牠們所認知的動作，便能成就與寵物之間的互動關係。譬如我家的皮皮每天早上都會在客廳搖著尾巴等我下樓，如果我站在樓上叫牠：「皮皮上來！」牠一定不會上來，因為語言不是牠的菜；可是如果我只是探出頭來看牠一下，又馬上縮回去，牠就一定會跑上樓，因為牠的原始動作就是「看見了然後去找」，就好像丟球讓牠去追、去咬一樣。所以，當我們在跟寵物相處時，牠們其實就是在告訴我們真理。而人類的真理卻是語言，所以研究「身體情緒」是不能以人類的真理作為標準的。

雖然我們跟寵物之間的感情很好，可是當牠被弄疼的時候還是會咬人的，因為在牠們的真理裡頭沒有「恩情」這樣的東西，那是人類的語言。譬如有時候皮皮不讓我抱，我卻偏偏要抱牠，牠就會被我惹怒，發出低吼聲；於是我溫柔地撫摸牠，再慢慢地把牠抱在懷裡，這麼一來牠就願意讓我抱了。在這種情況之下，我暫且不談我與皮皮之間是否存在著「仁義」或「感恩」之類的東西，這些都是抽象的名詞。顯然地，當皮皮的肉體跟我在互相碰觸的時候，牠就知道該如何去節制及調節牠的牙齒在咬我時的力道，而這個「知道」，就是我所謂的「身體情緒」。也就是說，是皮皮的「身體情緒」在做調節。又譬如寵物貓，牠會跟你玩、會用爪子來撥弄你，可是你無法明白牠那是什麼意思。或許你會猜，牠大概是想要吃東西或尿尿，可是你有可能猜對也可能猜錯。所以我們應該說：「真不知道牠的身體在想什麼」，而不是「不知道牠的大腦在想什麼」。

「身體情緒」的愛情

有許多夫妻在結婚多年後，除了牽牽手碰碰肩膀外，大概就不會有其他更親熱的動作了。怎麼會這樣子呢？他們之間不是有愛情嗎？其實，一般人所理解的愛情，是一種承諾性的、掛在嘴巴上說「我愛你」的愛情，但那並不是實際生活中的真理。你或許會說：「哎呀，因為戀愛時的激情已經消失了嘛！」或說「因為年紀老了荷爾蒙分泌少了呀。」

不管怎麼說，這種現象其實並不悲哀，而且有很多人都願意接受。甚至慢慢地會發現到，在婚姻晚期的肢體「觸摸」裡，讓人感覺到的是無盡的體諒、包容、無奈，及各種的情緒，這與戀愛中的「觸摸」是完全不一樣的。所以，當身體不再接受世俗所謂的「愛情」時，千萬別以為感情就會因此而垮掉，因為他們的「身體情緒」長久以來就是處在一種互相照顧的狀態中。

譬如，在韓劇裡那些老爺爺老奶奶彼此相處的方式，就是一種互相的照顧。奶奶常常會對爺爺抱怨嘮叨，可是當有事情想不通的時候就會依賴爺爺去處理。老奶奶平常時也會關心地端來一杯茶或一碗湯給老爺爺喝，每當這個時候，你會發現他們頭與頭之間的距離是靠近但不碰觸的。

可是，戀愛中的年輕人就不是這個樣子了，他們需要透過實際的身體接觸，才能讓情緒獲得安定。他們要十指緊扣地牽手、走在路上時要緊緊地摟抱、要先親一下對方然後才溫柔地問：「你要喝飲料嗎？」等等，這些就叫做「必需的碰觸」。因為年輕人是屬於青春的肉體，青春肉體的情緒是由荷爾蒙打造出來的，哈哈；而老爺爺老奶奶的「身體情緒」卻是一種「靠近」的感覺，可以不必通過身體的接觸便獲得滿足。

因此，當我們用「身體情緒」來說明「愛情」時，我們的觀念便改變了，也不再用「語言大腦」去認知情感，許多的障礙也會因此而破除。

「身體情緒」與「體位」

慢慢地，我們還會發現到「體位」與「身體情緒」的關係。譬如，我們可能會因身體某一個部位的扭曲而感到鬱悶，甚至不太能講出話來。所以，許多人便會做一些身體的操練，像瑜伽、太極拳，或太極導引等等，希望能將體位調整過來。

又譬如，人為什麼能睡覺？答案是：因為身體被調整到正確的位置。當人躺在床上時，剛開始會動來動去地試著調整出一個合適的姿態，當找到對的位置及姿勢後便睡著了。而且，每個人的姿態都可能不一樣，有的人像嬰兒般、有的是兩腳夾著棉被、有的要抱著枕頭、有的是側躺、有的是四肢開展成一大字，像日本人就一定要把被子平平整整地蓋在身上，等等。當調到「身體情緒」合適的「體位」後，人便睡著了。你可不要小看這個「體位」，「身體情緒」就是透過「體位」去找到一個最佳及最舒適的組合，而這個組合剛好就是入睡的洞口。

我印象最深刻的是在修博士班時，有一次我要對自己做催眠的練習，希望能錄下自己在催眠開始進行多久後才睡著，以及在催眠狀態中講了些什麼。我對著錄音機說：「我現在要開始讓自己入睡，但在睡著前我要先講一些事情。」結果，隔天醒來時發現，原來我就只錄下了一開始這句話，然後就沒了聲音，再隔幾分鐘之後就是一陣打呼聲（師生大笑）。所以，當「身體情緒」到位時，就算再怎麼堅持也無法讓自己不睡著。

像昨天，我原本想再等半個小時便可以進行腹膜透析[8]，卻一不小心就睡著，醒來時已超過了兩個小時。因為當時我把手枕在頭後方，而這個動作就是我的催眠曲。所以，再堅定的意志力都不管用，管用的是身體的「體位」。

目前，我打算先從「體位」及「膚慰」的進行方式來研究「身體情緒」。

「身體情緒」與味道

「味道」可能也是一種很重要的「身體情緒」。譬如，有些人就是要在自家有異味的房間裡才能睡著，在乾淨又有香氣的大飯店反而無法入睡。像我小時候是在農家長大，那時候對牛糞的味道感覺特別地親切，常常要有牛糞味才容易入睡（師生笑）。我想，「味道」這個部分應該讓那些弄「芳香療法」的人去研究，我應該對他們灌輸「身體情緒」的重要性，這樣他們才能有一個理論來切入，而不只是以為「精油就是能量」。我始終覺得精油會有療效不純粹只是因為能量，它裡頭一定有一個部分，那就是：「味道」改變了「身體情緒」的真相。如果我們把「芳療」的「能量」觀點改成「身體情緒」的觀點，相信「芳療」應該也能發展出另一種作為。

「身體情緒」與音樂

當我們聽到美妙的音樂時，皮膚是會有反應的，因為音樂所帶動的是身體而不是大腦。音樂的好聽與否跟歌詞沒什麼關係，像歐美國家有很多歌曲就不太注重歌詞，甚至亂七八糟一點意義都沒有。譬如，他們可以把「umbrella」拆成幾個音節唱完整首歌，因為他們真正要的是樂曲，而不是歌詞的內容。當歌手開始「啊～」，他的胸腔是打開、暢通的，他所發出的每一個音都會讓人感到身心暢快。所以，好的音樂是用音響直接攻入身體，當這聲音一進入，「身體情緒」就被打開，有時候會感覺到「一片的滑動」。當下，就算不會跳舞也會隨之起舞，因為你是用情緒在跟你的身體舞動，所以根本無所謂你的舞蹈動作如何，重點是你會覺得非常感動。

我記得伍佰[9]為黑松沙士拍的一部經典廣告，每次當我聽到他唱「衝衝衝」時，就覺得自己身上好像也裝了風火輪般，隨著他的歌曲「衝～」。這就是因為那首歌的律動打到我的身體，打開了我「身體情緒」的緣故。

所以，聲音、味道、芳療、膚慰、體位學等，這些都屬於「身體情緒」的範圍。除此之外，我認為應該還有更多其他的。譬如像理髮業，聽說有很多女生心情不好時都喜歡去做頭髮，然後心情就會變得好一點（師生笑）。所以，我懷疑理髮師那些修、剪、刮、弄的動作，可能也能夠打開人們的「身體情緒」。

「身體情緒學」是一片大天地，很多東西都可以被整合到這裡面來，我們應該要好好地來讀它。大家可以去讀王心運老師的〈身體與處境〉[10]，那裡面所講的就是「身體情緒」這個東西。

好，我們現在開始進入今天指定讀本的討論。

談《流浪者之歌》

本書內容簡介：赫塞是德國著名詩人，一九四六年諾貝爾文學獎得主。《流浪者之歌》（悉達求道記）是他四十五歲時完成的名作，描寫主角悉達多如何在古老的印度追求他的三個歷程。赫塞擅長描繪人類精神領域中令人不安定的因子，他對於靈魂深處各種含藏的誘惑與毀滅力量之刻畫，在世界文壇堪稱無出其右。尤其難能可貴的是，他的作品表現了赤裸裸的真誠。他是一個孤獨、勇敢的探索者，他那如行雲流水，斂放自如的文筆，蘊含著作者熾熱的感情、深刻的思維、良知的召喚——他不懂得矯揉、偽善；他不躲避錯誤，卻自始至終尋找真理的訊息。[11]

一個已經非常有成就的商人，一輩子可以享受無盡的榮華富貴，怎麼又會突然轉向了呢？我想大概也只有修行人才能夠像悉達多那樣吧。

前陣子有一個成功的商人跑到澎湖去自殺，大家都認為他可能有許多冤屈無法釋懷，才選擇一死了之。可是，我卻相信在這事件底下一定還隱藏著很多故事。經過了大半輩子奮鬥，抵達事業的顛峰，卻突然跑去自殺，真不知道他的內心有多麼痛苦啊！所以，我一直覺得這個自殺事件是一個謎。

有一次，悉達多與艷妓正在喝酒尋歡的時候，隱約中忽然看到一股黑影，這黑影讓他覺得眼前所過的生活是不對的。可是，他卻又不知道那黑影到底是什麼。直到它不斷擴大，悉達多才決定放棄事業與女人，離家出走並開始過著流浪的生活。悉達多改變，是因為看到了某些障礙他的東西，於是才「轉向」而走上修行人的道路。那麼，為什麼他看得到那些障礙呢？他的「看到」是因為他比較優秀或比較聰明嗎？否則，他是怎麼「看到」的？悉達多遇見障礙後並沒有停頓下來，而是通過了考驗，並繼續追尋下去，這才是他不可思議之處。

悉達多的「轉向」並不是指生活形態的改變，而是整個徹底地改頭換面。所以，這裡所謂的「流浪」，是將所有一切都捨棄，並走向一條不歸路的意思。

在「流浪」裡頭沒有目標。那麼，什麼樣的人才不為自己設定目標呢？你或許會說：「不就是那些街頭遊民、流氓無賴、浪蕩敗家子，或中輟生等等，那些人的生命是沒有目標的。」沒錯，不過他們那種是屬於「有形」的流浪。

如果說：「我抱著事業，或學術在流浪」的意思就是：「我隨時可拋棄我的事業，或學術」。我在美國的時候，常常看到一些老夫妻，他們把房子賣掉，然後去買一台露營車，把所有的家當都放在拖車裡，一州越過一州、居無定所地過著晚年的生活。像他們那樣就是「扛著房子、背著家庭在流浪。」

那麼，為什麼我現在還不去流浪呢？

所以嚴格來講，我們原本就是沒有目標的，我們只是抱著某樣東西，然後誤以為那就是目標。譬如，有人當上總統後就以為自己很偉大，還跑去父親的墳墓上香，說：「兒子當上總統了」，這就是「抱著」的意思。殊不知，卸任總統之後他便什麼都不是了。

孤獨。河流

赫塞在書中談到生命的本質是「孤獨」，也提到了「河流」的意象[12]。為何是「孤獨」與「河流」？

悉達多在離開世尊時說：「佛陀啊，你有自己的機緣及努力的過程，可是這些都不在你的教法裡出現，所以聽你的教法是看不到這些東西的。」這句話說明了一個很重要的事實：如果想要發展自己的宗教經驗，就一定要走上自己的流浪路，因為在那裡面才有專屬於自己的東西。我們無法從佛陀的經驗教誨中學習到自己的部分，那是來自於佛陀自己的機緣。因此，如果按照赫塞的理論，閱讀經典就等於是在讀垃圾般無益，而真正的焦點應該是親身體驗必要的受苦過程。

在經歷機緣的過程中，沒有「對」與「不對」的問題，因為「入其非而行其是，入其是而取其非」。意思就是，表面上看起來像是「對」的事，事實的結果卻是「不對」；表面上看起來是進入了「不對」，卻因自身在過程中的發展，而演變成「對」的結果。所以，「是非」這兩字的結合就是在告訴大家：「是」不是全部的「是」，「非」也不是完全的「非」，在「是」或「非」的狀態中，總是一下就溜到對方的爭議去。

人是否有辦法超越「是」與「非」的二元對立而靠邊站呢？如果要超越這種對立，

便得發展個人經驗的「極致」；由於經驗的「極致」是無法被分享出來的，所以是「孤獨」。佛陀在菩提樹下時，就說自己像是蒼天裡的孤星。換句話說，當生命發展到「極致」的層次時，就是「開悟」。

赫塞明白為何是「孤獨」，所以他便用「擺渡人」與「河流」的意象來說明。事實上，這也涉及他對「解脫」的概念。他認為「解脫」就是「自由空間」；「自由」不在外面的世界，因為世界是「條件式」的，所以永遠不可能讓你得自由。也就是說，在現實裡頭沒有自由，唯有經驗的「極致」才是真正的自由。

譬如，「意義治療」的創始者維克多．法蘭可[13]在集中營被納粹德軍百般凌虐，在身心飽受煎熬的情況下，還是能夠安靜坐下，發現他一己的自由。意思是，某些意義的感覺以「自由」的形式在他的心頭展現出來，而那「自由」就是在他生命裡頭的「極致」了。這是法蘭可個人的一個高點，也是他在集中營能夠繼續存活下去的原因。

諸位請想一想，你們的心是否被許多的擔憂、罣礙，以及慾望所捆綁？你或者會說：「沒辦法，這就是生活。」可是，如果你的生命被推到了某種「極致」，那又將會如何呢？譬如，你試試看你能安靜到什麼程度、能狂野到什麼極致、能愛或恨某人到什麼極致、能囉嗦到什麼極致、可以守戒律或不守戒律到什麼極致，你別以為不遵守戒律是件容易的事，它可能比遵守戒律還困難。然後，在你的每一個嘗試裡，你會發現自己的極限與不可能，這就好像是把橡皮筋盡可能拉到底的意思。不過，自己的「極致」是要由自己去發現的。

法蘭可談到他在集中營的生活：每天早上四點鐘起床，套上腳鐐，帶著工具，沿著雪地一路走到工作的地方。當他困苦的身體在艱辛中緩慢地前進時，突然瞥見天上的星星，當下，他便進入了轉化層次的感動中。可是對其他人來說，看見天上的星星又如何，大家還是得痛苦、沉重地走動，最後還是會被活活折磨死。

當法蘭可聽到妻子被殺死，接著妹妹被送進毒氣室，然後又是爸爸被槍斃，接下來媽媽也死了，「砰！砰！砰！砰！」他生命中的所有至親都死了。我相信他應該也曾像一般人那樣地悲痛心碎。可是，當那「自由空間」突然冒出來的時候，他便不再懷恨納粹德軍、不再為死去的家人哭泣、也不再吶喊要復仇。

在集中營那樣的地方，如果你的世界百分之百都生存在現實中，那你肯定會死在裡面。可是法蘭可卻在現實的處境中，突然跑出一個不為人知的另類空間，他便常常在那空間裡，看著現實中全身傷痕累累、飢腸轆轆的自己。那種狀態倒不一定是他的念頭，而是有點像燈泡突然亮起，而那燈泡就是存在於「非現實空間」裡的自由了。

悉達多的「河流」並不是物質性的河流，卻是生命中所有愛恨與各種情感的一種流動，而他所看到的就是在那流動中的自由。在人類長久以來的大河世界中，納粹德軍對人類的殺戮，比起森林中各種生命為了生存而互相殺戮，根本上是很難作出區別的。其實，在自由的空間裡，那些慘絕人寰的事情是可以被忘掉的。當然，你或許會說：「我連別人說我的壞話都受不了，如此的深仇大恨又怎能放下呢！」

所以，這是需要慢慢修習的，我現在還不知道要怎麼練，今天就先給大家一個基本的認識、判斷，和立場。

好，我們今天就談到這裡。

註釋

1 可參見余德慧（2014），《宗教療癒與身體人文空間》，台北：心靈工坊。特別是本書第二章〈身體的人文空間〉。

2 摘自《天下雜誌》四三五期，〈科技讓人不得好死？急診室醫生的告白〉（2014），作者：林倖妃：http://www.cw.com.tw/article/article.action?id=5000908#sthash.CDSXyPuK.dpuf

3 陳葆琳（Pauline W. Chen）（2008），《最後期末考：一個外科醫師對生死課題的省思》（*Final Exam: A Surgeon's Reflections on Mortality*），林義馨譯，台北：大塊文化。

4 靈氣療法源自日本，由日本人臼井甕男於一九二二年創立。「靈氣」（Reiki）在日語中寫作「霊気」，指所謂的宇宙能量；靈氣療法是一種利用宇宙能量供應人類所欠缺的能量，加速自癒能力的方法。其治療的原理是：能量在每個人體內不停流動，藉此維持生命，一個健康的身體能量會無阻礙地流遍全身，但當人受到外來的影響或內在情緒出現問題，能量便不能順暢流動，疾病、問題便隨之產生。靈氣治療師藉著引導能量技巧使受者身體回復平衡。除了能處理身體問題外，靈氣亦能使能量直接進入受者心理或靈性層面，藉此解決相應的問題。目前在英國及世界各地有許多醫院都設有靈氣治療師為癌症病人進行輔助性治療。（參考、改寫自「靈氣能量」網站，網址：http://reikienergy.hk/intro.html）

5 參閱第九講〈世界的消失與反轉：《亞當：神的愛子》〉。

6 莫里斯．梅洛－龐蒂（Maurice Merleau-Ponty, 1908－1961），法國著名現象學哲學家，在現象學運動中扮演極為重要的角色，闡發一種獨到的「身體哲學」，其思想深受後期胡塞爾和海德格影響。

7 「大愛手」是一種修行法門，透過連接宇宙大愛的能量，經由做施者傳給受者，但兩者同時接受大愛磁場的調理，均受其惠。若干靈氣相關的訓練團體也使用這個名詞。參考資料：http://www.hochi.org.tw

8 余老師是腎臟病患，每天需定時為自己進行腹膜透析的藥水更換。

9 伍佰，本名吳俊霖，台灣知名的國、台語搖滾歌手，詞曲創作人，音樂製作人。

10 王心運（2006），〈身體與處境——赫曼・許密茲的新現象學簡介〉，《哲學與文化》，三十三卷二期，pp.83-99。

11 引自志文版《流浪者之歌（悉達求道記）》書封簡介文字。

12 在書中的第二部〈渡人自渡〉。

13 維克多・法蘭可（Viktor Emil Frankl, 1905－1997），奧地利神經學家、精神病學家、意義治療大師；他繼佛洛伊德、阿德勒之後開創「第三維也納治療學派」，其特殊的人生經歷使他在心理治療界地位非凡。他在集中營飽受摧殘，失去妻子、家人，就在絕望之際，內心卻浮現：「我是為某事而存在的……」這樣的呼喚。在絕境中傾聽天命的召喚，成為法蘭可重生的力量，並在日後成為其治療理論的核心。

第十一講・論私人空間：《靜靜的生活》

「私人空間」是一種歸宿，在那空間裡可以「寵辱皆忘」。假設你是一隻小老鼠，挖了一條很長的地下通道，來到一處可以做巢的地方，你很舒服地待在那裡，儘管外面刮風或下雨都不能影響你，你依然是無限滿足而自由自在，這就是你的「私人空間」。

「私人空間」就像是文學家的「文學空間」；在「文學空間」裡，沒有榮耀或恥辱，也沒有高貴或卑賤，是不存在「現實」的。所以那些卓越的聰明人絕不容許這種空間的存在，他們終究會把它變成「公共空間」。

《靜靜的生活》內容簡介：內容敘及智障兒的哥哥與護持他的妹妹之間的互動、他與家庭及家人之間的關係、在面臨現實人生時的種種態度、在困境中仍還抱持著希望等等，有歡笑也有淚水，是一部感性的抒情小說。[1]

編按：余老師從同學們的閱讀報告中，引出了「卓越與偉大」及「私人空間」兩個論題，並延伸論述之。

「卓越」與「偉大」

W同學在報告中提到了「特權化」，他覺得自己一直以來對學生們的管教很嚴謹，總希望他們能表現得比別班的孩子好，要考得好成績，否則會覺得很沒面子，其實這就是把自己給「特權化」，而忽略了應該尊重孩子們的生命成長，殊不知教育是不能用複製的方式來進行及期待的，何況每一個生命都有它進展的必要過程與步調。

余老師：所以，你以後要怎麼當老師？

W同學：我就只能盡心地引導他們，但不能要求他們的表現能符合自己的期望。

余老師：所以，若要符合你的期待，那隔壁班老師的成敗也得要能符合你的期待對不對？（師生哈哈大笑）。

W同學：是啊，我以前總是生活在暗潮洶湧中，同事之間私底下都在較勁，試圖要把對方打敗。

余老師：你們千萬要注意，「榮譽」其實是一件很蒙蔽的事情，它是人們創造出來的東西，偏偏這糟糕的東西卻被視為是美德。

我每次經過東華大學都會看到「卓越」的標語，那其實是很壞的東西，因為「卓越」從來就不是為了利益大家，而是「我為了要活，所以讓你去死」的一己之私。你們有聽過我的「卓越而不偉大論」嗎？「卓越」就是不擇手段不顧一切地讓自己爬上來，以達到目的、獲得利益與榮譽。所以，為了要「卓越」、要比別人更優秀，所有的考慮絕對是先為自己，費盡心思地把別人挪開，顯露出的是最差勁的作為，這就是「卓越」。

你或許會問：「卓越的人會幫助別人嗎？」他們當然會幫助別人，不過，他們所幫助的都是自己的摯愛或是會影響到自己權益的人。我們都知道有很多卓越的醫生，他們的妻子在精品店裡買名牌的東西，是買到不想買的地步。還有許多卓越的企業家，他們的太太和子女絕對是最直接的受惠者，再來當然就是他們的員工，除此之外便沒有別人了。可是，這些企業家所丟出來的垃圾與污染，不就是讓大家在受害嗎？所以，他們一點都不偉大。

那什麼才是「偉大」呢？假設你落入大海，當被你碰上時，你便不再繼續往下沉，而是感覺向上浮起，像是坐上了船一般地安穩，那就是「偉大」。

在台灣有一些很偉大的慈善團體，可是他們卻一點都不卓越。他們所承辦的學校，行政人員的能力不足、錯誤百出，即便是在他們的志業體中，也很難找出一個卓越的人來。可是，卻有許多受苦的人在不知所措與絕望時，就是在這些團體人士的幫助之下，發現了自己原來也可以當志工幫助人，於是他們整個存在的價值感就浮了上來，這就是「偉大」。我們都看得出來，這些慈善團體所做的事情並不是為了追求「卓越」。我剛到慈濟大學任教的時候，心想像「慈濟」這麼一個偉大的團體，一定有她非常了不起的地方。可是後來我發現自己錯了，「偉大」是需要認真與努力，但不一定需要「了不起」。譬如，在慈濟大學校本部有一個很漂亮的小劇場，可是卻從不見有人在那裡活動，連坐在那裡吃個便當的人都沒有。這樣的地方如果是在美國的柏克萊大學（U. C. Berkeley），肯定每天都會擠滿了人潮。人們會在那裡邊吃 Pizza 邊餵食鴿子、有人會遛狗、有人發表言論、有人在頌缽或穿著喇嘛服跳喇嘛舞、有的人則在梵唱、跳西藏舞，或敲打非洲鼓等等，好不熱鬧。可是，慈濟大學卻沒有能力讓學生們在這個小劇場做這樣的事情，所有的人都擠到大廳去參加一些像跟小朋友玩耍般幼稚的活動，坦白說，那真不應該是大學生所做的事。

所以，「偉大」不必是優秀，而「優秀」在「偉大」裡反而可能是一種障礙。譬如，有許多優秀的人士進入慈善團體後，總想要把團體帶往「優秀」，所以他們有很多意見，常常引發出凸捶（台語）的事件，而造成團體成員的不安。也就是說，「優秀」在世俗的世界是對的，但在慈善的世界裡卻是錯的，因為慈善團體永遠只能被帶向「偉大」，這就是「慈善」的本質。

我常聽到有人說：將來如果上人過世後，慈濟團體便一定會垮掉。其實「慈濟」所代表的，是台灣社會所生長出來、願意為別人付出的群體。台灣最難得的一點是還能保留農村社會的形態、人民的心地非常善良、態度謙卑，及願意無私地付出，他們看起來就像是一群既無知又容易被愚弄的人民。精明能幹的人是不會被愚弄的，只有「有心人」才會被愚弄，因為「有心人」總是在等待一個偉大社會的來臨。

有些經濟飛躍發展的國家，他們的人民利益薰心的程度已到了連從胸腔呼出來的氣都帶有錢幣的味道；有的則是把整個國家當作公司在經營，那裡的人民都像是商人；還有共產主義的國家，他們的百姓若要出人頭地就一定要有渾身的奸詐，否則在人口那麼多的地方怎能生存得下來。台灣當然還是有壞人，他們絕大部分是從「優秀」來的。譬如有一次，我太太在路上開車時與別人發生糾紛，只因對方覺得我太太超車切入時靠他太近，把他嚇著了，所以就走下車來大罵，不管我太太如何向他道歉陪不是，他都不肯罷休。原來這個人很優秀，他是中華民國高檢處的退休檢察官，之後便在花蓮當律師。他很懂得如何利用法律來折磨人，所以他也不去法院按鈴申告，他就要我太太一起到警察局去做口供，接著口供便被呈送到法院去。之後，法院每隔三星期便把我太太傳去詢問一次，都是在問一堆無所謂的問題。對方很清楚這個案子最終是不會被起訴的，他就是要慢慢地折磨我太太，他就利用他在法律上的「優秀」來欺負人。

有一位香港的大學教授來到台灣，大大地喘了一口氣。他在香港當教授，每天一打開電腦，便即刻跳出從校方傳送進來的訊息通知，提醒他論文發表的得分。因此，他每一天都是心驚膽戰地過日子，因為不知道何時會因成績表現不夠好而被開除，儘管在教育上他帶給學生很好的影響，可以善巧地引導學生，然而這些都不管用。像這樣的情況，市儈之氣已完全控制了教育，文化層次變得非常膚淺，這真是一件很可恥的事情。或許香港人並不喜歡台灣，但是台灣有一種感覺是他們所沒有的，而那種感覺卻是他們依稀曾經擁有過，可是因為太久遠了，已經完全不知道那到底是怎麼一回事。

所以說，台灣能有「慈濟」真是我們的幸福，可是不要把「慈濟」當作是單一的事件，而是應該讓台灣處處都能呈現「慈濟」的現象。因此，你們要懂得去參與「偉大」的團體，因為「偉大」的團體一定會讓你的生活得到快樂，你的許多觀念也會跟著自動校正；可是，你如果還在一味地追求「優秀」，在不知不覺中，你的很多看法便自動朝向錯誤。

進入《靜靜的生活》

大江健三郎[2]是《靜靜的生活》這本書的作者，他是諾貝爾文學獎得主，一個非常聰明的人，可是他的聰明卻從來不表現在他個人的偉大上。他一直想當一個宗教性的作家，可是他又不願意寫那種宗教形式的東西，所以他就寫了《靜靜的生活》，一部深具宗教意涵的小說。

小說裡的ＩＹＯＯ是大江健三郎的兒子，一個低智能及腦性麻痺的患者[3]。有一次，ＩＹＯＯ的媽媽到他的學校去參加「母姊會」時被他打了，然後大家都在傳說ＩＹＯＯ是否因精神不正常才做出這種行為。當天晚上當大家都在吃晚餐時，ＩＹＯＯ卻跑到廚房去拿了一把菜刀，然後坐在大門口。當時大家都感到很害怕，心想：IYOO白天還莫名其妙打了媽媽，不知他的情緒是否還在失控，要拿刀來殺人？IYOO總是表現出諸如此類的跡象，讓大江健三郎覺得很奇怪。可是，大江健三郎從來不會以事情的表象去論斷其中的問題，他要找出真正的原由。他用了很長的時間來觀察，才發現其實IYOO並不是精神失常，而是因為：他知道爸爸要把媽媽留在家裡，孤身一人到美國去，可是媽媽不但沒有因此而擔心自己的安危，還很愉快地告訴大家這件事（爸爸將一個人去美國）；他認為媽媽並沒有為她自己著想，為了要處罰媽媽所以在學校打她。到了晚上，他又想到爸爸既然不在家，他就要保護在家裡的媽媽跟妹妹，才去拿了一把刀坐在門口，讓他們可以好好地安心吃飯。

（大家笑）

有一次，社區出現了色狼犯案的事件，大家都在懷疑這色狼是否就是IYOO，因為他在家裡常常不穿褲子，邊晃著性器官邊到處走動，有時候甚至還會有不雅的勃起現象。可是，大江健三郎經過仔細查證，認為IYOO根本不可能是那個色狼，後來警察抓到的原凶果真就是其他人。

IYOO有一首作品叫「棄子」，大家都以為他是感到自己被拋棄才作這樣的曲子，後來才知道原來IYOO有次在打掃公園時，看到同事救了一名棄嬰，他覺得這小嬰兒很可憐，便寫了「棄子」。

以上種種的事例都在告訴我們一件事：IYOO的邏輯及思考模式，並不是人們一眼就可以看明白的。所以，千萬別以為你所看到的就是事情的真相。當你不知道事件發生的脈絡時，不要去介入，這也就是修行人所謂的「不控管」。

好，這是W所看到的層面，現在我們再來看另一個層面的東西。

私人空間

E同學在報告中談到了IYOO的「私人空間」。他解釋道：IYOO雖然智能有障礙，他的殘缺反倒成了老天對他的恩賜。他只會用簡單的語句、他的思維單純而沒有雜念、他的內心純淨而不受外界的干擾，他因此能夠自由地接收來自大自然的靈感，並呈現在樂曲的創作上。他沒學過樂理也不懂五線譜，他的創作是從聆聽樹林中的鳥鳴聲而來，他的音樂空間是他的「私人空間」。

余老師：E所提到的「私人空間」非常重要，每一個人都應該要有自己的「私人空間」。「私人空間」所指的並不是不想讓人知道的隱私，而是由自己所形成的一種非常獨特又無法與人分享的內在經驗。你們不要以為任何事情都能分享出來，當事情進入你個人極端的獨異性以後，你便會忘掉自我。

IYOO的音樂是IYOO的「私人空間」，你也有你自己的音樂與心思，只是每一個人所表達的模式不盡相同而已。

現在，我們要透過IYOO創作的音樂，試著去感覺他在「自由空間」裡的存有。（余老師隨即請同學播放一小段IYOO的演奏。）

余老師：這就是一個「白痴」所作的音樂，你們聽了以後有什麼評論嗎？

Z同學：在音樂輕快之處所呈現的是一種童真的感覺、一種遠離城市的氣息，這怎麼可能發生在一個患有腦疾的「白痴」身上！

余老師：「童真」是指那些還能有正常感知與對應能力的小孩，可是IYOO並不是。

Z同學：老師，我需要理解您所謂的「私人空間」指的是什麼？

余老師：那是一種很深邃的、往自己內在的、一種獨特的空間。

E同學：人們在生活的環境中總會受到挫敗、羞辱、排斥、壓力與威脅，以及各種不堪的遭遇，而這些負面的東西在個人的「私人空間」裡是不存在的。「私人空間」的元素可以填補一切的缺憾，讓人得到安慰、感到滿足，並彌補來自外界的傷害。換句話說，

「私人空間」其實就是一個療癒的空間。

余老師：E的解釋應該就很明白了。我再來打個比喻，假設你是一隻小老鼠，挖了一條很長的地下通道，然後來到一處可以做巢的地方，你很舒服地待在那裡，儘管外面刮風或下雨都不能影響你，你依然是無限滿足而自由自在，這就是你的「私人空間」。

在「私人空間」裡，沒有榮耀或恥辱，也沒有高貴或卑賤，所以那些卓越的聰明人是絕不容許這種空間的存在，他們終究會把它變成「公共空間」，然後在那裡面與人發動鬥爭。你們想想看，還有什麼樣的人是最沒有「私人空間」的？

Y同學：不安的人。

余老師：其實不安的人也會有「私人空間」，只是他不願意去承認，或者是對這種空間感存有恐慌。

J同學：老師，您剛才提到的那種連心肺呼吸都帶有錢幣味道的人，他們應該是沒有「私人空間」的。

余老師：哈哈，對，我一直懷疑這些人的腦袋裡到底裝了什麼。

Y同學：有一些全職的家庭主婦，一輩子都在忙碌於照料丈夫及子女的生活，這種人大概也不會有「私人空間」。

余老師：對，他們把自己的「私人空間」縮得很小，把大部分的時間都放在「公共空間」裡操作及控管。而「私人空間」裡則是一種「放縱」的情況，它是不需要「控管」的。

J同學：這麼聽起來，「私人空間」似乎就是一個容許個體照顧自己的地方。

余老師：對。就像范仲淹[4]登上岳陽樓，看著眼前那一大片洞庭湖時說：「啊，寵辱皆忘！」他當下的心胸是敞開的，雖然宮廷裡的榮華富貴已不再，這反而成就了他的「私人空間」。你們想一想，在你的「私人空間」裡有沒有「寵辱皆忘」的意境？或只是不斷地想到有誰在罵你或喜歡你？

Z同學：我覺得「私人空間」就像是找到了一個歸宿。

余老師：沒錯，那的確是一種歸宿。我想，如果在那空間裡能夠「寵辱皆忘」，恐怕連病痛都能忘。譬如，像我們這種洗腎病人的死亡率都很高，病人這一刻看起來好好的，明天卻可能就死掉了，如果病人因此而整天都在擔憂這件事，那的確會活得很辛苦。

「私人空間」就像是文學家的「文學空間」，在「文學空間」裡是不存在「現實」的。你看那些整天都在寫社會新聞的記者，他們的「現實感」太重了，如果讓他們來寫小說那一定是最不好看的。譬如，李費蒙所寫的《情報販子》[5]，作者一輩子從沒搞過情報，他所寫的都是腦袋裡的胡思亂想，可是寫出來的故事情節卻讓讀者非常著迷。反而是那些曾經身歷其境的情報人員，我們都不會想要看他們寫出來的東西。為什麼？因為李費蒙是在他的「文學空間」裡書寫，而「文學空間」就是一種私人的空間。

H同學：對於IYOO的音樂，我的直覺就是：「很單純」。如果從作曲技巧的層面去看，他的音樂很安全，你不會感受到驚濤駭浪，而是一種靜靜生活的氛圍。

余老師：這就是世人所認為的白痴啊，我想白痴的生活應該就是可以這樣「靜靜地」。

E同學：他的音樂讓我感覺像是綠葉的飽滿與豐潤，一種存在於大自然的純淨與新生的希望。偶爾，突然像是受到了騷擾，而在曲調間呈現出些許的急促與躁動。

私人空間：音樂與寫作

余老師：我們請H來講一下在電影《阿瑪迪斯》[6]裡，莫札特[7]的內心世界。

H同學：我們可以從莫札特的《安魂曲》及交響曲裡發現，他一直擁有一顆童心，就像是個長不大的小孩。他認為被強迫到宮庭那種地方去服侍那些不懂他音樂的人，是對他的羞辱。所以，他總是在逃避現實的社會，他在自己的音樂天地裡鎖定了一個小小而單純的環境、一個沒有沾染塵埃的境界。彈奏莫札特作品最困難的一點就是：你是否擁有一顆童心，以及像莫札特般的意境。在莫札特過世的前一年，當時他已經是三十幾歲了，還寫了一出完全無邏輯可言的歌劇叫《魔笛》，當時他是深深地沉溺在那出歌劇裡。《魔笛》雖然是一個像童話般可笑的故事，裡面卻糝揉了很多的宗教性與神話，那幾乎是他最高境界的代表作。

E同學：我認為莫札特的音樂似乎少了份溫柔與寧靜，還有一點慌張及不知所措的感覺。

H同學：我覺得那是因為他得了「過度活躍症」的緣故。在那個年代並不知道有這種病，所以當時的音樂界對他的批評也跟E講的一樣，覺得他的作品有太多音符、講太多話了。現實生活中的莫札特喋喋不休，一刻都靜不下來，還很愛罵髒話，他甚至還在主教面前罵三字經，當時可真是把周遭的人搞得都快瘋掉了。可是，我覺得這種人跟IYOO很像的一點是：他們都有很大片的「私人空間」。

余老師：「私人空間」是個人所涵養出來的，譬如，IYOO是從森林中的大自然，而莫札特也有他自己的靈感。現在的問題是：我們怎麼去尋得那進入「私人空間」的奧祕之門？譬如說，阿姜查法師[8]的東西對E來講是一個好的敲門磚，對另一個人來說可能就無法靠它來打開你的「私人空間」，因為每一個人都有他自己獨特的奧祕。

我在《張老師月刊》寫刊頭文章的時候，忙碌得只能利用一點殘餘的時間，就這麼一連寫了十年，大約有一百二十篇。很多人都很好奇我是怎麼辦到的，其實我並沒有花太多時間，只是寫作的時候我的世界就是不一樣了。也就是說，當我回到我的刊頭文章裡，一定會進入一個空間，有我自己的現象，讓自己的感覺慢慢地去摸索、勾勒。開始時我並不知道要寫什麼，等到進入了那個空間以後，語言跟我的經驗便不斷地帶動我，讓我甚至來不及把它們寫下來。也就是在我的「私人空間」裡，我寫出了真正要表達的東西。

我曾經在柏克萊大學有過一次經驗，用意識的狀態來控制文章的結構，事先把重點都列出來，可是寫的時候卻非常苦，像是被綁著卻硬要去刻劃出東西來，那簡直就是苦刑，從此以後我便不敢再這樣做了。所以，我常常教你們在寫論文的時候，腦袋裡想到什麼就寫出來，當漸漸出現線索時，便可暫訂一個題目，然後再繼續寫下去，後來如果發現離題了，就再回去修改題目。其實，這樣的寫作是很輕鬆的，就像是不設標的先射箭，然後再把標靶畫在射箭落中的地方（大家笑）。做論文本來就是一種創作，而不是科學的驗證，怎麼可能先列出大綱後再寫出相符的東西呢？所以，我們要穿越「驗證」的框架，寫出自己創作的東西，而這東西常常就存在你的「私人空間」裡，你要能夠把它說出所以然來，那基本上是一種詮釋或論述。

當你在通過「私人空間」的祕密通道時，你不會知道那就是「祕密通道」。也就是說，通過者不知道自己在通過，沒通過者卻自以為是在通過。就好像，當你跟你的伴侶真正發生感情的那個時刻，你不會想到是發生了感情，只會以另一種狀態及心情去看待對方，等到彼此需要把愛說出口，便已經是跳出了那個狀態了。我的意思是，「私人空間」是一種「不識者之識」，我們雖然可以講它，卻無法動用任何方法進入，因為當它被提出來時就已經沒有了。

Y同學：E在報告中說：「在IYOO的內心存在著一個完全屬於自己、一片潔淨而與外界隔絕的獨立空間。」IYOO的「私人空間」似乎是隔絕而安全的。

余老師：我們常講一句話：「to close to reveal the reality」，意思是：「封閉是為了獲得開顯」。比如你為了要做到專心，必需與外界隔絕，然後你突然發現世界豁然開朗。這種現象在後現代是越來越明顯了，大部分的創作也越來越朝向這個方向。

「私人空間」是拒絕消費性的。如今最膚淺的作品就是網路作品，因為它基本上是非常消費性的東西。譬如說，有一個網路點閱率第一名的女生出來接受訪問，一開口就像個賣檳榔的，根本不能聽，這就是消費性的東西。又譬如有些還未出道的歌手，歌聲很好聽，可是當進入消費市場之後，唱起了一般流行歌曲，完全進不了人的心。當然，有些人還是可以接受、歡迎這類星光大道或網路的東西，因為他們的內在空間基本上是關閉的。

「寵辱皆忘」是一種隔絕的、讓人喜歡的「孤獨空間」，人們甚至不惜搞壞身體，因為已經忘掉身體的存在。我們常聽到有人罵：「一旦沉迷下去身體就不顧了。」就是這個意思。雖然如此，當你一想到人生苦短，能夠過著某種沉迷而忘我的生活，其實也是一種個人的幸福。你們既然選擇來接受研究所的教育，就要好好地發展這種修行的空間。有些人學術做得很好，一天到晚忙著開會，到處去演講，可是一有機會，他們便會馬上進入自己的空間。譬如說，在坐車到花蓮的幾小時車程中，他們可能就待在自己的「私人空間」裡，照常做著自己的事，彷彿仍在自己的書房裡。但是，也有人是從搭上車開始心裡就一團亂，總是抱怨來花蓮要浪費一天的時間，其實那是因為他自己的功力不行。

寵物給出的「自由空間」

當我們看到IYOO跟寵物之間的互動時，應該可以體會寵物是最好的療癒。動物是不可能虛偽的，牠們不講話、不耍詐，要就是要、不要就是不要，完全是無條件的真誠，這就是自由的空間。所以，寵物在你的面前創造了一個「自由空間」，這種情況不就是「寵物皆忘」的境界嗎？我們跟寵物相處的世界不就是快樂的嗎？因此，寵物應該是一種恩典。

美國羅德島州史提爾安養中心（Steere House Nursing and Rehabilitation Center）有一隻貓叫做奧斯卡，他擁有預知死亡的能力，總會在病患死前二至四小時出現，悄悄地跳上病床，蹺縮在病人的身旁，默默地陪伴病人和家屬度過最後的時刻，宛如溫馨的守護天使。另外還有一個幸福的老婆婆，在臨終前也都是她的愛貓陪伴著她。

從IYOO的「自由空間」，我們認識到的是殘缺而非強大的力量，當你們能夠這麼想的時候，轉化就已經開始發生，你們看事情時的層面也會不一樣。

好，這「私人空間」的部分E已經為我們起了個頭，我們以後還會繼續再討論。

註釋

1 取自《靜靜的生活》原書封面介紹。

2 參前〈導論〉註釋20。

3 在此再次提醒讀者：余老師將IYOO這個角色直接當成現實中大江健三郎的兒子大江光，然而，儘管本書很可能大量取材自作者自己的家庭生活經驗，卻不見得百分之百與現實吻合。

4 范仲淹（989－1052），北宋政治家、文學家、軍事家、教育家。余德慧老師所引用者出自其著名文章《岳陽樓記》。

5 李費蒙（2006），《情報販子》，台北：風雲時代。

6 《阿瑪迪斯》（*Amadeus*）是美國導演米洛斯·福曼（Milos Forman）於一九八四年所執導的電影，改編自一九七九年的同名舞台劇，描述音樂神童沃夫岡·阿瑪迪斯·莫扎特傳奇的一生。一九八五年獲奧斯卡八項大獎。

7 沃夫岡·阿瑪迪斯·莫扎特（Wolfgang Amadeus Mozart, 1756－1791），出生於薩爾茲堡的天才音樂家，是歐洲最偉大的古典主義音樂作曲家之一。

8 參前〈導論〉註釋16。

第十二講・身體情緒II與《一片花海的聲音》

身體中流動的情感在還沒被標註以前，屬於一種「自我體證」與「自我感觸」的狀態。一旦你做了「標註」，你的位子就跑到了這「標註」來。如果從「標註」的狀態再返回原來的位子，就叫做「召喚」。「召喚」的意思是：我看到了這些「標註」的東西，它們讓我依循著那些「標註」的意義，往我的身體去尋找那些我曾經有過的東西。這也就是所謂的「現象學描述」。換句話說，「現象學描述」就是把概念的語言還原到現象本身，也就是把抽象化降低到具體的現象來，讓它返回「自我體證」與「自我感觸」的狀態中。

編按：余老師於本課堂中，一開始便針對其近期發展的「身體情緒」概念進行解說，然後再讓同學報告本次指定之讀本《一片花海的聲音》，隨即提出對本書的分析與評論，但這部分相當簡短。

「唯物論」與「唯心論」的身體模式

我最近跟大家談論了「身體情緒」，我發現它可以當作身心轉化的橋樑，是轉化的一個很重要的關鍵。

好，我們現在先來做一個小嚐試，請大家把椅背轉向你的左側邊，然後背向你左邊的同學坐著。（學生們依照余老師的指示，開始移動椅子並坐好，隨後，余老師開始以緩慢、低沉的聲音引導大家。）

我們現在要練習「觸摸」。

好，閉上你的眼睛。

把你的右手向上舉直，掌心朝上。
放鬆，對，放鬆，
閉著眼睛。
好，你的右手掌，
正接觸到一個能量場，
這個能量場，
給你一種很微妙的感覺。
這微妙的感覺，
你可以感覺到它，
非常地溫柔，
非常地溫暖，
你會有一種很溫暖的感覺。
把手慢慢地放下，
放在前方同學的背上。
好，兩隻手都放在他的背上。

好，沉靜下來，
閉著眼睛，
脊椎垂直，
放輕鬆。
雙手慢慢地，
在對方的背部畫圓圈，
慢慢地畫圓圈。
你可以用你的雙手，
把剛才那種溫暖、輕柔的感覺，
慢慢地貼近，對方的背部，
慢慢地畫圓圈。
想像你的圓圈，
像火燄一般，
很溫柔的火燄，
慢慢地在對方的背部，

畫出很溫和的火圓圈，
很溫和的圓圈。
你可以感覺到，
你的手掌所碰觸到的部位，
火燄就溫暖地升起來，
你會感覺到，
那火燄慢慢地升起來。
專心，
觀察你手掌的火。
好，慢慢地把雙手放在對方的肩頭上，
沿著脊椎，
慢慢地滑下來，
慢慢地滑下來，
滑下來，
滑下來，

滑到底盤，
再沿著脊椎往上，
再滑下來，
往上再來一次，
滑下來。
好，再來一次，
滑下來，
好，再來一次，
滑下來，
好，滑下來。
現在，離開對方的背，
安靜，去感覺你身體的感覺，
記住這個感覺，好。
現在，座號偶數的同學請站起來。
弓起你的手掌，

在你前面同學的背上輕輕地拍打，
沿著頸椎往下慢慢地輕拍，
直拍到骨盤。
好，再來一次，
好，再來一次，
好，再來一次，
好，現在停止。
被拍的人請記住你的感覺。我們現在回來坐好。

好，有沒有人要分享他對第一次及第二次感覺的比較？

W同學：當我被撫摸，對方的手往下背滑動時，我感覺整個身體鬆鬆地，好像都垮掉了。之後被拍打時，我有一種麻麻的、有點酸痛的感覺。

余老師：你比較喜歡那一種？

W同學：我比較喜歡被撫摸時的那種感覺（師生笑）。

Z同學：開始被觸摸時感覺很柔和、舒服，可是被拍打時有點強勁，我不太喜歡那種感覺。

余老師：從他們兩位的分享中，我們觀察到他們對身體各有不同的偏好。在他們不同的偏好裡，意味著兩種不同的身體模式，即「唯物論」模式與「唯心論」模式。所謂身體的「唯物論」，就是一定要讓身體發生實質的結構性改變。譬如拍打身體的部位時，會講求打到怎樣的程度才有效果，就是身體的「唯物論」。如果是身體的「唯心論」者，則只重視感覺，而感覺本身並不構成身體結構上的改變。

基本上，「唯心」與「唯物」這兩種不同模式都存在於我們一般的生活裡。我們會有產生感受的「唯心」狀態，也會需要身體發生變化的「唯物」情況。

譬如說，有些人因為吃了乾淨的食物而感覺到潔淨，那是因為外物與身體共同發生作用後所產生的潔淨感，這就是身體感受的「唯心」。像那些學過「靈氣」[1]的人，他們喜歡在食物、物品，及空間環境上，劃上清理淨化的能量符號，這也是感受模式的一個例子。

身體技術

余老師：最近有一位罹患癌症的病人對我訴苦說：罹癌讓他的身體產生很痛苦的負

擔，他的心情因此很不好。於是，他閱讀了幾乎所有與癌症相關的書，最後卻發現對他一點幫助都沒有。為什麼？

J同學：我想他是弄錯了方向。譬如說，如果是到太魯閣國家公園旅遊，就要站在群山的環繞中，去感受現場的浩瀚，而不是去翻閱許多旅遊書籍，來了解有關山脈及地質的知識。

余老師：所以，光靠閱讀是不會產生「身體感」，而唯有「身體感」才能造成你的改變，對不對？那麼，為什麼還是有人要讀書呢？

因為想要尋找技術呀。譬如，在憂鬱症治療的書籍裡，我們可以看到很多治療憂鬱症方法，像是「正向思考法」等。可是，即使讓你知道該怎麼做，也不一定對你有用，因為真正的問題是「怎麼進入」（療癒之道）。憂鬱症病人的一般現象就是怕別人對他不好，尤其是自己的家人。剛開始時，家人或許可以體諒、包容，可是常看到病人飯也不吃、總是躺在床上睡覺、勸他又勸不動、鼓勵也沒有效，時日一久，也就失去耐心，開始指責病人。所以，就算有了方法，也還是需要技術才行。

那是什麼樣的技術呢？就是直接跟你的身體有關的「身體技術」。為何說它是跟身體有關的呢？

譬如「廚藝」，那是跟「吃」有關，是「色、香、味」的體驗，可以讓我們的眼睛舒服、鼻子的嗅覺享受美妙、讓整個口腔的味蕾津液舒暢。眼睛、鼻子及嘴巴這三個身體的部位，都從而獲得了舒暢感，這就是「廚藝」變成了「身體感」，於是「廚藝」便已不再是「廚藝」，而是屬於「身體技術」了。

又譬如「按摩」，那也是一種「身體技術」。在按摩的過程中，會生產出許多其他的東西來，而這些多出來的東西我們就叫它做「身體感」。「身體感」並不等於身體，它比身體多出了一層。所以，剛才你們在為彼此做背部的撫摸時，如果你不是很真心誠意的話，那你的撫摸就很可能變成冒犯、猥褻，或帶有不良企圖；可是，當觸摸你的人非常專心，你會發現有一股能量，經由他的手掌心，慢慢地進入你的身體，而這股能量就是你的「身體感」。

我們曾經辦過一個「大愛手」[2]的工作坊，當時來參加的人幾乎全都哭倒。為什麼會發生這樣的現象呢？有些人說他們自己也不明白；有一些則說，自己從來沒有讓人這樣疼惜過，所以就感動得哭出來。

其中有一位志工師姐，她的整個生命是非常難過的。她受到其他志工同伴的排斥，常常被無理使喚、指責、辱罵，卻又不敢反抗，就只能悶在心裡，所以她的身體非常僵硬。

當我們幫她做「大愛手」，讓她的身體放鬆以後，她便開始嚎啕大哭。其實，她並不純粹只是身體緊繃，她「身體情緒」的那個部分也是凝結了的，而這種「凝結」對她而言是很苦的。平時，當人們用宗教語言去安慰及鼓勵她時，她都會笑笑地回應，其實那宗教的話語反而造成她的另一層壓力，讓她更加地壓抑自己。我們這些讀書人常常會有一種怪現象，就是喜歡通過腦袋去抒通問題，可是當想要尋找「意義」時，腦袋的思考就不見得能通了。就像這位志工師姐，她覺得自己在慈善團體當志工很有意義，可是這「意義」對她來講是被硬掰出來的。

師姐的生活非常地艱苦，她必須肩負背叛她的丈夫對家庭的責任。她有一個罹患精神病的兒子需要照顧，常常必須從醫院匆匆忙忙趕回去做飯，然後再趕回醫院繼續當志工。她常開著一部很破舊的客貨車，載了許多鍋碗瓢盆去當「香積組」的志工[3]，有時候還會載著坐輪椅的病人到處去玩，她總是很堅強地承擔生活中的一切事物。在為別人做這些事情的時候，她有「感心」的感覺，可是她的「感心」只在腦袋裡感受到，卻沒有進入到她的「心」。也就是說，她的「心」是荒蕪的，她的身體因此就像是一片沙漠般，當「大愛手」撫摸她的背部時，她覺得怎麼會有人這麼溫柔對待自己，於是感覺到自己的身體突然產生了一種舒活，她的一片「荒蕪」，便瞬間像是天降甘霖，讓她油然生起想哭的情緒。

其實，「大愛手」或「靈氣」是否真有其事，根本無所謂，我所在乎的是那一份真誠心。當有人在他冥想的境界裡，非常專心地幫你做「大愛手」的時候，你是會有所感觸的。

我曾經看過一部影片，其中有一幕場景讓我非常感動。有一對姊妹在經歷一場大悲劇之後，姊姊親密地擁抱著小妹妹躺在床上。看他們的神態，你會感覺他們的肌膚是完全沒有防備地接觸在一起，像極了兩三歲的嬰兒與媽媽的接觸。當時我剛好在寫「身體情緒」，看到這樣的情景，我就像是被電到般觸動：竟是如此深切而充滿了「身體感」的接觸！顯然，這似乎是兩姊妹經歷的那場大悲劇所帶來的深刻，彼此在痛苦之中，不是用語言互相安慰，而是「來，我們姊妹倆依靠在一起」，而且是「我不抵抗，就像是嬰兒對媽媽及媽媽對嬰兒般沒有防備」。這時我才體會到：人在出世以後最開始學習的東西，原來就是「身體情緒」，因為當時還不懂語言。等到學會說話了，我們才慢慢使用話語來代替我們的「身體感」，而忽略甚至遺忘了我們會講話以前的感覺。

體物入微

「身體感」所涉及的範圍很大。像余舜德[4]在研究「身體感」時，他就是研究「身體感」的舒適。譬如，他研究自古以來人類所發明的各種椅子，像太師椅、貴妃椅、扶手椅、搖擺椅、沙發椅等等，每一種椅子坐上去的感覺都不一樣，他就是用「身體感」去感受「物」對身體的作用。也就是說，他是從「物」的觀點切入，用「體物入微」來談「身體感」。可是，我暫時不考慮用「物」來談「身體感」，我先考慮「體位」訊號的出現，譬如「觸摸」、或是聲音、或是味道，譬如芳香療法等。

以心冥境 5

從中國文人的詩詞中，我們不難發現，他們在很早以前就已經體會到「身體感」這件事。他們欣賞風景就像描述美人，可以從她的一顰一笑中勾勒出各樣的體態與情感，千變萬化。他們談到瀑布，飛泉淙淙，整片大地被形容成是琉璃海。又譬如「聽泉」，他們這麼說：「……那玉泉，如濺珠般地直往下沖……突然碰到了一段石塊，便開始旋轉……再翻轉而下……突然落地，發出了『啪啦……啪啦……』的聲響……。剛開始聽泉水時，心浮氣燥，耳根與泉水聲不能融合……見那山谷中的飛鳥，聽那風聲的呼叫，感覺非常地紊亂……可是，當沉靜片刻以後，開始數息……眼皮也慢慢沉了下來……縮吾識（把視覺等感官知覺收起來）……返吾聽（開始用心去聽）……萬緣盡（世間的紛擾都消盡）……這時，慢慢地……慢慢地再去聆聽泉水的聲音……那聲音就像是松木裂開……又像是翠玉觸地……有時又覺得像雷霆之勢。當心神慢慢安定下來，整個泉水的聲音就在面前升起……升起……升起……那泉水的聲音雖大，卻已浸入我的心……然後，我開始感覺到泉水的冰涼……坐在瀑布旁感受水珠的寒意……寒意慢慢擴散開來……泠然潛入我的肺裡……」[6]

也就是說，當你在聽那泉水的聲音時，你同時也感覺泉水在洗滌你的身體，洗淨了你所有的塵垢，讓你忘掉自己的身世與生死，眾生雖喧嘩，你的心神卻是越安靜。你看，他們所講的，不就是「身體情緒」的豐盛嗎？

半物[7]

在中國文化的範疇裡，我們把意境之類的東西歸屬於美學。

其實，「身體情緒」是可以被放在心理健康的領域，用以幫助他人解除心靈上的痛苦。你可以藉由引導他人去「聽泉」、或在瀑布旁打坐、或甚至是在森林中跳舞，直接讓他的身體與身旁事物發生作用。也就是說，「身體感」的產生，是在你的身體內本來就屬於你自己的那一部分，加上了外界的東西而形成的，那外在的就被稱為「半物」，而不是全然的物。譬如說，「風」並不都叫「風」，只有你感覺到的「風」才是「風」；「瀑布」也不都叫「瀑布」，只有當你看到、感覺到，並與它產生互動時，那才是「瀑布」，才是一個「全物」。

因此，外在的東西只是「物」的一半，而另外的一半就在你自己。所以，你要訓練你的身體去迎接它，否則那「物」跟你就沒有關係了。也就是說，你的身體要能產生一種「身體技術」去迎納那個「物」。譬如上述的「以心冥境」，它所使用的「身體技術」就是「縮吾識、放下身心、靜聽……」。當一個人這麼做的時候，你可以想像，在他旁邊有飛瀑、有山林、有泉水，他就安靜地坐在那裡，然後身體的感覺便開始發生變化。

類似的例子有很多，譬如「洗硯台」。在古時候的中國，因為每天都要書寫，所以清洗硯台是一件很重要的事。通常，匆忙的人都會讓家裡的書僮去做這件事。可是，有「書聖」之稱的中國東晉書法家王羲之，一定要親自洗硯台。為什麼？因為，他想直接感受硯台與身體之間的接觸。有些人會拿著硯台，愛不釋手地摸，因為硯台有一種很細緻的質地，書寫的人如果用心去揣摩它，就會在他的手與筆、心與墨之間產生一種感覺。所以，當王羲之在研墨的時候，他其實也是在等待油墨的濃度，他是用身體去感覺他所要的濃度。

我很不喜歡我們小時候所用的那種三流的塑膠硯台，以及那種台幣兩塊半的磨墨條。那一磨下去便發出「唏涮……唏涮……」的聲音，讓人還沒開始寫字就已經是心浮氣躁了。後來有一天，一戶有錢人家從香港帶回一個硯台，我就去替他磨墨。嘩！那種「骨溜……骨溜……」的感覺，質地那麼細緻，讓人感覺真是好啊！

譬如「聽濤」。我們在醫院的心蓮病房當志工的時候，常常會載病人到七星潭。他們都很喜歡待在消波堤的地方，當海浪湧上來又消退時，會有海濤的聲音。那些病人坐在輪椅上，常常一聽就是半個多小時，都不講話。

除此之外，還有很多其他的，譬如「聞香」、「試茶」、「鼓琴」、「校對」、「候月」（等待賞月）、「聽雨」、「澆花」、「經行」、「釣魚」、「禮佛」、「品酒」、「看山」、「刻竹」等等，這些都是生活中可以讓人感到舒適的「身體技術」。

心：身體流動中的內在生命

W同學：老師，請問這裡所講的「心」，所指的是什麼層面？[8]

余老師：我們身體最外面的一層就是器官的活動，譬如胃痛、心跳等。如果越過器官，綜合器官的反應，那就是一種身體的感覺。這身體的感覺，其實是已被轉成了一種感受性的東西，而這種感受性的東西在我們的解釋裡，它就是「心」。

「心」，是中國人想去感受內在生命的一個用詞。凡是內在生命或生命感的東西，他們就會用「心」這個字來說，譬如「感心」。「感心」就是說，我做了一個全心全意的奉獻，我感動到心裡面，它是一種前認識（認識之前）的意識。

「心」本身常有一個標註的現象出現。所謂標註是指：我會把它當成是什麼（what）。所以，當標註了以後，其實就是讓「心」有個踏腳石。譬如「聽泉」，它基本上是不被標註的，可是當你用「心」去標註它的時候，它就會慢慢地浮現出某種意象來。譬如說，當你在跟某人談話時，你有一種如沐春風的感覺，你開始對這種感覺感到陶陶然，這是身體在流動中的狀態。然後你突然覺得，這就是媽媽對待你的感覺，於是你便將那「陶陶然」，標註成被媽媽照顧的感覺。當這感覺被標註了以後，它會去收攏你身體上流動性的東西，把它歸類成已被標註的論點。譬如，你覺得跟他就像跟家人一樣，那「家人」就是被標註進去的東西。當標註出現了以後，每當想到他時，你通常就會用標註去想他。

所謂「標註」，是指標註身體中流動的情感。這些流動中的情感在還沒被標註以前，屬於一種「自我體證」與「自我感觸」的狀態。一旦你做了「標註」，你的位子就跑到了這「標註」來。

如果從「標註」的狀態再返回原來的位子，就叫做「召喚」。「召喚」的意思是：我看到了這些「標註」的東西，它們讓我依循著那些「標註」的意義，往我的身體去尋找那些我曾經有過的東西。這也就是所謂的「現象學描述」。換句話說，「現象學描述」就是把概念的語言還原到現象的本身，也就是把抽象化降低到具體的現象來，讓它返回「自我體證」與「自我感觸」的狀態中。

基本上，有很多「身體情緒」的東西，在還沒變成語言之前就已經消失了。譬如，我們很喜歡讓媽媽拍背哄睡覺，一旦拍到某種舒適的程度時，連跟媽媽道晚安或說聲謝謝都來不及就睡著了，根本沒有機會進入語言去作用。這就顯示了「身體情緒」有一種「直下當前」的特性。

身體技術：《坐忘論》[9]與心齋法

「身體情緒」可以說就是身體的養生道，發展「身體情緒」的「身體技術」也是多方面的。像中國的《道藏》[10]就是「身體技術」的大全，如果要談「身體技術」，我們是無法越過道家的。譬如，司馬承禎[11]就寫了一篇《坐忘論》，提到了七個階段。第一是「信敬」，第二是「斷緣」，第三是「收心」，第四是「簡事」，第五是「真觀」（就是要去發現你身體的真實），第六是「泰定」，第七是「得道」（指你獲得了比較完整的「身體情緒」）。

Z同學：老師，如果以您這樣的現象學脈絡，您會怎麼詮釋「道」這個字？

余老師：「道」就是「身體技術」的總和。如果你把《老子道德經》的「道」，認為是宇宙萬物的「道」，那對我們來講就太沉重了。你每天在那裡觀星象觀宇宙，你以為你觀的星象是真的，其實那只是你身體的宇宙感，到頭來還是不能到達你的身體空間來。「坐忘論」是一個有方向性的「身體情緒」，它要你「坐忘」，忘掉自己及平時習慣的種種、忘掉這世間他人對你的毀謗與讚美。當這一切的意念都消失掉了以後，接下來就要「收心」，就要「簡事」。也就是說，碰到了事情不再去勾連，讓它變得簡單，簡單了之後，就不能在這個世界上作用，世界就不要他，他也不會要世界，然後就會慢慢地離開世界。在這樣的情況之下，你才會開始在你的身體裡獲得真知識。我們的身體是個大他者（Other），我們不知道它到底是什麼，我們以前根本不碰它，可是現在卻轉變成「我不認識你，可是我要挺你」。

莊子的「心齋法」[12]與「坐忘論」時常被結合在一起講。

莊子的「坐忘論」說：「墮肢體，黜聰明，離形去智，同于大通，是謂坐忘。」

當我們說某人長得漂亮、帥，或婀娜多姿時，這些都是屬於外形；可是如果我說，某人的聖潔、溫厚，或樸素讓我很感佩，這些就不是看得到的外形，而是必須應用你的「身體情緒」去感覺的。

這「同于大通」的「大通」，是「無人稱的存有」[13]（impersonal being）。我們會有「無人稱的存有」嗎？當然有，譬如我們心中的那一點良心與靈犀。「無人稱存有」所構成的主體，會是一個生命感很豐盛的主體。那些已經結婚幾十年還能夠互相廝守的夫妻，都是靠「無人稱存有」。如果是以「形」為主的，就是「有人稱的存有」（personal being），這樣的人在判斷事物時，有時會產生很不好的結果。有些諮商者為他人做婚姻輔導講的話，讓人聽了很難過。譬如他們會勸人家去美容、做漂亮的頭髮、買怎樣的衣服，或是去抽脂減肥等等，來取悅丈夫。可是，我們也看過很多人，身材並不好，人也長得不好看，丈夫卻非常愛他們呀。

有一次我到一家飯館去吃飯，隔壁桌有一位女士跟她的朋友，我對他們點的菜感到好奇，便向她詢問。那位女士長得並不好看，身材胖胖地，可是她卻露出燦爛的笑容，為我介紹好吃的菜，飯後要離開時還特意過來跟我打招呼，問我好不好吃。我就覺得這位女士很親切，讓人很想跟她做朋友，因為她有一種特質在接近你，這就是所謂的「黜聰明」。這種聰明不是屬於腦袋的聰明，你要把你的耳朵和眼睛罷黜掉，不要用你的肉眼去看有形體的東西，不要用你的耳朵去聽你認為悅耳的聲音，而是用心聽。用心聽就叫做「諦聽」，它可以到達甚至像頌缽這種沒有音調節奏的聲音，都可以讓人感到很悅耳。

有很多很好的聲音是要從「諦聽」裡去聽的，譬如媽媽給嬰兒唱的娃娃歌〈一暝大一吋〉。大部分的台灣人聽到〈一暝大一吋〉時是會很感動的，它沒有個人的形象，而是讓人馬上感覺到那是一首撫慰者在唱的歌。所以，你並不是用耳朵去聽進天下美妙的音樂，也不是用眼睛去看遍美好的事物，你是在一種平凡而簡單的情況中看到很美好的事物，所以叫「黜」。

莊子的「心齋法」說：「若一志；無聽之以耳，而聽之以心；無聽之以心，而聽之以氣；聽止於耳，心止於符。氣也者，虛而待物者也，唯道集虛，虛者心齋也。」

我們可以把「唯道集虛」當作是「心齋法」的主體，「道」充滿了這個虛的主體，我們研究莊子的空虛主體，一般指的就是這個部分。

「氣也者，虛而待物者也」，意思就是說，事情從這邊過來，然後就過去了，它不停留。因此，既非「耳」也非「心」，這是一個很重要的觀念。這裡的「心」是指有標註的東西，耳是器官。「氣」的概念是超越器官的，它已經進入身體的整體性，而這身體的整體性又把它擴充到「虛而待物」，我們把「虛而待物」叫做身體的「人文空間」。你的存在如果還是在身體的層面，也就是日常生活的狀態，那你便要到這個「虛」來，你才是進入了真正的主體。因為它就來、它就去、它不留，所以它是一個空虛的主體。也因為是虛空的，所以它可以容下東西。

你們看，其實在這裡已經道出一個身體的技術了。

我們必須深刻地應用身體去體會這種哲學，才能進入所謂的養生之道。有人說他以前吃的都是白肉和紅肉，但現在吃的都是青菜，像這樣的養生，圖的只是能活久一點，這很庸俗，聽起來很悲哀。

迎納之道

「身體技術」是一種功夫。譬如，你如果要帶病人去菜園，你就必須先要有一些步驟，先把他「身體技術」的感覺慢慢地喚起來，而不是直接就把他帶去。有時候，可能到了菜圃卻不下去，只坐在一旁納涼，看蝴蝶飛舞，或稍微曬一下太陽，聽風吹拂，聽水流的聲音等等，就像剛才我們談到的「聽泉」一樣，先讓某些東西慢慢地進入到身體的內層來。

譬如說，當我在澆花時，只給它一百毫升的水，然後隔天看到它長高了一公分。我發現當我給它兩百毫升的水之後，它的根便會爛掉。我就是這樣慢慢地去體驗泥土和植物，與我的身體及感覺之間所發生的事。譬如種豆子，從選擇種子開始，我就用心地挑選晶瑩剔透、圓潤飽滿、乾燥度足夠的；接著我把它埋在土裡，每天給它一定濕度的水，讓它慢慢地、像在媽媽的子宮裡成長一般；然後我看到它慢慢地長出芽來；當嫩芽長出來，我看著它迎向陽光，甚至感覺到它對著陽光微笑；當微風輕輕吹過，我隔著距離看到它在點頭，好像在跟我打招呼。當我能夠這樣描述，我其實已把整個過程融入我身體的「人文空間」裡。唯有當身體的「人文空間」出現，才能體會療癒的感覺。

身體是一個場所，身體之外的東西要靠自己迎納進來，所以我們要訓練身體的「迎納」。

川端康城[14]寫了一本小說叫《山之音》[15]。書中有一段是描述主角大老遠搭火車到某寺廟去聽心靈的鐘聲。為什麼聽鐘聲要跑到現場去呢？從電視上不也一樣可以看到、聽到嗎？因為，他就是要把自己的整個身體浸沐在現場中。同樣的，有很多人會親自參加祭典，也是因為能夠全身投入，那確實會有療癒的作用。如果你對「迎納術」完全不懂的話，便只能看到事件的表象，而錯失掉許多深層的東西。

中國的《道藏》描述了許多有關「身體技術」的迎納方法，《坐忘論》只不過是其中的一個。可是，現代的心理健康都不談這種「迎納術」，它們都在談溝通。遇到婚姻觸礁、親子關係不好，都說是「溝通」上的問題。事實上，「溝通」只是其中的一個語言技術，它還不見得是「身體技術」。

生理本身就是一種約束，我們對它是一點辦法都沒有，所以才會發現「人文空間」的概念。基本上，「人文空間」讓人產生美感及對美感的認識，那是一個真正的自由空間。

（余老師結束上述有關「身體情緒」的談論，便請同學對今天的指定讀本《一片花海的聲音》報告閱讀心得。）

本書內容簡介：潔思敏．塔拉海，是個成功的癌症專科醫生。她懷孕後，才發現孩子的父親已不久於人世，但她仍堅強走出喪夫之痛，獨立扶養女兒。經常面對臨終病人的職業，讓她以為自己既瞭解死亡，也瞭解悲傷。與她相依為命的五歲女兒的意外死亡，帶給潔思敏莫大的打擊。她發現，以往自己給病人家屬的安慰，對自己完全起不了作用；好友與男友的愛與關心，亦無法撫慰自己的傷痛。因此，她買了一張環球的機票，逃離充滿傷心記憶的西雅圖，踏上療傷的旅程。

在旅途中，潔思敏持續寫信給三個已經不在人世的摯愛：伊朗的奶奶、女兒艾芮雅，以及亡夫賈斯汀；也寫信給她的好友點點與男友亞歷山大。她在信裡回憶過往，也敘述這趟旅行的種種經歷。這本書深切刻劃出親情之愛的偉大與沉重、人生之路的順遂與無常、生命之覺的光明與希望，宛如徜徉在花海中，聆聽大地的聲音，身心都得到舒緩與解放。[16]

我們為什麼需要「小說」？

因為「小說」有能力破除遮蔽，所以它是很真實的。當然，不是所有的小說都可以破除遮蔽。「小說」是個虛擬的空間，「虛擬空間」與「人文空間」一樣，可以在裡面做各種試探，所以基本上它也是一個自由的空間。

不過，「小說」需要語言來發生作用，所以它本身必須要有很多被剪斷成一節一節的「鏈條」。意思就是說，如果你把人世間看成是一條鎖鏈，譬如，婚姻是鎖鏈的一節、工作是一節、親子關係是一節等等，那「小說」就是唯一能把這「鏈條」一節一節剪掉的技藝。當「鏈條」被剪掉了以後，它才能讓你看到一種全新的組合。

舉個例子，當我在學做菜的時候，我從不敢嚐試老師沒教過的菜，一定把老師所教的步驟牢牢記住，就像是一條環環相扣的鏈條，這樣做非常地痛苦，做菜已經不是廚藝，而是變成了「廚技」。直到有一天，我突然領悟到，我也可以把這個東西跟那個東西放在一起炒，而且我也滿喜歡炒出來的新味道。譬如，我用大蒜炒洋蔥，這對台灣人來講是不可思議的，可是一旦我實驗成功，它就是一種藝術了。可是，如果我們還在現實的鎖鏈中，那就永遠只能煮家鄉菜了。因此，唯有當鏈條斷掉了以後，才可能出現成功的新事物。

在我看來，「鏈條」的概念跟小說的技巧是沒有兩樣的。有的人只寫幾句話，就可以把小說中的某一件事講得淋漓盡致。也有人寫了大半天，你還是不知道他要講什麼，這種就不能叫小說。因此，說教的、指導性的、哲學的等等，都不能算是「小說」。所有的好小說都會把現實的邏輯切斷。

那麼，小說跟「轉化」又有什麼關係呢？

你沒有辦法帶著現實的「鏈條」去轉化，你必須先把它切斷，才能去追求「自由空間」，這就是小說讓我們欣賞的地方。除此之外，小說談的永遠是非常具體的東西，而且是一步接著一步地走。

什麼是「假小說」呢？「假小說」就是無病呻吟、胡亂猜想的，就好像我們的連續劇一樣，搞不清楚某個角色怎麼突然就變成了壞人，沒有一個實質的理由來支持他的轉變。小說的美是因為它有能力提供每一個細節重新結合的新元素。如果你已經不愛看小說了，那我很抱歉地告訴你，你的大腦已經僵化到快進棺材了。

《一片花海的聲音》這本小說裡的每一封信都是一朵花，表面上作者是在跟男朋友、死去的女兒，或死去的丈夫說話，而實際上那都是裁剪現實、重新編織而成的美麗花朵，這就是作者厲害的地方。

好，下堂課我們要討論王鎮華的《明珠在懷》，這是一本在市面上看不到也買不到的書。

註釋

1 參考第十講〈身體情緒I與《流浪者之歌》〉註釋4。

2 請參考第十講〈身體情緒I與《流浪者之歌》〉註釋7。

3 宗教慈善團體在辦活動時，提供餐點及茶水服務的志工。

4 余舜德，中央研究院民族學研究所副研究員。編著有《體物入微：物與身體感的研究》（2008），台灣：清華大學。

5 余老師在談到身體感時，引用晚明的性靈小品與當時文人的時代感受。心性體認、文學觀念與處世態度密切結合，可視為晚明時代精神的表徵。

6 余老師解說的這段文字，出自晚明袁中道的〈爽籟亭記〉首段：「玉泉初如濺珠，注為修泉；至此忽有大石橫峙，去地丈餘，郵泉而下，忽落地作大聲，聞數里。予來山中，常愛聽之。泉畔有石，可敷蒲，至則趺坐終日。其初至也，氣浮意囂，耳與泉不深入，風柯谷鳥，猶得而亂之。及瞑而息焉，收吾視，返吾聽，萬緣俱卻，嗒焉喪偶，而後泉之變態百出。初如哀松碎玉，已如鵾絃鐵撥，已如疾雷震霆，搖盪川岳，故予神愈靜，則泉愈喧也。泉之喧者，入吾耳而注吾心，蕭然泠然，浣濯肺腑，疏瀹塵垢，灑灑乎忘身世而一死生，故泉愈喧，則吾神愈靜也。」參考資料：http://www.tonyhuang39.com/page/cc832.html

7 關於「半物」（half thing）的概念，請參考第二講〈條件性的轉變：《最後的演講》〉註釋8。

8 指前述余德慧老師提出的「以心冥境」中的「心」字。

9 司馬承禎的《坐忘論》，收錄於：《全唐文》，卷○九二四。

10 《道藏》是一部匯集收藏大量道教經典及相關書籍的大叢書，它按照一定的編纂意圖、收集範圍和組織結構，將許多道教經典（包括周秦以下道家子書）編排起來。資料來源：http://zh.daoinfo.org/w/index.php?title=%E9%81%93%E8%97%8F&variant=zh-tw（道教文化資料庫）。

11 司馬承禎（647－735），唐代著名道士。司馬承禎的理論不但自成系統，為唐代、宋代道教的興盛和發展奠下了基石，而且對宋元內丹學、宋明理學的形成，都有重大的影響。資料來源：http://zh.daoinfo.org/w/index.php?title=%E5%8F%B8%E9%A6%AC%E6%89%BF%E7%A6%8E&variant=zh-tw（道教文化資料庫）。

12 節選自《莊子・內篇》〈人間世〉，其中心是討論處世之道，既表述了莊子所主張的處人與自處的人生態度，也揭示出莊子處世的哲學觀點。資料來源：http://www.gushiwen.org/GuShiWen_5539effcce.aspx（古詩文網）。

13 關於無人稱的內在性，請參考 Gilles Deleuze (2005), *Pure Immanence: Essays on A Life*, with an introduction by John Rajchman, trans, Anne Boyman, New York: Zone Books；以及余德慧（2012），〈轉向臨終者主體樣態：臨終啟悟的可能〉，《哲學與文化》，四百六十三期，pp.17-40。

14 川端康成（1899－1972），世界知名的日本新感覺派作家。一九六八年獲得諾貝爾文學獎，是首位得到該獎的日本人，著有《雪國》、《千羽鶴》、《古都》等書。

15 川端康成（2016），《山之音》，葉渭渠譯，台北：木馬文化。

16 資料來源：本書封底折口簡介。

第十三講．實存的力道：《明珠在懷》

開悟的人只會做一件事情，就是徹底的行動。為什麼要開悟？因為開悟才能貫注「實存」的力道。你到底有沒有力道讓「它」在你的心中實存？如果沒有這個力道，那「它」對你來講就是一個幻覺，……等於是「不該看的看」、「不該聽的聽」，不管你再怎麼去想像，對你都是無效的。在這種情況下，你需要有方法去解除困境，否則你會保持在無效的地獄裡，而被麻痺了。

本書介紹：《明珠在懷》兩冊，是由王鎮華老師自行印製、未委託出版社出版的書，目前市面上已難尋覓。本書序言中，王鎮華自述本書是「一生堅持走成長的路，由求知外逐，回到人的真實生活。隨著生活的開展，慢慢凝聚成『明珠在懷』演講稿」。本書並未提供書本簡介，而該書的思想亦不易簡單掌握。然而一個線索是，兩冊《明珠在懷》出版年月相差多年，卻用上相同一篇序言，推測這可能是作者滿意的版本，故以下從五頁序言中擷取出可提綱挈領的段落，作為書本簡介：

心神（明珠）在哪裡？四句話：

私心自用：是小我；受知識、經驗、時代、環境等侷限的我。

不用只照：是大我；在無我時呈現的覺，就是祂（法身）。

起心動念：當下作意的我（化身）。

血肉之軀：身體的我；負荷著心神，但作意行為被回報的是身（報身）。

心神是頓法：每個當下，說回神，就回神。陸象山說：「一念警策，便與天地相似。」

事體是漸法：三迴九轉，退中有進。

編按：余老師在本課堂一開始時，先請曾經跟隨王鎮華[1]老師學習的Z同學，就其對王老師的了解，向大家簡單作介紹。隨後，余老師讓大家互相表達對本書的看法，再慢慢地引導大家去探討何謂「實存主義」[2]。

本堂課中，同學的報告和發問討論佔據了很多時間，但可摘錄出來的東西卻不多，故而篇幅較少。

Z同學：我個人認為，王老師與一般的學者很不一樣，所以無法將他作為一個對象來看，也沒有辦法進一步去說他是怎樣的人。他是一位讓人有感覺的老師，是在平實中建築不平凡的那種人。所謂字如其人，如果要看他的東西，就得看他親筆寫下的字體，然而透過印刷的字體不容易感覺到他的人格魅力。論學問，他不可能講得太精細，可是如果論實踐，他是那種知道一分卻要做足十分的人。

王老師雖然已經六十幾歲，可是從他的眼睛還是看得出他保有一顆赤子之心，又清又亮的。《明珠在懷》這本書的封面是一個智障小孩的相片，那是他學生的孩子。小孩的面容是那麼乾淨，他從這小孩的身上看到了讓他非常慎重以對的部分。

王老師所講的東西很精簡，最重要的是「主」跟「體」這兩個字。他把「主」跟「體」分開來講，各自賦予它們一個新的意象，我們不可能從字典去查出它們的意思，也不可能用我們的脈絡去理解它。

因為王老師不是學者，他是一個行者，所以寫出來的東西就比較接近語錄型。

實存的力道

余老師：王老師開悟的起點，關鍵是在「心神」與「清明」，指的就是在你的意識還沒造作、還未進行太多的區分判斷之前的狀態。他的意思是說，如果你把這種狀態變成你的主體，就像《明珠在懷》封面那個小孩的面容，你就會流露出你的「真」。然後，它會形成一種「自」，這個「自」並不是指你的意志力或堅忍之類的東西，它倒有點像是早期的學者所認為的，有一種不該被發展卻被發展的東西。這不該被發展的東西，就是人們對萬事萬物的分門別類，以及把自己安置在某一個位子上的定位，也就是我們在術語上所講的「個體化」的部分。也就是說，王老師所採用的方法是往「非個體化」走，而且是要很清明地走，不能糊里糊塗、混混沌沌地。所以，你可不可能在不往自己的「個體化」走的情況下，卻又能處在一個很清明的狀態，來成為你存在的一個根本的基礎？如果是這樣，那這根本基礎就是一個自然的體系了。那麼，這個自然的體系，它有沒有可能本來就是存在的，只是後來人們開悟了，才看見它？

其實，王老師所表達的是一種「實存主義」的狀態，「實存」本身就是他的框架。所有的儒家學者都有一個共同點，那就是「實存論」，也就是一定要在自己內心給予那顆明珠極大肯定。可是，「實存論」在現代的想法裡，卻是個非常可疑的東西，只是人們還不知道該怎麼去表達那個可疑。那麼，王老師的「實存」有沒有辦法也在你的心中「實存」呢？當我們談「轉化」的時候，必須要有一個「力道」才能發生。王老師的力道是毋庸置疑的，我想要問的是，這個力道在每一個人的身上是否也能成其力道、帶來作用？

Z同學：我覺得這似乎跟方法有關。「直心」對你來說或許很容易，可是對我而言卻很困難，我可能要走很多曲折路，最後才能實行它。所以，是否每個人都有適合自己的方法？我發現有許多人經過開悟的狂喜之後，習氣卻還在，根本沒斷乾淨，他的「覺」可能只是一個幻覺。

余老師：一般人的狀況跟王老師就是不一樣。王老師是個開悟的人，開悟的人只會做一件事情，就是徹底的行動。為什麼要開悟？因為開悟才能貫注他「實存」的力道。我所在乎的是，你到底有沒有力道讓「它」在你的心中實存？如果沒有這個力道，那「它」對你來講就是一個幻覺，否則便不是。

Z同學：老師的意思是說，如果我們聽的人本身的力道不夠，就算講的人本身沒問題，那也還是不行？

余老師：是的，那就等於是「不該看的看」、「不該聽的聽」，不管你再怎麼去想像，對你都是無效的。在這種情況下，你需要有方法去解除困境，否則你會保持在無效的地獄裡，而被麻痺了。譬如，你聽了佛陀的話語，心裡感到很奇妙、很歡喜，回去以後你仍繼續像往常般過日子，那就沒有問題；可是，如果你硬是要把那「奇妙、歡喜」的感覺珍貴起來，每天都要去把握它，要從那裡去得開悟，那你就像是中了毒。這時候，你就需要有一個方法來解你被麻痺的毒，那就是「實存主義」。

每個人自己的「壺」

人會在某種精神上開他自己的悟，譬如，王老師開的是他「實存」的悟，有的人開的是「解脫」的悟，而「解脫」的悟與「實存」的悟是完全不一樣的東西。

H同學：所以我們根本不應該預設一個立場，認為大家應該齊聚到同一個開悟的點，或者是把開悟當成是一種終極的影響？

余老師：對，那是不可能的事情，因為「開悟」所涉及的是多方面的東西，如果都要做到面面俱到，那這個人肯定一天也活不了，哈哈。因為他那渺小的人格會讓他承受不住，他最後可能只好去自殺。這就好像有一些想要當乩童的人，後來因為頂不住了，就用自殺來結束生命，而且自殺對他們來講是「真極樂」。

Z同學：那佛陀又是怎樣的情況呢？

余老師：我覺得佛陀基本上是一位覺者，他的「覺」讓他破除了苦行論，他的一通百通，讓他破除了當時印度教的門派與階級種姓的觀念，我指的是印度的社會與宗教制度，而不是指人的存在狀態。在這種情況之下，他通悟了印度這個大道，他的整個身心都在解脫自在的安樂中。然後，他便開始可以隨時隨地在任何大小事情上，向人們講解，他就是屬於這種人。中國的老子也是接近這種人，只是老子不像佛陀那樣主動對人說法，他是碰到人及有機會時才去談論。

所以，我們可以看出來，這世界上的每一個人都有自己的「壺」。也就是說，你可以突破的東西，不見得別人也能夠突破；你不能突破的，也不見得別人就過不去，因為每一個人所抱的「壺」都有它自己的結構，那就是你活在這個世間，讓自己完成某種身心狀態的結構。所以，你如果以為王老師已經是「明珠在握」（編按：呼應《明珠在懷》書名）了，你就想要去看他的東西，也期待自己能「明珠在握」，那你是不會看見明珠的。

你們有誰到了現在還在看別人的「壺」？你們有誰把別人的「壺」錯當成是自己的「壺」？或者有誰還沒找到自己的「壺」？

假設你的「壺」的形狀還沒有成形，那就叫做「土坯」。「土坯」的意思就是，在人們心裡的一些不成形的東西、靈感的東西、游離的東西等等。我常常看到有些人把自己的「土坯」弄成碎片，然後到處亂丟，或者有時貪婪地搶拾一些小碎片，弄得滿地狼藉，這樣你們聽得懂嗎？在大家的生活裡，每一個頭緒都是一個「土坯」的點，可是這些東西不能被聚攏回來，因為洞見是沒有靈性的。

E同學：我覺得王老師的每一個畫及文字都是他的一個「壺」。當我在看它們時，我的心裡會產生一些感覺，這些感覺或許就是所謂的「土坯」及小碎片之類的東西。也就是說，是王老師的「壺」，勾引了我內在的土碎片，讓我去感覺到它們，然後我再去把它們構造成我自己的「壺」，而我的「壺」與王老師的「壺」卻又是不一樣的「壺」。

余老師：E所講的比較接近我的意思。這個「壺」其實就是你的無盡藏，它不是用來認識的，而是用來「活」的。

我們會知道在自己的「壺」裡是怎麼一回事，像王老師他就知道，他只是在不同的時刻以各種不同的方式去講它。其實，在「壺」裡的東西是非常真實的，它能讓你很有活力、很活潑，可是你卻無法去描述它，因為它並不是一個刻意的東西，它根本就是無形的，而且它的無盡藏讓你永遠傾倒不完。

「實存」是一個「壺」，當那個東西被你真正開發出來的時候，「實存」也好「解脫」也罷，它就是一種無盡，它可以存活到死，讓人死而無憾。

Z同學：這跟莊子所講的鑿開七竅，然後七孔流血的那個開竅是一樣的意思嗎？

余老師：凡是被開竅的東西最後都會死掉，因為開始有了很明確的慾望及目的心。唯有那些混沌的、沒有臉容及五官的、沒有竅門的等等，才是不死的東西。

W同學：您說人不可能兩種「壺」一起開，為什麼？

余老師：「解脫」基本上是屬於另外的一個「壺」，它與「實在」是不一樣的，也就是說，「解脫」是「大否定」，而「實在」卻是「大肯定」。我不確定是否有一種超絕的「壺」，能夠同時是「大否定」與「大肯定」，至少我所看到的比較是走「解脫」的路。

有很多人無法整理自己的靈感，今天看了那個就依附過去，然後聽了這個就依附過來，後來又把之前的都忘掉了，根本無法了解彼此之間有什麼相關，我把他們的東西形容為散落滿地的「小土粒」。我在看博士生寫文獻探討時，就常常發現他們總是抱著一大堆的土粒，尤其那些越好的學校的學生，都是專門堆土粒的高手。所以我們常開玩笑說，在最好的學校教書的老師，根本可以不必再去讀文獻，因為學生都會去讀，然後再弄成土粒放在他們的報告裡。

王老師的「壺」是很高明的「實存」，往往一個沒有意思的東西，在他的筆觸之下就被點亮而活起來。

基本上，「實存」只是一個路徑，它一定會有某種片面性，但在人類自我轉化的現象中，它已經達到相當高的程度了，不過就精神存在的層面來講，其實只要有一個「壺」安在你的心裡面，能夠變成活活潑潑地，這樣就夠了。

好，我們今天就討論到這裡。

註釋

1 王鎮華，師承一代大儒愛新覺羅・毓鋆。他本是一流的古建築專家，在大學建築系任教十三年後辭去教職，並於一九九〇年創辦了私塾「德簡書院」，以民間教育方式，延續中國文化。王老師認為：人的主體生命與文化的主體生命，可以互為因果。人懂了主體、有了主體，才能善用理性、分析、概念、知識、言說、理論，乃至感性等等，也才不會隨他人而起落，終是別人附庸而已。資料來源：http://literature.taipei/%E9%81%8A%E6%AD%B7%E8%87%BA%E5%8C%97%E6%96%87%E5%AD%B8%E5%9C%B0%E5%9C%96?view=tourmap&id=38（華文台北數位台北文學館）。

2 余德慧老師於他處曾詮釋王鎮華老師所提到的「無意識是真實的起點」，認為這是超越經驗論的立足點。參見余德慧（2014），《宗教療癒與生命超越經驗》，台北：心靈工坊。

第十四講・物的空間：《一個新世界》

「臨在」就是「放手」。由於「放手」這件事很難被講明白，所以在宗教界就用「臨在」來說它。

「修行」就是「放手」的意思。人如果是懷著目的去修行，便會擠壓了「內在的空間」，而永遠不能達到修行的境界。「放手」這個動作很可怕，所以修行人時常會有毛骨悚然的情況。可是，當那毛骨悚然的情境過去了，接下來，一旦他發現了他的「內在空間」，很多事情就進去了。

《一個新世界：喚醒內在的力量》[1]書本簡介：作者在全世界授課、演講，累積了許多寶貴的教學經驗。在書中，他列舉了很多個人的經歷、故事和其他的軼聞、禪宗的公案等，以簡明的言辭，搭配十分實際的修煉方法，引導讀者從內在省思自我，認清小我的真面貌。他教導我們從小我中解放出來，不再受困於虛幻自我以及外在形相世界的認同，擺脫對無常的恐懼，擁抱真正的快樂，進而提升自我意識，獲得真正的內在自由，喚醒人生的目標，達到一個更美好的人生。[2]

編按：余老師在H同學導讀課堂文本後，提出以下關鍵的概念區別。

「語言空間」與「物的空間」

余老師：我們往往會把語言的指稱當成是存有，所以當我們「指稱」了之後，就認為是掌握了它。這一點是你們在觀念上必須要先破除的。

「物」的名和「物」本身有什麼區別？譬如「王小明」這個名字跟王小明這個人本身

有什麼區別？「物」並不是「物」的名稱，所以王小明本身不是「王小明」這個名稱，因為當「王小明」的名字在學校註冊了以後，學校就操控了他的註冊資料，如出生日期、畢業的學校、性別等等。可是這些被名字所指稱出來的資料，並不等於王小明本身，為什麼？

第二個觀點是：「物」的名不等於「物」的表面。「物」的名一定要有它自己的名字空間，而這空間是屬於語言的、符號的，或是硬體的空間。硬體空間並不等於「物自身」，因為「物」本身的空間是在「物」的空間裡，它不在「意指」的空間裡。

我這樣說你們可以區別了嗎？你們要能夠區別，才是入門的第一步。入門的第二步是：「意指空間」與「物的空間」它們各自所依據的是什麼？那是兩個非常不一樣卻很有意思的邏輯空間。你們想想看，這兩種空間有什麼不一樣？在你們的日常生活中，是否曾經體驗過在「物空間」裡的東西？

H同學：或者是，我喝了一杯熱騰騰的豆漿，豆漿的甜度多一點或少一點，我都可以用語言去訴說，可是無論我怎樣去把那個現象還原出來，終究是抵不過那個熱騰騰通過我的食道跟味覺時的感受，那是無論如何都無法被代替的東西。

余老師：H提到的是一個正確的例子，那「喝熱豆漿感受」裡的「物空間」是比較有行動性，譬如：有熱度、能量、力道、味道，以及看得到冒煙。

「語言空間」的差異是因相對性而產生的。也就是說，當語言在講出的時候，它同時也正當了其語意上的另一種差異，譬如當提到「實際」時，我們就會想到「不實際」或「空虛」。那麼，「語言空間」的差異與「物空間」的差異，又有什麼不一樣？

在「物空間」的「力量」這個東西，在我們還沒有體驗到它的時候，它其實就是一個他者。通常，「力量」本身的存在，不管是宇宙的、人工的，或是任何其他的，基本上是無法被規定的。而且，它在一開始就給你一個絕對值，完全不會有任何與其相對而產生的存在，就好像有一塊石頭打在你的頭上，該有多少力道就是多少力道。

「力量」的力道就只有差異，力道就是因差異而產生的，但是那種差異跟語言的概念差異是完全不一樣的。你不要以個人的體驗當作是全部的基礎，還是要有點客觀性，就像康德[3]所講的「物自身」（object itself）[4]，意思就是說：「物」是我完全不知道的東西。

語言的意指鍊

「物自身」的這個「物」，是要通過「碰觸」去感知到它的存在，在我沒有碰到它時，我是完全不知道的。而人本身的存在也是屬於「物自身」，所以人的存在也是一種透過體驗而出來的東西。對我來講，每一個人都是我所不知道的，我不知道你的未來、你的心臟，以及在你的腦袋裡瞬息萬變的東西等等。我所知道的只是與你有關的語言，譬如你的名字、你的標籤、曾經做過什麼事等等，可是這些東西並不能代表就是你本身。或許你會說，我們可以從語言的訴說去推論，譬如王小明在讀博士班，所以他是比較聰明的。真是這樣子的嗎？哈哈。這就叫做「見到影子就開槍」，這是思想錯誤的一個禁忌。你們有很多人在做學問時，都是像這樣「見到影子就開槍」。

「物」本身實存的邏輯，可以比任何意義都還豐富上千百倍。語言的豐富性只存在一個「意指鏈」的大海裡。像辭典就是一個「意指鏈」的大海。譬如「延」這個字，它就會出現延宕、延伸、延年、延期等等，不一樣的狀態意義就會有不同的名稱，這就叫做「意指」的綱目。一個「意指」不會只有單一的指向，譬如「延宕」和「延伸」就不一樣；「延宕」是時間上的拖長，而「延伸」可能是拉長。所以「延」就會出現許多的綱目，而且這些綱目也會連到它所指的意念；譬如「延平路」會被牽連到延平郡王，延平郡王就會被牽連到鄭成功、被牽連到台灣的開台歷史等等，於是形成了一大堆意義的「意指鏈」網絡。相較之下，「物的空間」卻是包含了所有一切可能出現的東西，無法透過聯想而得。

當你們這樣來區別「語言空間」與「物空間」的時候，大概就能了解到，大家平時都習慣用簡單的語言來代替複雜的「物自身」，這就叫做認賊作父。

「虛實」常常是我們用來把某些思想做一種定性的方法，只是「物」本身其實是不在乎「虛實」的。就好像在科幻小說裡所描述的：鼻子長到地面上、嘴巴裂得那麼開、頭頂上長有像天線般的東西等等，這裡面沒有一樣是真的，它只是一種「意指大海」的組合。可是，我們卻可以僅靠著這種組合就享受到內心的愉快，而這愉快也確實是存在的，所以「虛實」在「物空間」不是一個問題。

權力介於語言與物自身之間

Y同學：老師談到「認賊作父」，讓我想到「女性」這個語言符號，它就指涉了女性該有的樣子，否則在一般人的認知上就不能算是真正的女性。

余老師：你應該這麼說：因為「認賊作父」而讓很多不同樣態的女性，突然發現了自己的存在，哈哈。其實，無論女性或男性，他們本來就是多樣態的：有些女性是女皮男骨，也有些男性具有女性的傾向，這是因為在基因本身的作用裡，存在著很細微的差異。在這種情況之下，有人便想要擴充自己性別的符碼，以便感覺到自己的存在，事實上他是

「早就存在，卻不知道自己的存在」。可是，即使把女性創造成六個性或八個性都沒有用，因為那畢竟還是在「意指鏈」裡的範疇。

Y同學：語言符碼的出現，確實能讓人有所依附，它會讓我覺得自己是自然的，它因此幫助我感覺到自在。

余老師：這就是一種語言的權力空間。「權力」是介於「意指」與「物」之間，它不完全是「物」，也不全然是「意指」。就好像在一百多年前，由於封建權力的操作，唯有在某種意義下的女性才會去整容。現在也一樣，很多某種意義下的女性被放在權力的中心，他們有纖細的身材及漂亮的臉蛋，只要出來讓人拍拍照片就可以賺很多錢，可是就不會有人要去雇用身材肥胖的女生。所以，這基本上就是一種權力的鬥爭。

可是，如果以「物」的存在來說，其實男女性各有千百種樣態，只是沒有人會耐心地去描繪他自身。當有人作出了描述，呈現出另類的自我樣態時，大家就會爭相出來承認自己。也就是說，當敘說的空間及語言的權利被開發出來了以後，就可以在論述的空間佔有一個位子，來跟人家作戰。不過，那是屬於世界裡的事情，跟我們談修行的存有還是有一段距離。

Z同學：權力的關係是語言塑造出來的嗎？

余老師：不是，因為語言不能讓人生或讓人死，可是在權力的空間裡是可以讓人生不如死的。

Z同學：所以，是權力關係先出來，然後再操弄出一套語言？

余老師：通常是如此，這就叫做「為權力服務的巫覡」。

Z同學：有很多被催眠的人，他們是語言在先，然後才接收權力的關係？

余老師：對。

物的世界沒有善惡

「物自身」是不被理念所蒙蔽的。譬如說在政治上，「物」的本質就是勾結，而勾結就一定要有金錢的流通、利益的交換，因此「物」本身不可能被理念化。所以，當人們用理念來說明事物的時候，大部分都會失敗。這個世界就是充滿了一些食理念而不化的人，他們都患了「屈原」症候群，每天都在懷憂喪志，總覺得自己的偉大理念怎麼都無法成就。如果你現在也有這個症候群，你一定要自我反省，因為你還沒有確實地存在過。

「骯髒」不存在「物」的空間裡，它存在我們的理念裡，那是為了保護自己。因為，如果你感到自己全身上下都充滿了罪惡，你會活得很難過，所以你需要假裝自己是個聖人，這樣多少會感覺到光芒，這是在保持你的心理健康，哈哈。任何大奸大惡的人都一定會認為自己是無辜的，因為他們要保持自己的心理衛生嘛，哈哈。

理念不是用來跟從的，而是用來操縱、用來玩的，就好像有很多規矩也是拿來玩而不是拿來跟從的一樣。

「跟從規矩」與「操縱規矩」，哪一個是比較接近「物自身」？當然就是「操縱規矩」。

「跟從規矩」有幾種情況。有一種情況是：在我之上有一個力量，害得我不敢動彈；另一種是：如果我不跟從規矩，我可能會遭受到很大的處罰，我的結果可能會很糟糕，所以我就只好去跟從。可是，是誰設定了規矩的？我們在學校聽的是老師和學校的規矩、在上班的職場上要聽老闆及公司的規矩、結婚以後是聽家庭裡的規矩等等，而這些規矩，只要能夠不聽，我們便會馬上選擇不去聽。

在「物」的世界裡沒有善惡，這一點是可以確定的。你認為老虎咬死獵物是「惡」嗎？人因疾病而死亡是「惡」嗎？不是啊。

E同學：「物空間」，可能用語言或其他的方式把它給表達出來嗎？

余老師：很難，因為當你要表達時，需要有立場，而這立場立刻就是你內心的想法。

E同學：像Y同學提到的「女性」的非，她也是在表達那個「非」呀。

余老師：當Y的說一出來，Y的說本身就進入了權力。

Z同學：是一說出就進入了權力，還是權力的意識推動她這麼說？

余老師：權力這個東西，不管你要或不要都沒有辦法擺脫它，因為它的根本意義就是作用力跟反作用力的關係，有作用力就有反作用力。所以，你會知道「權力」，是因為你意識上知道。我祖母從沒讀過書，她對她的權力卻是很清楚的，這個東西是在生活的世界裡延伸，有就有，沒有就沒有。

Z同學：我如果不吃「權力」的那一套，是否就可以不用掉到那裡面去？

余老師：如果你不吃那一套，你不掉入那裡，你就會掉到這裡來（大家笑）。從「社會」抖出來的東西，常常是一出來就有了它的立場，就會被放到權力空間裡，不管你要或不要。

修行之路充滿謎團

可是修行人不在乎權力，權力對他們是沒有差異的。對掌權者而言，某些事情變成「有或沒有時的差別很大」，但修行人看事情則「有或沒有時的差別很小」。嘗過權力滋味的人，掌權時跟從權力中退下來的感覺會有很大的差異。可是對修行人來說，有或沒有權力根本沒有差別。今天聽說中共的政治人物去參訪某某禪寺，除了政治元素之外，我實在想不出這間禪寺還有別的東西。那造價不菲的建築、金碧輝煌的神殿、價值高昂的稀有植物等等，那像是個修行的場所嗎？當年的釋迦牟尼就是因為生活在這樣的場所，而拚命地想要逃離，今天你卻還把它重新再撿回來（大家笑）！對真正的修行人來說，茅草屋也好、草棚子也好、簡陋的民房也好，都沒有差別。真正的差異是在修行裡的關卡，可是卻沒有多少人能夠知道自己的關卡。

為什麼要談開悟？在佛經裡不斷告訴大家「三摩地」的禪定境界、涅槃、般若波羅蜜多等等，如果沒有這些東西，你根本無所依止，你會感到很茫然。

S同學：阿姜查[5]有很多西方的弟子，他們在還沒出家以前都是依賴迷幻藥過日子的嬉皮。可是當他們來到阿姜查那裡，發現透過禪修所獲得的喜悅，比他們吸食迷幻藥的感覺還強，所以他們就出家當和尚去了。

余老師：有一本書的作者，他提到自己曾在阿姜查那裡修行，每天經行、打坐好幾個小時，他領悟到宇宙大地跟自己是融合在一起的，覺得自己已經證到了所謂「真」的境界。結束修行以後，他回到美國。他在書中描述道：我懷著在叢林中修行的心境，踏著非常穩健的步伐，一步一步朝向我的住所。可是，當我進入洛克菲勒[6]的大廈時，當我開始跟人們談話溝通，我發現自己完全無法控制內心的憤怒。特別是當我結婚後，天天與太太爭吵，我突然發現，我在阿姜查那裡的所有境界都破功了。（大家笑）

我並不是要否定這位作者，而是在告訴你：修行是「你終於找到了一個地方，讓你的身心在那裡活下來，然後你便成就了那種『活』的狀態。」當你移居到別處時，雖然有著乾淨的流水及美好的陽光，可是那種「活」的狀態已經不見了，你所看到的只有人類文明所造成的烏煙瘴氣。所以，到底什麼是「修行」？修行到底是在修什麼？

「修行」充滿著迷團。有許多宗教門派都假裝自己知道答案，可是他們所知道的後來都被一一地擊破。修道一定會有它本身的次第，就像張良維[7]老師的身體修煉，就是慢慢呈現出一些現象，不斷啟發身體的極限，你永遠無法知道是否已經到達終點，可是當你抵達時，它自然就會冒出來。所以，修行是一種水到渠成的事情，也就是說「到就到，沒到就沒到，沒到時再怎麼講都沒有用」。可是難就難在，這條修行之路該怎麼走？

修行：成為我的「不是」

人在苦難中常常會從語言去找出路。譬如，有一個很不幸的人，他的太太被車撞死、太太肚子裡的胎兒也救不活、父母接著又得到癌症等等，一連串的不幸，讓他不知道該怎麼辦。後來他只好將這一切的惡運，歸因到「魔考」上（魔鬼的考驗），然後他就定心了。他認為終有一天，神明會給他考驗後的成果，於是他就抱著這個希望，繼續去做善事。不管他最後是否有得到神明的善報，當有這條路可走時，他就緊緊地抱著它走，這對他來說其實就是一條出路。

我提出這個例子是為了說明：「修行」其實是人朝向他的「不是」。當我看到我在修行的時候，會產生異己性，我的「是」會變成我的「不是」。那麼，什麼叫作人的「不是」呢？譬如，葷的食物會讓我感到噁心，這就是我的「是」，而「吃葷食」就是我的「不是」。也就是說，你會變成「不是自己」的「異己者」。很奇怪吧？這一點跟我們中國人所強調的「安身立命」剛好相反。「安身立命」是要創造一個屬於自己的堡壘，把所有的價值、信念、奉獻都放在這堡壘裡扎根，它是一個非常安詳與舒適的基地。

宗教界談到很多「合一」的事情，譬如眾生皆有佛性、要與上帝同在等等。這是一種

「同一性」，是修行的進入。可是「異己性」卻必須把自己變成自己的「不是」，這是什麼意思呢？

修行的層面不在形象，而是在比形象更破碎的地方，所以你無法從人的樣子去找到修行者，因為修行不是你「認得」或「不認得」，而是「是」與「不是」，這才叫做「轉化」。

Z同學：如果修行是把自我的存有再加強，那其實只是一種累積，那樣的累積讓你以為自己已有改變，事實上卻沒有。《一個新世界》這本書提到了「臨在」，這是在修行時，你自身的一種狀態。讓自己保持在開放的狀態，當有什麼事情發生時，你就去覺知它。在這樣的情況之下，常常會有你所不認識的，或者是出乎意料之外的東西跑進來。這就等於是你提供了一個機會，讓你自己被撞到之後，發生改變。

余老師：Z所講的非常像是在「物空間」裡的情況。在「物的空間」裡，東西在撞進來之前我是完全不知道的。如果是這麼講，那就有很多人根本不知道什麼是「修行」了，因為那個層面已經不是「我要做什麼」，而是「我隨時要能開放」，可是你開放得了嗎？人家隨便說你幾句你可能就受不了了，你還能怎麼開放？

救世者可能與修行無涉

M同學：如果上人[8]朝向了她的「不是」，那她在朝向以前是什麼樣？

余老師：你假定上人就是修行僧了嗎？偉大的僧人並不見得就是修行僧。越是偉大的，其為修行僧的可能性就越不高；越是渺小的，就越有可能成為修行的僧人。

Z同學：如果是偉大的僧人，他們把「同一性」推到了極盡，而能夠與佛性及上帝完全合而為一，那他是否就是絕對的真善美，沒有絲毫的落失？

余老師：基本上，偉大的僧人都是偉大的救世主，可是修行本身是不救世的。有許多教主並沒有救世，像耶穌或釋迦牟尼，他們根本不理會當時的政治環境，甚至還比不上孔子遊說各國。我們在世界上所看到的偉大出家人或宗教家，他們基本上是救世，而不是修行。就像偉大的馬丁・路德・金[9]，他的私人品德是非常不堪入目的，可是他卻從未因此而不偉大，因為他參與一個救世的運動，改變了美國一整個族群的命運。所以，宗教的難就是難在討論「修行」這件事。修行的空間是一個很奇怪的世界，它是內在精神的極致，跟修道及修煉身體是同一奧妙的過程。

修行與尼采的「超人」

假如你發現自己得了癌症，這是不是一個極大的修煉？所以，修行人能不能夠哭哭啼啼的？當然可以，他是應該哭哭啼啼。你以為要從深淵翻轉出來有那麼容易呀？就像有一位癌症病人所講的，自從他罹患癌症進入治療以後，嘴巴的味道不對了、身體的形狀與感覺不對了、這也不對那也不對，百般都不是，真是哀鴻遍野，苦到了極點。

你們有抓到重點了嗎？對「修行」有一點感覺了嗎？

何謂「破繭而出」？當蠶繭一打開的時候，蠶蛾就沒有了自己所吐的蠶絲，它交配後會產卵，然後便死掉。所謂「破繭而出」就是死亡的意思。其實「修行」到了後來就是死亡，所以「修行」並沒有長生不老這件事。

Z同學：目前有許多的身體修行，像「太極導引」、李鳳山的「梅門氣功」等等，他們都在見證中說自己過去體弱多病，自從接觸這種身體的修行後就好轉了，同時呼籲大家來跟他學，這是否是一個手段？

余老師：這裡面的確是有一個能讓身體變好的誘因。可是如果你把誘因去掉，他們天天都在勤苦練習，吃盡了苦頭，這條路其實並不好走。通常會去學這種東西的人，一是

「慕道」，一是「慕學」。因為羨慕而學的，都會半途而廢。可是「慕道」就不一樣了，他會不斷體察每一個肢體扭轉的發生，慢慢觀察各個部位是否有開了，他完全不在乎身體上所受到的煎熬。鄧美玲[10]就教導我們，扭轉的目地是為了筋絡的開合。如果利用健身器材的外力硬把筋骨撐開，很可能會因此傷到脊椎，那是非常可怕的。鄧美玲所教的開合方式很安全，它完全配合人體的肌肉、能耐，及身體的感覺。所以我覺得鄧美玲是入了道。有些人能夠持久修煉，是因為修行中的疑惑及好奇對他而言比什麼都重要，所以根本沒有「煉」的感覺。就像你們讀書一樣，如果是被老師逼的，那就實在很苦；如果是因為好奇心，那你就是在享受。所以我上課從不預先安排要講什麼內容，而是按個人當時的機緣，再把「道」慢慢地指出來。一旦到達了「道」，就進入「物」；當進入了「物」，也就沒有善惡與道德。

在「物」的世界沒有人世間的「做人」這件事，所以不要用「做人」的詞彙來形容「物的空間」，這是一個錯誤的使用。尼采根本不跟你談什麼價值觀，他談的是「力量」。他的超人就是在談「力量」，他不會待人接物，不想功成名就，而且一點道德味道都沒有，跟美國電影裡的超人不一樣。尼采的超人是不做救人事業的，所以叫做Overman，也即是man（人）的over（超過）。尼采認為：大部分的人都被理念所制約，不但自己的一生都陷在理念裡，還到處喧嚷，強迫別人也要這樣。可是 Overman 就不是這樣，他是「力量」，所以 Overman 可以是一隻大象，可以是老虎，也可以是一隻駱駝。也就是說，尼采的 Overman 是修行人，因為他接近「物」。

內在空間與微粒子狀態

編按：H同學的報告中，有一段談到了「內在空間」：「……讓連綿的思緒有一個暫停，那個『暫停』會有一個內在的空間，或是間隙，或是發生在某一個世界裡面而被感受到的。無論那個事件是讓人厭惡的、驚恐的，或是神疑的，只要你不拒絕它，在某個『臨在』的時分中，恩典會隨時到來。……」

余老師：「內在空間」是指在意識之外的存有。在這個世界上有一些是天生的修行人，他們在很年輕的時候就發現了自己的「內在空間」。可是，卻也有很多人是到死都還不知道自己的「內在空間」在哪裡。

「修行」就是「放手」的意思。人如果是懷著目的去修行，便會擠壓「內在的空間」，而永遠不能達到修行的境界。「放手」這個動作很可怕，所以修行人時常會有毛骨悚然的情況。可是，當那毛骨悚然的情境過去了，接下來，一旦他發現了他的「內在空間」，很多事情就進去了。

在座的各位如果有誰還不知道什麼是「內在空間」，我也沒辦法回答你。但是，請不要用你的腦袋去思考它。你可以去揣摩你的夢，但不要去探問你的夢有什麼意義，而是去知曉那個夢是如何讓你著迷的。有許多人的夢的確是非常讓人著迷，可是他們自己卻不知道為何有夢。所以，「修行」一定要破除意識的形態，譬如說，有些人認為夢是空虛的、著迷於夢是不好的，這些就是所謂的意識形態。

「臨在」就是「放手」（let go）。由於「放手」這件事很難被講明白，所以宗教界就用「臨在」來說它。

P同學：我突然對「放手」這件事感到很害怕，這就好像是：我的存在是依靠緊抓住的一根繩子，我不知道如果我鬆開手之後會掉落到哪裡去，可是我卻又必須要有那個勇氣把手上的繩子放掉。

余老師：偉大的美國哲學家與心理學家威廉．詹姆斯[11]，就告訴我們一個很棒的故事：有一個修道人不小心摔下山谷，情急下緊緊抓住山壁上的樹藤，不敢放手，就這樣苦苦撐了一個晚上。隔天天亮時，他往下面一看才發現，原來他的雙腳距離地面就只有大約一公分（大家笑）。我覺得這是一個很好的比喻，只是一公分而已，你放或不放手其實也沒什麼大差別；但是如果你放手，就可以早早解脫了。

所以，你們應該開始練習「放手」，也就是「臨在」。譬如，你可以嘗試對你的配偶或伴侶「放手」三分鐘，試著不理他，他的一切與你沒有任何關係；或者是，在你感到最美滿的時刻，試著去想想「無常」的到來。可能你會在一閃而過的瞬間覺察到些什麼，這樣就夠了。也就是說，「修行」並不是一整片的，它是發生在間隙中，是要把你化成沒有能力抗拒的微粒子，而「臨在」就是微粒子狀態。人性是比較接近微粒子，比較不接近我們所以為的人的形狀。所以，我總覺得人體整形是一件很悲哀的事情，因為人的狀態是無法被改變的，唯一能改變的是讓微粒子流動到他的「內在空間」裡。而這微粒子，也就是那些「碎片」的東西。

好，我們今天就談到這。

註釋

1 艾克哈特・托勒（Eckhart Tolle）（2008），《一個新世界：喚醒內在的力量》（*A New Earth: Awakening to Your Life's Purpose*），張德芬譯，台北：方智。

2 引自《一個新世界：喚醒內在的力量》博客來網路書局簡介：http://www.books.com.tw/products/0010409839

3 伊曼努爾・康德（Immanuel Kant, 1724－1804），啟蒙時代著名德意志哲學家，德國古典哲學創始人。他結合歐陸理性主義與英國經驗主義，認為將經驗轉換成知識的範疇，是每個人與生俱來的能力。其思想深深影響近代西方哲學，開啟了德國唯心主義和康德義務主義等諸多流派。

4 依據康德所言，人能知一切經驗以內的事物，即現象，即承認現象之存在，但康德亦不否定人有經驗以外的存在，即物自身。康德認為物自身雖不可知，卻可思議，最少可以思議其為不是現象，而是現象背後的真實存在，或是相對人視現象為存有時，上帝眼中的存有，即物自身。康德在其《道德底形上學之基礎》及《實踐理性批判》等書中都有相關的論述。資料來源：http://overtimeswhere.blogspot.tw/2009/02/blog-post.html

5 參本書〈導論〉註釋16。

6 洛克菲勒中心（Rockefeller Center），座落於美國紐約市第五大道的一個由數座摩天大樓組成的城中城。

7 張良維，氣機導引功法的創始人。以下氣機導引的說明引自「中華氣機導引文化研究會」網站：https://www.qiji.org.tw/copy-of-1。張良維先生自民國八十八年三月起，向社會大眾推廣「身體自覺」的實踐理論，編創氣機導引十八套修練身心、護衛人體氣機的功法。有關「氣機導引」更深入的介紹，請見：張良維（2002），《氣機導引：十八條身心活路》，台北：時報。

8 證嚴法師，俗名王錦雲，台灣佛教比丘尼，慈濟功德會的創辦者。出處：http://tw.tzuchi.org/index.php?option=com_content&view=section&id=5&Itemid=181&lang=zh（慈濟全球資訊網）。

9 參考第五講〈無人稱存有的大海：《雪洞》〉註釋5。

10 鄧美玲，曾任中國時報親子版主編，近年來投入氣機導引的身體教育工作。請參考本書第一、第二講對其著作《遠離悲傷》的分析。

11 參本書第一講〈驟變中的轉化：《遠離悲傷》〉註釋4。

第十四講補充・靈性經驗：生活殘片的組合[1]

作者／余德慧

我們看到本書作者艾克哈特・托勒（Eckhart Tolle）的整套「覺」的理論，心有戚戚焉；在這條艱辛的道路上，多少靈性工作者不斷在這領域書寫，提出理論說法，而能夠有些許進展者卻非常稀少，大多數的作者只能夠透過自身莫名的經驗加上一些陳舊的解說，更糟的是，一些真實的靈性論述被夾雜在一些陳腔濫調之中，常常被當做破銅爛鐵一起掃到垃圾堆裡。猶有甚之，即便近代的靈性論述逐漸地發展出一些新觀點，現代世界也不容易接納，以致形成「信者恆信，不信者恆不信」的平行現象，彷彿是兩個極端的意識形態相互取消。在信者一邊，托勒的《當下的力量》[2]一書讓許多人深受其惠；在不信者這邊，認為他不過是陳腔濫調、靈性古魯之類的人物。我仔細閱讀托勒的行文之間，發現不信者的看法非常不公允。近代的靈性論述逐漸發展出新的觀點，其中托勒的靈性觀點有其值得嚴肅對待的地方。姑且不論大眾媒體對托勒的褒貶或斷章取義，本文試著從近代靈性論述的發展來談。

「小我」與「大我」的命題

大我、小我的傳統論述是有所不足的。小我的實在（Ego reality）被視為真理的障蔽，而「大我」是真理的澄明，這個素樸的看法長久以來一直被主張著，鮮少更動。但是，這個論點卻一直留下它不可解的弔詭：小我的實在之所以能夠成立，必然有令其成立的始作俑者，而這始作俑者恰好就是我們所謂的「聰明才智」，也就是俗世的智慧——它幫我們料理世事，處理情緒，將世界整頓得井然有序，但也聞利而趨，貪嗔癡無一不備。換言之，小我的真實在於其「有利於已」而展現於共利的外在世界。對這一部分，靈性論述稱之為「自我的出擊」，而它遭受靈性傳統的批判，並不在於自我意識本身，而是它的「壞成分」（即貪嗔癡），因此，希望透過靈性修行的矯正，讓自我不要閉鎖在「小我」的壞成分裡。

這個論述其實是無效論述。人類的日常意識本身可以為私利也可以為公利，其可以存乎一心，也可以不存乎心，為善為惡，本身就沒有一定的傾向，而趨善避惡則是道德、倫理的制約，並非本心的湛然，所以，棄小我而趨大我只能說是道德感的呼喚，還不能算是宗教修行或徹底的自我轉化。猶有進之，若沒有看到自我現實的複合作用，人在世界裡的現實是無法脫離自我與世界情事或他人組構的，只要人的存在是依賴著這個無可避免的組構作用，就無可避免會發生種種的占有與分享。譴責「自我」（小我），往往是透過下列的邏輯：自我會將自身投射到所欲之物，使得「我」希望占有某物（如求名求利）。但這譴責卻忘了另一個邏輯也同樣成立：我也可以捨棄某物或與人分享。換句話說，譴責「小我」不能只是片面地指責「占有」，卻又片面地支持「分享」，使得一體兩面的東西彷彿有著全然不同的本質。綜合言之，「譴責小我、追求大我」不具有本心自然的本質，而只是人類意識的一種希冀之求罷了。

托勒在這轉折點做了關鍵性的決定：他拒絕將「開悟」意識與人類的意識掛勾，亦即，開悟意識絕非我們的日常意識，理由是：人類意識所展現的各種名相大抵以「形相」的風貌出現，亦即，世間的思維必定是以某種「能說得出」、「能表示得出」的表意方式顯露，而任何能以形相為表徵的東西，在他看來都是一種受縛的存在，他認為真正的轉化意識在於「意識能保持無形無相的狀態」，而意識要保持「無相」，當然就不可能是我們習以為常的日常意識，而是某種我們的意識不熟悉、無由認識的狀態。

被錯認的宗教

既然無由認識，那開悟意識如何發生？托勒的真正進展在於「間隙」的重新發現。自古以來，「精神界」的空間數度被發現，但迅即遭受活埋，現代文明所理解的精神界，無論是從蘇格拉底到黑格爾，或從儒家文明到佛家文化，「精神界」早就被人類心智所包裝的「精神」框死，那種訴諸文字、象徵、敘事或機構表徵的「精神」其實是個誤識（misrecognition），人不但無法透過日常意識所理解的「精神」去接近真實的生命，反而被這些「精神」的載體，如修辭、讚嘆、人云亦云等流俗作法蹧蹋得體無完膚。托勒很清楚這點，他抨擊所有的宗教教門「增加常人的虛幻自我」：「很多宗教變成了製造分裂而不是促成合一的力量。它們不但沒有經由領悟到所有生命最終的合一真相而終止了暴力和仇恨，反而還帶來更多的暴力和仇恨。在人與人之間，以及不同的宗教，甚至相同的宗教間，都製造了更多的分裂。它們成為一種人們可以認同的意識形態和信念系統，並且利用這些來增加人們虛幻的自我感。」（見《一個新世界：喚醒內在的力量》第一章）。他並非否定宗教的價值，而是反對「錯認的宗教」，反對那些只認宗教形式而失去生命真實的東西，如教義、圖騰、符號、象徵或組織的「宗教」（即「被錯認的宗教」）。托勒要回歸的是宗教啟蒙者的「開悟」時刻——釋迦牟尼在菩提樹下的那個星夜，耶穌在曠野那四十天的折磨，都一再顯示某個非凡的超越意識曾經出現在極少數的人類，而這非凡的經驗卻是「人人皆有」的一種生命本質，只是人類在文明的豢養之下，強力發展「僭主意識」——也就是我們所熟知的聰明才智。這種精明幹練、細心計較的明智意識就是老子所要棄絕的東西，但它卻是後來人類一味汲汲營營所欲發展的強大意識。

在這僭主意識發達的時代，許多哲人大多隱約知道它的遮蔽性，就如海德格常嘆氣地說：「這是眾神隱退的時代」，但是卻無人能翻轉這日益強大、猖狂僭主的意識。這就是我所謂的「靈性界的艱鉅任務」。傳統宗教試圖直接去否定僭主意識，要求在神聖面前無條件臣服，或者直接否棄小我，斷貪嗔癡。這些主張行之數千年，可說是成效有限，必須改弦易張。

關於「臨在」

托勒是從他的「開悟」下手，也就是他所謂的「臨在」。「臨在」這個詞來自基督文化，希望透過「直面現前」於神聖領域的經驗，而避開人類習慣的心智作用。

托勒對「臨在」有深入的看法與體悟。他並不沿用基督宗教的語言來談「臨在」，而是徹底地從「意識之非」——即絕不踏進任何宗教思想所羅織的意涵去談「臨在」，將經驗現象極端地從「臨在」提煉出來：

人類的認知當中，一旦有了一定程度的臨在、定靜和警覺，就能夠感受到神聖生命的本質，這本質就是在每個受造物、每個生命形式當中永存的意識或靈性，同時人們也能夠認識到，它和人類自身的本質是合一的，所以能夠愛它如己……當你全神貫注，並且對著一朵花、一顆水晶或一隻小鳥沉思冥想，但在心智（mind）上不去定義它們時，它們就會成為你進入無形世界的一扇窗。

悟性：意識之非

如果我們細究托勒的「臨在」到底何義，可以說是隔靴搔癢，但我們是用幾個漸進的說法。首先，臨在本身是個當下存在狀態，一個存有的動態，以英文字來表達為 presenting（編按：或可譯為「當下直接的給出」），而非 representation，後者我們稱之為「再現」，也就是我們日常意識捕捉對象加以理解的方式。presenting 本身前無主詞，意味著不知臨在的主體為何，後無受詞，意味著它並不展示「呈現了什麼」。這「presenting……」後面的「……」毋寧是無可說的奧祕，而這「presenting……」出現的時刻更非心思所設計，總是不知何故地切斷了日常意識思想的連續流，那「覺」的認知就是在未升起造作意識與意識反思的中間，有個前後不接、無法被日常意識的空白間隙，從這空白間隙之間浮現的存在狀態。這個「覺」——在這當下，我們意會到這個空白維度，而產生精神性的深度流動，無論它是沿著聲音、眼見或觸碰而來，只要進入這汩汩流動的內在空間，人就立即會感受到鮮活、新奇、活潑朝氣與喜悅。

這樣的存有狀態，用拗口的字眼來說就是「我即是」。但這三個字其實無法表達「臨在」深刻的空白維度。同樣主張這種悟性的哲學家是法國的巴塔耶（Georges Bataille），可惜在僭主意識的羅織下，巴塔耶被冠上污穢者之名，與惡靈畫下等號。巴塔耶的主張，到了法哲德勒茲（Gille Deleuze）那裡就變成「純然的內在性」（pure immanence）[3]。

殘片的組合

生命的間隙可以是一種生命處境的斷裂（如災難），也可以是日常修練時的一種存在狀態，它真正存在於我們的日常意識不再以連續、綿密的方式控制著我們的存在。然而，間隙也絕非真空的存在，它真正的意涵在於「意識之非」，也就是癱瘓日常意識。平時，我們的意識宛如非常忙碌的裁縫師，不斷將流逝的轉成記憶，將尚未實現的未來接補起來：遇到空疏的就加以密實（增補意義），碰到混亂的就加以平整，這些都在人的意向性的平面進行，成了維護世俗存在的甲冑。

在這種存在裡，人彷彿過著合理的生活，可是在這合理生活的存在卻讓我們遺忘了生命真實的存在，因為生命真實的領域，我們只能沉默領受，任何言語皆是多餘。至此，我們不禁問：那我們如何「覺」到這真實生命？從托勒的間隙理論以及相關的哲學論述，那非常機緣性、意識無法料及的生命殘片的組合作用，非常可能是「覺」的因緣。所謂生命殘片，指的是那我們亙古以來就不斷隱約浮現的東西，例如懷孕的女子總是表現著人類亙古以來古老的姿態於某個瞬間，彷彿在這長久孕育人類的機制裡有著一股難以抹除的氣息在孕母的母體反覆地重複著，但它總是被話語遮蔽，以致於我們會用無效的語言去談母愛而遠離母愛，而真實的母愛反而是在另一個空間。例如，我們看到母雞會為了救小雞而奮不顧身保護，自己讓老鷹攻擊。這個母愛其實尚未抵達真實界，而是當我們看到母雞保護不成功，所有小雞被啄死，只剩下母雞對空繼續奮鬥的失敗。這個失敗辯證性地翻轉了我們，作為一個見證者，我們從失敗瞥見真實的愛，此時我們流淚，才在這殘局凝視到真實——在日常意識裡看不見的真實。

這就是人類潛在已久卻遭掩滅的「悟性」。

然而，這條路的研究只是剛剛起步，也許未來的人類可以開出這新世界的花朵。在這起點上，托勒的貢獻應該是肯定的。

註釋

1 本文曾刊於慈濟大學「人文諮商通論課程」電子報，二〇一二年，第六期。

2 艾克哈特．托勒（Eckhart Tolle）（2015），《當下的力量》（*The Power of Now*），梁永安、周群英譯，台北：橡實文化。

3 關於無人稱的內在性，請參考第十二講〈身體情緒Ⅱ與《一片花海的聲音》〉註釋12。

第十五講・自然的行動：《口袋裡的鑽石》

我們對任何事情的「說」，基本上都是片面的，可是真正存在的事物卻是折疊而非片面的。當我們看事情的這一面時，它是折疊了它的反面；可是當事情在作用的時候，它卻是整體地在運轉。所以你所看到的，並不是單一作用的現象，而是兩層或多層在折疊，甚至折疊到你完全不知道它的動向是什麼，這完全不是線性的邏輯所能解決的。

「存有」之所以這麼難，是因為要讓精神「裸存」，這等於是「修行」很重要的一個門道。「精神裸存」最簡單的方法就是學習「被動」，也就是完全知道「被動」的龐大性。

本書內容簡介：一名神偷，終其一生都在尋找世界上最完美的鑽石。他花了三天試圖竊走這顆罕見的寶石，卻仍空手而返。神偷最後決定直接詢問鑽石的主人，究竟將鑽石藏在何處？主人答道：「我把鑽石放在我認為你最不會搜尋的地方——你的口袋！」他伸手到神偷的口袋裡，拿出那顆鑽石。人們永無止盡地追求成就，卻不曾發現自己早已擁有的光輝。

在本書中，恆河母[1]描述了我們對完滿永不停止的追尋，而它卻詭譎地早已存在，只要我們能停止夠久的時間，我們就能發現它的真實本源。「我發覺要發現快樂根本是不可能的，」她解釋，「只要你還嘗試在某處尋找快樂，你就忽略了快樂所在的地方——在你的真實天性之中。」恆河母絲絲入扣地教您如何停止心智的無盡活動，讓您在每一個當下的那一刻，體驗真實的卓越與光輝。[2]

編按：余老師在S同學的報告後，針對本書作者於書中所提的「停止」，提出了以下的詮釋及引述。

「自然的行動」與「我的行動」

我們需要舉更多的例子，來撥開修行人內在存有的狀態。諸位是一顆「洋蔥」嗎？是已經被剝了幾層皮的洋蔥？我們來看看你對本書作者所談的東西是否同意，就可以測試你的洋蔥皮被剝的情況。

我們先來看看W的洋蔥皮已經被剝了第幾層，妳先把本書第二百一十八頁的最後一段慢慢地唸出來。

W同學：「我邀請你來放掉所有的隔絕，完全地體驗心碎與苦難，不管是你自己個人的苦難，還是在世界上發生的苦難。我鼓勵你完全地體驗這些苦難，不要做任何事來逃避它、修正它，或改變它。單純的體驗，只要片刻。」

余老師：妳能接受這一段話嗎？

W同學：在還沒有來修老師的課以前，我總是不願意去面對自己不好的一面，也想盡辦法逃避不開心的事，所以那種痛苦跟煎熬就一直過不去。來上老師的課之後，我開始會去面對自己的不好。譬如剛才我先生要送我來上課，因為要先去接小孩，差點讓我上課遲到，若是以前我會對他破口大罵，可是剛才我卻讓自己先停下來。沒有人會願意把事情搞砸的，所以我就體諒了他。當時我女兒一看到我就馬上說：「媽媽對不起」，可見我以前的脾氣有多麼惡劣（大家笑）。我停下來往我的內在去看，我讓自己去感受，其實我可以選擇不生氣，因為我不一定要在老師面前表現得很完美。當我用粗暴的方式對待別人的時候，我也是在粗暴地對待我自己，只是自己不知道而已。所以我慢慢地從我家的狗、從我日常相處的對象去感受，其實那裡面都有一個自我的存在。我慢慢地把自己心目中一直想要維持的標準放掉，一切就是盡力而為，也就覺得很輕鬆了。我是需要再把自己的洋蔥皮多剝幾層的。

存在的未知寂靜處

余老師：好，我們再往下一層看，第二百一十九頁，倒數第二段的第一行，妳再把它唸出來。

W同學：「相信正確的行動能從你的存在的未知寂靜產生，這是可能的。」

余老師：好，請L來說明一下。

L同學：有一次發生了一件事，我不認為自己有錯，可是卻不得他人的諒解，還被指責，當時我的心很亂，覺得自己一無所有，卻還要受到這種委屈。就在此時，我聽到一首旋律很平和的歌曲，我的心跟著平靜下來，突然明白了：自己幹嘛要爭這些東西，我就算贏了，卻充滿憤怒。可是下一刻我到寺廟裡去，又開始不斷向菩薩祈求這個索討那個。這跟剛才那短短幾秒鐘的清明不一樣，我這時的腦袋裡就像有滾滾洪流，一波接一波地洶湧而至。

余老師：為什麼恆河母勸人們不要行動？這跟慈濟的證嚴法師所提的「做就對了」不就相反了嗎？我一直相信「不要行動」這一點，可是我跟你的理由會不會是接近的呢？你的理由是什麼？是什麼力量讓你覺得不要行動的？

L同學：在某種情況之下，我會覺得不管怎樣的行動都是錯的。當我朝向某一個方向前進時，我會覺得自己所講的每一句話、所做的每一件事都是對的，就算是錯的，我都會覺得是對的。

余老師：你的這個理由就跟我的很接近，「行動」應該是很愚蠢的。

Y同學：可是我們能有「不行動」這種事嗎？譬如我在這教室出現不就是一種行動了嗎？

余老師：你誤解了「行動」，你所認知的「行動」指的是「I want to make it in this way」（我要這樣做）。可是，所有的事情都會有其「自然的行動」，它會有 this way（這樣，以這種方式）、that way，萬般變化的樣態。那麼，「自然的行動」與「我的行動」有什麼不一樣？

「自然的行動」是「在這世界裡有千百的因素在運作，而我參與了世界，我看到了我在這個世界裡轉動的狀態，包括我的死亡。」可是，如果是「I make it in this way」（我這樣做），那你所有的工作就是去對抗在這世界裡的千百因素。

Y同學：我以為一件事情的發生，是因為我這麼做它才朝向這邊走。

余老師：人無論如何都不要去跟大自然對抗，因為大自然的力量確實比你大出很多，相形之下你簡直是比螞蟻還不如。這就好像我們在面對醫療體系的瓶頸時，感到恐懼與無奈般。醫藥界發明了許多疫苗與藥物來救你的命，可是卻也同時在傷害你的身體，甚至讓你最後死得很難看，這是始料未及的事。意思就是說，人類所創造的東西是不能 go against（違反）「自然」狀態的。

天地不仁，以萬物為芻狗

Y同學：可是在「權力」之下我們能怎麼辦呢？譬如政府定了一個政策，規定大家一定得去打疫苗，我們也不得不去呀。萬一有人因此而死亡，那些法令的決策官員卻不需要負任何責任。

余老師：那就是一個 for the time being（目前）的現象。每一個人工的政府都會做這種事，而這些事情也都會有它們的 consequence（後果）要去承擔。

通常人類還是會為了利益良善的緣故去行動，可是最後的 consequence（後果）都跟利益或起心動念無關，而是讓 nature course（自然的規律）把它收拾起來。

舉個例子，許多人認為美國前任聯邦準備理事會主席葛林斯潘（Alan Greenspan），是美國國家經濟政策的權威和決定性人物，他被媒體界視為「經濟學家中的經濟學家」。可是，美國在爆發二〇〇七年次級房屋信貸風暴後，他卻被證明是毀滅世界經濟的第一元兇，為什麼？葛林斯潘弄了一個金融商品的自由政策，可是「金融」是人類用來累積財富的一種人造機構，你如果放手讓它自由化，它結果一定會膨脹到把全世界能被搜刮的財富都搜刮進來。葛林斯潘發明了「低風險高利率」的產品，按照他們的算法，你若買一億，一年的營收便是一千八百萬，而且又是低風險，結果那些有錢人一買就是一千萬起跳，有的甚至是上億。可是低風險並不等於沒有風險，後來就出現金融風暴，進而影響全球經濟。所以，你認為葛林斯潘有罪過嗎？沒有。他很爛嗎？他一點也不爛。只是，這個事件到後來還是由「自然的行動」接手了。

Y同學：那這到底是「自然」還是人為的呢？

余老師：人為的因素當然有，因為人是弄潮兒，可是弄潮兒再怎樣也只是「潮」而已。就像地球暖化的問題，很多人都認為是人類所造成的，可是暖化卻很可能是地球自然生態的一種循環，就像恐龍從來沒有敗壞過大自然，可是卻滅絕於大自然，這就是 nature take over the course（由大自然接手發展規律）。

Y同學：像花蓮到處要開發土地，如果我出來投票反對，那我不就是在行動了嗎？

余老師：就算你的抗議成功了，你的行動仍然是無效的，因為人類就算不對大自然做什麼，nature course（自然的規律）還是會發生。譬如，目前有許多小國家的海平面不斷在往下沉沒，他們預測自己的國土大約再過二十年便會消失在地圖上，他們向世界大國求助，可是他們的問題能解決嗎？很難解決，因為這就是 nature course。當一個大自然的行動發生時，人類是沒有辦法去抵擋的。譬如在中國，一次的天災死傷幾百萬人是常有的事，在印度也有上千萬人死於災難的記錄。所以，老子講了一句話，「天地不仁，以萬物為芻狗」。[3]

Y同學：可是，就因為「天地不仁」，所以那些無辜的人就要倒楣受害嗎？

余老師：「天地不仁」講的是 non-human（非人類），不是 human（人類）。

Y同學：可是人類的力量不是可以讓某些人倒楣，某些比較有辦法的人不倒楣或暫時不倒楣嗎？

余老師：對，但那是 for the time being（目前），人類的事情其實就是一個時間性的問題，也即是「此一時、彼一時」的意思。而所謂的「天地不仁」，它根本無關乎人類，也沒有人類的思考模式，所以「以萬物為芻狗」，就是在說大自然場域裡的力量與作為。

Y同學：譬如，在「八八風災」中慘遭滅絕的小林部落，政府為了越域引水的工程，在他們的村落進行山體爆炸，全村可能沒有人會同意他們的家園被破壞，可是政治卻做了這個決定，然後大水來了，人亡村滅，這的確是不仁，但卻是人的不仁。

余老師；小林村的毀滅，人為造成的因素其實只有你所講的那麼一點點。當人們把所行使的惡，企圖取代大自然的作為時，「仁」才會對人發怒。台灣山林的脆弱是不爭的事實，炸山是極可能加速它的崩潰，但如果沒有這些行為，也不見得就能保護它。大自然的毀壞，人為的因素通常只是百分之一，而自然的力量卻是百分之九十九。所以，小林村的災難就算沒有這一次的風災，也是遲早會發生的事。那些環保與革命人士因為不能忍受山河破碎，不能接受事情以不仁的方式出現，他們以為那都是人為的。可是等到他們推翻了那些他們以為的「作惡」之人後，當他們出來做為的時候，才發現自己跟前面的人是一樣的。顯然的，他們是太高估了自己，你可以跟人對抗，可是人就是不能跟「自然」對抗，這是一個「認識論」的問題。我也會去連署支持某些行動，可是我從沒認為我是在行動，因為事情就是會自然地往某條路發生，不管你有做或沒做，「自然」就是王道。

「自然的行動」是他者

其實這只是在告訴你，當事情碰上時，不要估算錯誤。我並沒有說環保人士或革命人士不對，只是他們的行動大半是根據自己的幻念，我也常常是根據自己的幻念來行動。

J同學：可是我們平常都看不到自己的幻念，所以不要錯估是很難的。

余老師：那是因為我們在幻念中，所以當然看不見，但至少要慢慢去認識到比例的原則。人會常常記住作為人的知識和條件，可是卻因為記得太多而變得癡呆，因為在人的知識和條件裡，有很多是跟自然不吻合的。以「慈濟」為例，它其實是一個人為的系統，卻因有很多的自然因素在發展，所以今天才能在全球各地發揚光大。如果把一切都歸功於「慈濟」的證嚴法師或它的制度，那就是一種錯估。「慈濟」本身的確是有一種「召喚」

的力量，但是這個力量不能被錯誤地歸因於它的領袖人物或決策上。這世界上的每一個「聚合」都帶有「召喚」的力量，而這「召喚」終有一天會結束，當它停止時，「聚合」就會散開，任何人都無法讓它繼續再存活，這就是一種自然的規律。

譬如，慈濟大學一直都很用心在辦教育，提供學生很好的品德教育及生活規範的環境，讓學生去學習茶道、花道、書法，以及各種社會服務的活動。可是為了通過教育部的評鑑，校方也會很緊張，對於原來不肯用力的地方就開始去用力，在緊急時一樣會軋出一些錯失，會在文宣及門面上花很多錢，他們不得不這樣做，因為已在江湖中，抵不掉很多自然會發生的事情，這也就是「他者」龐大力量的作為。

那「他者」的力量是什麼？就是這書中所說，從你的「存在的未知寂靜」中「產生」，意思就是：「當你稍微安靜下來，在隱約中聞到『自然』的味道時，你就會感到毛骨悚然。」在我們的生活中存在著太多的例子，譬如當我們在這裡歡笑或悲哀的同時，我們看不到的是年歲正在縮減，這就是「自然的規律」。或許你有一層洋蔥皮是在告訴你「人生無常，要即時行樂」，可是「當下快樂」其實只是一個虛假的願望。

那麼，我們該如何處在「自然」中呢？我們就是——自然若讓我哭我就會哭，自然若讓我笑我就笑。可是人通常就只要快樂，所以恆河母說：「你是否能將身上的洋蔥皮弄得薄一點？」你把自己的洋蔥皮弄得那麼厚，然後再講一些跟實際情形不符的東西，這就是在製造自己的謊言。你要減少一點癡呆，在未知的存有中，全然地去歡迎與接受。

譬如，當你的身體被檢查出問題時，你不就是進去了嗎？你不就是要一個關卡又一個關卡去通過嗎？進去了以後又是兩條路，過得了就回來，過不了就走另一條路，我們從未違背過這件事，我們也沒有辦法違背。

有一位歌星為了祈求生病的媽媽能度過難關，她在宮廟跪拜了八百公尺，後來媽媽還是過世了。這雖然不是個理想的結果，卻是在自然規律中的現象。你或許會說：「自然」既然是不可違背的，那她為什麼還要做這種癡呆而無益的事情？其實，任何一個癡呆的行為，都隱含著突然出現祕密通道的瞬間。所以，當這位女歌手在為媽媽祈求時，她跟粉絲們之間就已構成了一個非常難以抹滅的時刻，即使媽媽後來過世了，大家還是會記得這感動人心的時刻。而這突然出現的奧祕通道，也就是我們所不知道的「他者」。

為道日損

Y同學：那這位女歌手的行為不就是在行動嗎？

余老師：你覺得這是行動嗎？她只不過是在癡心幻想，這能算是行動嗎？你要弄清楚，行動是不容易的事情。不過，當人在癡心幻想時，反而會獲得開悟的經驗。

Y同學：可是，她是在試圖扭轉危機呀。

余老師：試圖只是想法，不是行動，像天崩地裂或地震就是自然界的行動。其實志工在災難的現場是沒有行動，可是卻造就了彼此的感動，那就是在未知的處境中被意外發現的存在。

Y同學：所以，老師所謂的「行動」是包含一個意圖，然後以為這個意圖達到了效果？

余老師：不對，那不叫「行動」，剛好相反。真正的「行動」是「一翻兩瞪眼」，沒有二話說。就像地震，這個地方是震央就碎掉，非震央就保留，就是一翻兩瞪眼，沒有二話說，簡單而清楚。所以，大部分的人是「不行動」的。

Y同學：大部分的人是「不行動」的，可是大部分的人卻以為要行動，或以為自己是在行動。

余老師：那就是誤解了。人類所謂的「行動」跟大自然的行動比起來是微不足道的。可是人類都相信自己的行動，相信他們能夠改造這個世界。

Y同學：人類的行動能夠改造自己的命運嗎？

余老師：很多人以為可以改造自己的命運，其實那只是「for the time being」（目前）的現象。譬如，你發奮圖強，很努力地在網路上寫文章，「for the time being」，你的讀者很多，你出名了。可是慢慢地你一定會消聲匿跡，因為人類在世界的現象不會持續，只是「for the time being」。

《老子》有一句名言，他認為「為道日損」是趨向道的途徑。也就是說，修道要日有減損的，一直減損到「無為」，然後慢慢地停下來，這時「心體自然」，便能夠自由地去死。

曾有一對三歲及五歲的原住民姊妹，他們的父母每天喝酒打架，小女孩就蹲在牆角的垃圾堆旁哭。後來一位很照顧他們的老師便安排志工幫忙，把屋子清掃乾淨，並幫忙他們申請成為慈濟的感恩戶。可是，你以為這樣就可以改變事情了嗎？父母依舊每天喝酒打架，小女孩依然害怕哭泣，沒人照顧。後來老師為小姊妹安排了一個適當的住處，還請助理照顧他們，可是小女孩因為想念媽媽，只好又把他們送回去。在這個過程中還是有很多令人感動的事情，譬如，當這位老師在幫小女孩洗澡時，小孩會說：「老師，我從沒洗過這種熱水澡，好舒服喔！」當你聽到一個三、五歲的小孩說她從沒洗過熱水澡，你的眼淚會不會掉下來？原來他們平時都在洗冷水！

類似這般悲慘及令人感動的事情很多，人類沒有能力去編造出來，這是自然的力量所造就的。

事物的多層次存有

W同學：那這位老師所做的這些事情不就是行動嗎？

余老師：這個老師沒有做任何的行動，她只是在裡面帶著一群小孩在生活。誰都無法知道這兩位小女孩的命運會怎樣，不過就是三、五歲的小孩子。那些被社會稱為「沒有希望」的孩子，for the time being 他們可以因為自己身為這個機構陪伴的小孩而感到驕傲，有一天當他們長大離開，有的可能被關在監牢裡，有的可能是大企業的老闆，而老師曾經對他們所做的，根本不能改變任何事，所以那根本不能算是行動。不要以為吃了一頓飯後生命就改變了，或者洗了一個熱水澡後命運就不一樣了，沒有這回事，你們的這層洋蔥皮也要把它剝掉。不過，人會紀念讓他感動的事，所以這些小孩長大後，不管是坐牢或成為大老闆，他們還是會很懷念這位老師。

W同學：人類所上演的是否就是世界的故事？

余老師：是我們人世間的故事，但它不是生命的本質。

Z同學：事情是否能成就，那背後的因緣是錯綜複雜的。可是我們很容易將某件成就歸因於某個行動，這行動來自某個特定的善意，這善意來自某個特定的人。

余老師：有一位法師，常常在宗教的廣播節目上教導信徒，告訴大家參拜時要有誠心，否則不會有效果，所以他會說：「師父現在為你們各準備了一盒什麼，你們回去將它怎麼弄，師父就可以保證你們今年平安。」這些話聽起來好像很愚癡，可是你可以看到一個真相：法師在養一群信徒，而這群信徒就是要聽他說，然後他們的心就安了。除此之外，法師沒有任何的行動。

在自然界裡也有很多類似的現象，譬如母老虎會把頑皮的小老虎叼到一旁，不讓牠繼續玩耍胡鬧，或者把照顧不到的小老虎叼到身旁，隨便牠想要幹什麼，這是比較接近大自然的做法。那你說母老虎有什麼行動嗎？

所以，for the time being 是看事情的一種方法。如果你的視野稍微遠一點的話，你會有一個比較寬廣的心智，寬廣的心智並不是為了要改造世界，而是讓你最後能夠自由地去死。如果你到現在還不能悟到死可以很自由，你就要好好地去修這層洋蔥皮。你不可能馬上就可以把它剝掉，因為這是你的設定，唯有當整個身心狀態都跟著自然走的時候，才可能被拿掉，但它可以被察覺。

每一件事物都有深層的多種樣態，所以在看事情時不要用「停格」的態度。你會「停格」是因為你習慣於做價值的判斷與肯定，你急著要做某種定性的工作。就好像環保人士總是肯定自己的定位是有價值的，可是我們從不阻止任何人以他們自己的想法去做事，因為一旦事情發動了，是「自然」在決定結果，而不是由一個預先判斷的邏輯來發生。

閉著眼將「它」迎來

你要先把你以為能夠行動的念頭停下來，不要被你的認知所蒙蔽。在「慈濟」的世界裡，「做就對」是有片面性的，它被放在志工的活動裡，是一種護持的行為，而「護持」通常是「for the time being」，因為它是被保護在一個比較狹隘的領域裡。可是，如果想把「做就對」擴大到一般的領域上，那就絕對不是這樣了。

如果能夠對「行動」做出區別，你就能算是有點覺性了。我的意思是：你要把「自然的規律」與人類心目中的價值分開來，人的價值絕對不能決定自然規律的發展。這就好像土石流的發生是因為地層的粉碎，即使你不去碰它，它遲早也會掉下來，所以人類再怎樣做水土的保護都無效。也就是說，我們今天對災難提出了責怪的原因，可是即使那些原因停止了，災難還是會繼續發生。

因此，「行動」是「你不知道」的發生。譬如，你從沒想要得癌症卻得了，這就表示有些東西是在行動中，而你卻不知道。有很多其他的情況也是如此，如果成了，懂的人會說「在此刻，何其幸運啊」；而不懂的人則說「我的能力很強，我很厲害。」這就是兩種不同的覺性了。

這本書提到的最重要一點是「開放」。如果你要「開放」，就必須先平靜下來，因為我們不知道將會有什麼東西迎面而來，「開放」是一件很可怕的事情。這就好像有人早上還好好的，十分鐘之後卻突然接到丈夫意外身亡的消息，所有的事情常常都是如此不可預測。人沒有預知的能力，只會期待。所以說，人唯一能成就的就是「我閉著眼睛迎接它，好吧，來吧。」

我再舉治水的例子，全世界的治水工程就埃及的尼羅河算是比較成功的。當河水氾濫時大家就逃離，當河水消退後，for the time being，老百姓就在留下來的肥沃土壤上種植農作，並趕在下一次氾濫以前收成、離開。也就是說，他們根本不治水，卻又解決了河水氾濫的問題。中國的黃河被治了兩三千年卻從未成功過，他們想盡辦法築起堤防，卻每築必潰，這才是人類真正的「業」。

所以，如果從一個廣大的覺性觀點來看，我們應該「大風吹不動，自由地去死」。「自由去死」不是指選擇死亡，而是死亡就像所有的他者一樣：「我就是這樣子，你就來吧」。所以我才問你們，如果得了癌症，你有沒有可能完全不接受治療？結果我發現只有一種人能有這個能耐，那就是醫生，哈哈。反而是那些千方百計想要躲避的，弄到後來死時全身皆殘破不堪。

P同學：可是醫生都會說服病人去接受治療。

余老師：醫生所採用的是機率的概念，他會問你：如果有百分之五的成功率，你要不要試？這就跟中六合彩一樣，每個人都有機會，可是能中獎的不是你（大家笑）。偶爾會出現一個抗癌成功的案例，可是大部分都是失敗的。生命最重要的是，當它向你顯現真理的時候，你是默默地接受。

「覺」就像是皮膚般一層一層地疊，卻也是一層一層地掉。越是深度的「覺」，它所掉下來的東西就越多，所以當恆河母寫出這本書之後，她大概也已經掉得差不多了。

被動性

「存有」之所以這麼難，是因為要讓精神「裸存」，這等於是「修行」很重要的一個門道。「精神裸存」最簡單的方法就是學習「被動」，也就是完全知道「被動」的龐大性。真正的修行人是返回「被動」，深切地體驗它，也即是老子所謂的「無為」。「無為」不是沒有作為，而是——我因為徹底認識到「自然」做為一個他者，在我們的生命裡佔有這麼龐大的力量，以致於我對我的行動感到多麼地渺小和無能為力。這就是「無」。「無」不是沒有，而是因為太大太複雜，人沒有能力認識它，所以只好用「無」來說它。也就是說，我們的眼睛可以看到人的皺紋，卻看不到那龐大的自然他者。

E同學：我們是否可能嘗試將「自然」打開，然後去追隨它？

余老師：你可以去打開它，但是你不必去追隨，它就會逼著你隨。也就是說，我們只能把它打開，然後讓它進來。

我再問你們一個問題，如果有一種技術，只要通過DNA的檢查，就能算出你的心臟在什麼時候停下來，也就是你的死期，你會願意去做這種檢測嗎？

Z同學：我會想知道自己的死期，這樣我就可以量力而為做一些踏實的事。

余老師：所以你是要知命後才肯「放」？其實你知道或不知道自己的死期有什麼差

別？反正最後你絕對會死亡，那為什麼不學著現在就去「放」？你不「放」並非你不肯「放」，而是你不知道怎「放」，你以為「放」了就代表你要放棄所有的摯愛，其實不是。那麼，如果你已確定什麼時候會死，你會怎麼對待他們？

Y同學：如果是我，我會不再讓我的狗節食了。

余老師：這樣你對狗的修行就開放了一步，這就是「修行人不控制，只做護持的工作」。任何你想去控制的都不是修行的行為，而是你以為你在認識事物上的一種「抓」的方式。

Y同學：其實我無所謂我要死，我比較難接受的是我心愛的人的死亡。譬如，我若得了癌症，接或不接受治療都無所謂，可是如果是我的媽媽得了癌症，我就很難作出決定了。

余老師：接不接受治療，這一點跟放不放沒有關係。

W同學：恆河母已經把自己的洋蔥皮剝掉得差不多，那她現在在做什麼？

余老師：她在當心靈老師，一樣照常在過日子，「被動性」跟她在人世間生活的活動沒有關係。「放」並不是外在的，它只有心法而沒有方法。

Z同學：從我所看到的這一層到放下，我覺得這中間有一個斷裂或鴻溝，就像剛才說的「設定」，我看到了可是我卻關不掉，或許我還是有很大的一部分是生活在世界裡。

余老師：「設定」是沒有辦法被解除的。

我們對任何事情的「說」，基本上都是片面的，可是真正存在的事物卻是折疊而非片面的。當我們看事情的這一面時，它是折疊了它的反面；可是當事情在作用的時候，它卻是整體地在運轉。所以你所看到的，並不是單一作用的現象，而是兩層或多層在折疊，甚至折疊到你完全不知道它的動向是什麼，這完全不是線性的邏輯所能解決的。就像巴洛克的建築，看起來好像有很多的反覆，在反覆之間卻又有很多的差異；它建築的線條好像很對稱，可是在它的對稱中又有很多的不對稱。當你看到的是一條直線時，你稍微移動位置後再去看，這條直線就變成了曲線，你再從另一個位子來看它，這條直線可能又變成了波浪線。巴洛克的建築就是在告訴我們，當我講出了一個道理時，我就落失了九十九個道理。所以在這種情況之下，你若想用線性的觀念去理解事情，大概每每都是錯的。不過，「錯」也不是壞事，「錯」本身其實就是另一個觀點的產生。但是有一樣東西是錯不了的，那就是修行人的「開放」，人類的癡呆就是以為能夠去抵擋自然的現象。

W同學：如果「停下來」也是一個選擇，那我們為什麼還要選擇去做這麼多？

余老師：我想在這裡面含有很多的期待吧，以為停下來就沒有了希望，難道就在等死嗎？其實當你安靜下來以後，是會有一些辦法，只是這些辦法都不是很有效。譬如，有人就會想要練氣功來修復自己的健康，可是那只能減緩健康惡化而不能根治，它還是會有別的機制在破壞，因為疾病的發生不是出於單一的原因。

在被動性中「護持」

J同學：鄧美玲的丈夫去世時，有一個好朋友在陪伴她，可是後來好朋友的女兒也在校門口被車子撞死，她因為過不去便來向鄧美玲求助。鄧美玲就告訴她說：「過不去就過不去，你也不要再去怪任何人，你就只是跟自己的情緒在一起。當你走到盡頭的時候，可能會有一個你從來不知道的東西出現。」這個例子或許可以回應老師所說的「放」。

余老師：你講的太棒了，請W再把第二百一十八頁的最後那一行唸一次。

W同學：「我鼓勵你完全地體驗這些苦難，不要做任何事來逃避它、修正它，或改變它。單純的體驗，只要片刻。」

余老師：所以就只是體驗，因為之後還有更妙的東西在等著。可是大部分的人都無法做到這一點，像美玲她就是在過不去的時候喝酒，結果全身起酒疹，又是醉又是吐的，很痛苦。當晚她便打電話向朋友求救，卻剛好沒有一個人可以來救她，她就醉倒在地板上，直到隔天才從酒醉中醒過來。她把自己整理一翻之後，突然就出來了一個她從不知道的世界。當「體驗」過去了以後，它後面所暗扣的祕密之門就被通過了，然後另外一個東西就會被打開。你或許會說：「我並沒有意思要去打開它呀」，這樣就對了，因為你如果是刻意要去打開它，你是打不開的；你要在求救無門的情況下，才能重開那扇門。

譬如教養小孩這件事，如果為了保護孩子而規定、限制他們的行為，有一天他們長大成人後可能會罵你。為什麼？因為你動用了腦袋，以為能有一個最好的方法。其實，教養小孩的方法就是「無道」，即「沒有方法」的方法，那就是 open up yourself（開發你自己）。你不能把他看錯了，有時候他只是為了某些緣故而不告自取，如果你因此就認定他是一個賊，那你就做錯了，因為你用了一個標籤去簡化他的行為。當你說他是「賊」的時候，你就出現了要矯正他的想法，你便開始走上控管的路線，然後就一錯再錯。

以我身為心理學家的研究所了解，天下間最好的父母是去護持他們的小孩，而不是去控管。如果父母能學會真正去護持他們的孩子，孩子會慢慢地變成一個可敬的人。我曾經分析過很多被稱為非行少年[4]的孩子，我分析了他們跟父母及兄弟姊妹之間的關係，儘管他們的犯行是事實，我還是可以明確地認定他們絕對不是非行少年。父母對孩子們的護持會讓他們有心，而控管則會讓他們沒有心，這是簡單而明瞭的。父母如果不知道該怎麼去護持他們的孩子，有時候也會變成是寵愛及放縱。「護持」就是即使孩子做錯了事，你也會好好地跟他在一起，而不是站在他的對立面。

這個世界是根據價值來決定事物，事實上有很多東西是轉來轉去的，所以「被動性」在存在本質就變得非常重要了。「被動性」並不是什麼都不做，而是當 for the time being 時你要做，而 for the long run（長遠）你就是「無」，你是被動的，也就是隨自然之波而逐流，而不是站在價值的觀點批判隨波逐流。

「轉化」就是完全去了解這個「被動性」，同時讓自己生活在它裡面。好，我們今天就上到這裡。我們要感謝恆河母，同時也感謝我們自己。

註釋

1 恆河母，原名東尼·羅柏森（Toni Robertson），出生於美國，是一位周遊世界的心靈導師與作者。

2 引自金石堂網路書店《口袋裡的鑽石》書介：http://www.kingstone.com.tw/book/book_page.asp?kmcode=2011920602258

3 「天地不仁，以萬物為芻狗」，出自老子《道德經》第五章。

4 非行少年為司法用語，指有犯罪之虞或已觸犯刑法的十八歲以下青少年。

附錄・心靈療癒的倫理技術——將自己的存在作為贈禮的手藝

演講者：余德慧
演講日期：二〇〇六年六月二十八日
演講地點：高雄醫學大學附設中和紀念醫院
啟川大樓六樓第二講堂

今天來跟大家報告「心靈療癒的倫理技術」這個主題，這個主題涉及到「靈」的問題。為什麼要講到「靈」的問題？這跟我最近十年在安寧病房當義工、做研究有關，我們知道安寧病房是人的最後臨終處境，在這臨終處境裡，常常可能看到靈的現象。大家一定想說我們是不是有陰陽眼？不是。我自己是從安寧病房才第一次瞭解到，為什麼有人說世界上有「靈」的存在。

其實「靈」簡單講就是我們看不見的東西，平時我們的肉眼打開時都看不見「靈」，我們只看得見彼此的肉體，彷彿當人的肉體消失後，人就不在了。可是我們長期在安寧病房，尤其跟臨終者在一起才知道，原來我們活著的時候，有一個部分是看不見的，而這看不見的部分遠比看得見的部分還重要。之所以看不見，是因為我們用錯誤的工具（想以理性分析）來看，所以看不見「靈」，我想今天的演講就是來跟大家分享我們近年的發現。

今天的演講有一個小標題：「把自己的存在作為贈與的手藝」。這意思是說，若我們談的是「心靈療癒」，它基本上就不是醫療的問題，醫療是當你想要用盡所有辦法讓人活下來時，這叫醫療；「療癒」是指，人終究要面臨一個終點，如果人肯面對它、願意接受人最後會消失這個現象的話，就必須要有一個辦法來面對，我們採取的方法是「把自己的存在當作贈與」。

這當中最重要的就是「贈與」這個動作、這兩個字。我們知道gift（禮物）這個字有不求回報的意思，就是說我既然要送東西出去，就是不求回報。凡是gift，一定是free的，這free有兩個意思，一、它的給出是自由自在的，不是被迫的；二、它不要錢。不要錢我們比較容易做到，很多事情都可以不要錢，可是若要我們做到自由自在的給出，那恐怕就很困難。

當人面臨死亡的時候，我們最後只有一個辦法來面對，就是把自己的存在當作一個贈與，也就是說，把我們在世上的活著變成給出、贈與的狀態。目前說的還只是它的精神，最重要的是「手藝」（craftsmanship）。手藝的意思是什麼？手藝不是一種技術，它像我們的手工藝一樣；當我們的祖先在做一件工具時，每個做出來的東西都是用手工觸摸造成的、都有手工的痕跡，不像現在工廠做出來的東西都沒有經過手工摸過。我這裡說的「把自己的存在當作贈與」，就是說我們必須要有一些手藝、手路工（台語）[1]，而這裡面有各種曲曲折折的經驗現象。

聽語言的邊邊

這曲折是什麼？首先我們知道「身心靈療癒」是要把自己的存在當作一個贈與，第一件要學習的就是：「聽」。但問題是「怎麼聽？」我覺得最重要的心法是，當你在聽任何話的時候，不要聽語言的裡面，而要聽語言的邊邊，這是什麼意思？語言的裡面是意義，你不要只聽意義，你要聽意義邊邊的東西，去聽各種不清楚、陰暗的部分，而不只聽到明白確切的部分。大家也許會發現，我的說法跟西方的分析式（analytical）想法有很大的差別。主要原因是，愈是分析式的心智就愈是見不到靈魂，分析式想法就是前面提到的，會取消我們靈魂的間接工具。如果你們的腦袋都銳利得像顯微鏡的話，就永遠見不到靈魂，只會看得到算計、看得到醫院要怎麼經營才會賺錢。這些你們絕對都看得到，但絕對看不見靈魂、絕對會取消靈魂。所以大家可以看到在台灣，凡是愈計較的地方靈魂都被趕走了。

這就是為什麼我說「聽語言的邊邊」的重要性。再舉例來說，台灣人學英文的方式都錯了。小時候我們學英文常先學 apple（蘋果）、pineapple（鳳梨），用這種把意義抓得很緊的方式來學英文，以為這才是學英文，卻不知道這跟學好英文沒關係，如果我們的孩子從小在英文世界學英文，恐怕都不是這樣的學法。這也像是我家的小狗在聽我講話時，絕對不會聽我話語的意義，而是聽我的音調，注意我的音調和我所做事情的關連，牠就會知道現在是要出去嗎？還是要睡覺？所以你們如果要讓孩子學到最好的英文，就要讓他聽到很優雅的聲音，這聲音跟某些事情連在一起之後，他就能學會，而不是只叫他學很多單字，這絕對是錯誤的方法，可是所有人都在做錯誤的學習。

我繼續說明「語言的邊邊」是什麼意思。如果我們聽人家講話，只能聽到意義的話，這是一件很可怕的事。為什麼？因為意義會固定東西，譬如有人跟你說：「我覺得你很差勁。」他這話一說出來，你馬上會感覺到這話移到自己這邊來，說自己很差勁。可是當對方稍後又說，其實你也滿不錯的。然而因為他剛才說你差勁的話已經留在你心裡了，所以當對方回頭告訴你其實你不差勁的時候，這話就進不了你心中了。為什麼？因為先前講你很差勁，後來又說你不差勁，人的分析性大腦不允許這樣反覆。可是我們也知道人講話經常三分鐘就會翻一次。像我才剛講完一句話，現在可能就後悔了，我們不是常這樣嗎？所以真正的倫理，就是要讓人能夠跳出分析式大腦的障礙，讓人能夠隨時想要反悔就反悔，去除掉理性的障礙。

你們想，人跟人之間的感情之所以會破裂，不就是因為當事人都不願意後悔嗎？就是都很ㄍㄧㄥ（台語）[2]嘛！就是都ㄍㄧㄥ得很厲害，這表示人都被語言欺騙了。我們經常罵人說：「你不要抓話頭！不要對一句話斤斤計較！」為什麼？我們知道很多人吵架就是因為對幾句話斤斤計較，這時候他們不瞭解人其實是可以翻來覆去的，人可以隨時後悔。所以說為何倫理是種手藝？就是我們要認識到事情總是會變、想法也會變，每當改變發生的時候，我們的話語就會轉到另外的地方去。我說的「倫理的手藝」，就是我們必須知道，在所有的語言裡頭，語言會隨著很多事情轉動，「倫理的手藝」就是必須找到哪裡是可以轉動的地方。這轉動的地方會讓倫理獲得轉圜。

讓事情轉動的倫理手藝

通常的倫理會說，孩子不要怨父母、父母不要棄孩子；從上面的認識我們也可以說，其實孝順不要講得太硬，因為人總是不能完全美好啊！一直美好下去也會很無聊，所以人當然有時候要有點壞，包含父母對孩子也是一樣，父母如果總是對小孩子很好可能不是件好事，你一定有時候要對小孩子有點壞，這時候小孩子就會對你不滿足，可是不滿足的同時又覺得你沒那麼不好，就會搞不清楚你到底是好還是不好？有沒有？這樣倫理的轉圜就動起來了，對不對？但如果你每次都給孩子做得很好，你就死定了，萬一哪個地方你沒做好，你就被怨死了。換句話說，「倫理的手藝」並不在追求讓事情完美，你如果想方設法要達到倫理的完美，這可能會是最糟糕的情況，這不是倫理。倫理的意思是說，我們要讓人事走得通、走得動、能夠透氣，真正能夠讓人感覺到透氣、轉動起來的手藝才叫作「倫理的手藝」。

所以我們不要去抓緊話的意思，而是要去注意不是話語的地方。譬如當病人對醫生說：「我覺得你滿沒水準的。」通常病人這樣講的時候，他一定有些地方不滿意，我們也能瞭解病人的心情不會好到什麼程度；或像是昨天我們在處理一名肺癌末期病人跟媽媽的關係，原先那病人跟媽媽吵得很兇、後來破口大罵：「我不要見妳了！不要妳照顧了！」兩個人翻臉，媽媽就拿了東西往樓下跑。我們追下去，媽媽氣呼呼說：「我不要回去了！這種孽子！我不要照顧他了！」之後媽媽終於回病房，這病人馬上靠過來跪下，兩手抓住媽媽的手說：「媽媽！我要聽話！我要聽話！」一個三十幾歲的大男人跪著跟媽媽求。

這種情形我們知道，我們不要透過他們的吵架、惡言惡語，就下結論說他們的親情破裂了；其實從心理學來看，我們知道會撒嬌的小孩，尤其如果父親走得早，孩子往往會對母親任性，所以媽媽愈是疼孩子，孩子的脾氣就發更大，每次發脾氣就會跟媽媽衝突得很厲害，可是只要媽媽一離開，他馬上就後悔了。如果沒有弄清楚來龍去脈的話，我們就可能讓媽媽離開醫院，事情就沒了轉圜；但當我們把媽媽找回來後，孩子就自己跪下來，剛剛說的氣話，一下子就都算了。

這就是我們講的：人的身心狀態要透到「靈」的部分，也就是原先看不見、想不到的部分，亦即我們要把看得見的東西（如：氣呼呼的話語）抹除掉，不要只認識看得見的東西，以為這是唯一的存在；我們要注意到，還有許多看不見的東西的存在，而這比看得見的存在還多更多。瑞士的精神分析師榮格說，其實我們的陰影（shadow）會跟自己的意識合在一起，陰影是我們自己不知道的部分，這部分總是影響我們，遠比我們自以為的影響來得更多。所以你們如果想要很多事情都能在自己的預料中的話，你這個人就沒前途了！事情一定要放在快要接近不能預料的地方。為什麼？因為這裡面還有一些可變性在發展。如果什麼事情都在自己可預料的情況下發生，人其實是不想活的，因為沒趣了、寧願死掉。

失望裡乍現的希望

另一個真正的病房倫理是：「要懂得在失望裡頭看到希望。」就好像很多的癌症病人，你們不要以為人生病到快要死掉了，就一定會很絕望，這是騙人的，很多病人是在最後快要接近不可回復的病情惡化時，才真正看到他的希望，這個希望不是關於活著的希望，而是他看到了自己的心，才知道原來活著不是時間長短的問題，而是深淺的問題；在這情況下，他第一次從生病前到處要跟人家勾連、發展連繫的橫向世界，慢慢轉成往內、往縱深看見深度的自己，到這時很多經驗過的人會說，他們一生從來沒有想到自己會看到這東西，以前都以為朋友要交愈多愈好、人要愈有辦法愈好，卻直到現在才知道內心這部分的重要。

隨著病情的發展人會開始忘我，不再記掛自己是誰，大人物、小人物、中人物……都不再是了，自己擁有多少樓房也忘記了。為什麼？到最後我們真的都是需要忘掉，記得愈多東西只會愈顯悲哀，如果還要去看兩年前自己的照片，對比現下不是很悲哀嗎？所以這時候如果能哈哈大笑，知道自己一生沒有為害人間、累贅世人什麼的……，這種內心的狀態其實是存在著一種希望，像是一種烏托邦。你說：「烏托邦不是空虛的嗎？」我說：「對。但靈本來就是空虛的，而人在某種狀態下會願意擁抱這空虛，像是在擁抱希望；靈就是看不見的希望。」

大家往往以為病人在快面臨臨終時，一定會很悲哀、很焦慮，但其實我們真正看到至少有三分之一的人會轉變成一種希望，這希望不一定說是阿彌陀佛、上帝、天堂的經驗，不見得是這些東西，它可能是過去從來不認為重要的東西，現在卻突然變得很重要，譬如臨終者突然發現自己跟父母的愛、跟小孩子的愛變得很重要。以前他可能覺得這愛算什麼！值不了多少錢，可是當臨終的時刻到來，很多事情就變得顛倒來看了，原先無足輕重、不值錢的東西反而變得很珍貴。

我們在病房時，也常推著重病病人去看另外一名病人。你們不要小看這個動作，它的意義非凡。很多病人就是因為看到另外一名病人，他們講上幾句話後彼此就會受不了，因為只有他們真正懂得惺惺相惜是什麼意思。所以我們常說，活著的人如果不知道什麼叫做「醫療倫理」或是「臨床倫理」的話，你就只要把病人推到另外一名病人的身邊，讓他們彼此講講話，你做的事情就已經是在做「臨床倫理的行動」了。

豐富的沉默。深思的緩慢

剛剛提到，我們要避免讓自己沉迷在語言正面性的魔咒裡。這意思是說，我們不要誤認為問題都可以用語言來解決，其實語言發展出來的問題解決和行動，通常是溝通跟商量，但溝通不是萬能的，語言經常只是一種標幟而已，不見得跟事情的實際發展相關，不見得能幫我們解決事情，所以你們不要再迷信語言了。在真正醫院的臨床倫理的手藝裡面，語言是一個拙劣、演技很差的演員，除了經常詞不達意之外，還常常喋喋不休、惹人討厭，這也說明為什麼在病床邊，撫慰病人最重要的方式是沉默，這沉默不是心中孤寂的沉默，而是一種很豐富的沉默。但要怎樣才算是「豐富的沉默」呢？這也是我開題講的，我們需要有很深刻的病床倫理的手藝。

譬如「緩慢」。我覺得「緩慢」這件事非常重要，我們知道醫院的正常作業是迅速、有效、確實，可是站在病人的立場，這些作為會被經驗成醫院想把他們排斥掉的感覺。如果護士、醫生都來去匆匆，診斷、治療都很快速、有效率的話，病人會感覺悵然若失；曾有一名生病的護理人員說他住院的時候，有學姊來看他，但是學姊的迅速、有效、確實，卻讓他感覺，學姊好像恨不得要把他盡快安頓好，趕緊把事情做完、離開病房最好。這名護理人員說：「我到現在才瞭解，醫院的經營、管理、工作效率愈好，我愈覺得自己被醫護人員遠離。」

我要強調：「緩慢絕對不是沉重。」沉重的像是親情、人情等，而緩慢則是一種深思熟慮的輕，因為緩慢會給我們時間，時間給我們空間，空間會讓事情有可能轉動起來。所有身心靈的療癒手藝就是：「無論如何就是要轉，絕對不要依循什麼一定的軌道。」這種轉就是一種深思熟慮的手藝，可是千萬不要把深思熟慮變成機關算盡，機關算盡只會是死路一條。凡是人愈要機關算盡就一定會出現差錯，然後人一定會對差錯不斷感到失望；本來差錯也無所謂，差錯有差錯的妙處，可是很多人都會受不了這些差錯。

存在與非存在間的轉圜

所以倫理療癒的手藝要有情感，讓人的存在跟非存在之間有個轉圜的時間跟空間。什麼叫做「非存在」？我們把所有你不知道的東西都假定叫做「非存在」。假定你現在知道事情發生的三個因素（factors），可是你心底一定要記得，還有這三個以外的也許是三千個因素你並不知道。在這情況底下，你必須要把這已知的三個因素放開來，千萬不要只循著這三個已知的因素去想事情。面對「非存在」就好像釣魚一樣，你把魚線拋出去，完全不知道會勾引出什麼東西來；病人的倫理手藝也是這樣，你們要懂得緩慢去摸索、讓你原先所不知道的因素都能夠進來，而不是一開始就用理智排除了。接著你們要去看事情會怎麼自然地慢慢轉動、慢慢變化，這個變化你們不需要用理智去預測，事情自然會以你們所不知道的方式發酵、發生作用。

很多人都覺得，病人在很苦的時候一定會受不了、會哭，可是實際情況是，很多病人在哭完後會突然變得輕鬆。我印象最深刻的是，安寧病房常有病人會進入空茫、睡不醒的狀態，可是很奇怪，在某一時間他會醒過來，他一醒來陪伴的家屬就高興起來，整個空間會突然有一種非常輕快的氣氛在流動，我們甚至有用攝影機記錄過其中的一次過程。那次志工問我：「老師，我們能為某某某做什麼？」我說有一個辦法，我們去練兩首詩歌，不管自己是什麼教徒，只要歌好聽就好。於是我們這些大多數是佛教徒的志工就去練基督教的詩歌，到病床邊去唱給基督徒的病人聽，沒想到就有病人突然醒過來，聽到我們唱歌時就整個人跳起來，主動跟我們一起唱歌跳舞。像這種不可預料的事，有時候在病房就是會發生。原先病人的苦跟唱聖歌，看起來是兩種極端的東西，可是在某種時候兩者會剛好混在一起，成為一種「沉重的拿捏」。我們知道很多事情都滿沉重的，可是我們不要任其沉重，輕重是可以拿捏的。

另外有些病人因為肺積水喘得很厲害、很不舒服，醫護人員會來為他抽肺積水。你看那針頭很大，會想病人一定很痛苦，對不對？可是有時候病人卻會開始微笑，這讓人很難想像，不知道什麼時候病人會開始微笑，會開始快樂地跟你談很多事情。有時候即使病人知道明天自己要過世了，今晚他還是有可能跟你很輕快地談論某些事情，這種情況讓我們知道，沉重並不是全部都沉重，而有上上下下、輕輕重重的變化。

這也像親情的變化。如果兩個人翻臉了，也不會真的跟翻書一樣，中間還有一個緩慢性的發展歷程，而我們對這中間緩慢的變化過程，就要用做手工藝的心情去慢慢跟隨、瞭解。如果你們只懂得用語言問他：「你現在悲哀嗎？」你這一問就整個都錯了，你們別總是想要用語言來切割、處理事情。我們剛才說到，一個人的悲哀不是我們可以假想的，他人的樣貌可能完全都不是我們所想的那樣，所以我們不要自以為是的去假想別人的悲哀，沒有這種東西。

現象變化的多重角度

接下來我們要談什麼是「消否定」？這意思是很多事情都不如我們認定的是一翻兩瞪眼的情況，好像世界上只有零度或是一百八十度的兩種狀態。「消否定」是指，在零度到一百八十度之間還有各種角度的變化，譬如感情上的我愛你或我不愛你，我們很少是完全的愛或不愛，我可能九十度的不愛你，可是對你還有十度的愛。也就是說在肯定到否定之間，存在著密密麻麻的各種狀況，存在著各種否定性的結果，這就叫做「消否定」，用來說明現象的變化不會只有一種，而是存在各種變化的可能，這就是我在談「倫理的手藝」的基本操作時，要大家注意到，轉變的過程存在各種你想都想不到的變化。

當我們進行倫理手藝時，另外一個要取消的是「各種不良外部」的情況。什麼是「不良外部的情況」？凡是一切講求功能、成效的就都叫做「不良外部」，因為有這些不良外部所以我們才會沒良心；而「倫理」並不在功能性的考量之中，如果我們要做「倫理的手藝」，我們就要把各種不良的內部跟外部的勾連（講求功效、講求功能的目的性的追求）全部取消掉。

相對的，我們也可以談良好的內部狀態是什麼？就是非功能、沒有目的性的狀態；當我們在進行「倫理手藝」時，我們也不要太主動，因為主動會傷人；我們要擁有相當程度的被動性。在這些心法底下，我們就不會去主動做太多的道德勸說，因為沒有用，我們也不再以為用語言講講就能夠解決問題。不是的，我們要注意到，如果我們讓自己浸泡在事情的變化過程中做被動的啞巴，允許事情自然發生，這種相對無語也不全然是壞事，甚至我要教你們認識，身心靈的療癒就是要懂得在某些時候，相對無語是很有價值的。此外我們也要強調每個人都有各自的獨異性（singularity）。這獨異性是什麼？就是說倫理手藝遇到的每一個案例、每個人都不一樣。

陌生人的咫尺親近

此外你們也不要太相信同理心，同理心有一個很壞的地方，就是我們會「自以為」人家是怎麼的狀態，就用「自己的以為」來強加於人，還自詡自己的「強加於人」叫做同理心，這也不是「倫理的手藝」所要做的事情。可是如果你們能夠讓受難的人彼此交談，就像我們剛才提到的讓病人跟病人之間發生相遇，他們彼此間的互動就會是最好的同理心。

像一名做化療的神學博士就說，在他等待接受電療的時候，他真的在與其他病友的對話中獲得一些安慰，這裡面有一種叫做「陌生的感動」的現象。這帶給他感動的人不一定要是宿緣關係[3]的人，很多時候宿緣關係反而是很大的障礙。沒錯！家人朋友之間的關係很重要，但問題是它也會帶來很多負擔。所以很多病人真正想說的話，是不跟最親近的人講的，像是丈夫很多話不會跟太太講，反之太太也是。我們曾經在病房中看到很多「陌生人的咫尺親近」的現象，發現許多中末期的病人會跟外籍護傭發展出很親密、很棒的關係，原因在哪裡？因為他們對外籍護傭完全沒有負擔，他們可以講一百件事情都不用怕會怎樣，可是他們只要跟自己的親人講一件事情，可能就會雞飛狗跳，整個家族都亂了，這就是我們說的「陌生人的親近、感動」。

最後要說的是，若病人的病情惡化的時候，我們需要有一些特殊的陪伴能力，像是學習一種陪伴性的哭、學習跟人家一起祈禱。這裡的祈禱跟宗教無關，你們若不會祈禱的話就不要假裝，但會做的人你就跟著做，你也不見得要相信那個宗教，就是真心投入。我覺得當我們在談病床邊的「心靈、倫理療癒」的時候，只要凡事不講求功能、算計的就都OK，但如果要講求功能、成效的就都是騙術。倫理療癒就是要把所有的功能都去除，讓彼此的相遇是一段好品質的感覺時間。

最後我們的結論是，「倫理的手藝」不是在處理事情，不是管理（management），什麼叫做「倫理手藝」的手路工（台語）？就是從頭到尾非常投入的生活實踐心思，所以倫理手藝者和病人共度的時間是用耐心獲得的實踐的共鳴，而不是任何知識。我想今天的演講就是很快回顧一下我們近年的發現，上面談到好幾點「倫理手藝的心法」，大家只要把握到要領，實做時就可以千變萬化。謝謝諸位！

註釋

1 在台語中，類似語詞是料理中的「手路菜」，指比較費手工、需要技巧的菜色，廚師獨特的手法與亨調的口味，意指「私房菜」、「特色菜」的意思。擴大來講，「手路工」則泛指一切技藝的精巧技藝內涵。

2 指人硬撐、硬要堅持下去、不柔軟應對之意。

3 宿緣關係，指人與人之間過往在特定社會位置的交往互動中，彼此的關係狀態。

延伸閱讀

一、課堂閱讀文本

1. 小德蘭（Sainte Thérèse de Lisieux）（1992），《一朵小白花》（*A Little White Flower*），蘇雪林譯，台南：聞道。
2. 赫塞（Hermann Hesse）（1993），《流浪者之歌》（*Siddhartha*），蘇念秋譯，台北：水牛；（2001），《流浪者之歌（悉達求道記）》（*Siddhartha*），徐進夫譯，台北：志文。
3. 王鎮華（1995），《明珠在懷》，德簡書院，覺覺（作者自行印製）。
4. 盧雲（Henri J. M. Nouwen）（1999），《亞當：神的愛子》（*Adam-God's Beloved*），陳永財譯，香港：基道。
5. 大江健三郎（1999），《靜靜的生活》（靜かな生活），張秀琪譯，台北：時報文化。
6. 維琪・麥肯基（Vicki Mackenzie）（2001），《雪洞》（*Cave in the Snow*），葉文可譯，台北：躍昇文化。

7. 蘭迪・鮑許、傑弗利・札斯洛（Randy Pausch & Jeffrey Zaslow）（2008），《最後的演講》（*The Last Lecture*），陳信宏譯，台北：方智出版。
8. 艾克哈特・托勒（Eckhart Tolle）（2008），《一個新世界：喚醒內在的力量》（*A New Earth: Awakening to Your Life's Purpose*），張德芬譯，台北：方智。
9. 喬・卡巴金博士（Jon Kabat-Zinn, Ph.D.）（2008），《當下，繁花盛開》（*Wherever You Go, There You Are: Mindfulness Meditation In Everyday Life*），雷淑雲譯，台北：心靈工坊。
10. 單國璽、林保寶（2009），《生命告別之旅》，台北：天下文化。
11. 許慧如（2009），《黑畫記＋雜菜記 DVD》，智慧藏出版。
12. 娜希姆・艾瑟非（Nassim Assefi）（2009），《一片花海的聲音》（*Aria*），鄭淑芬譯，台北：八正。
13. 鄧美玲（2010），《遠離悲傷》，台北：心靈工坊。
14. 恆河母（Gangaji，原名東尼・羅柏森〔Toni Robertson〕）（2013），《口袋裡的鑽石》（*The Diamond in Your Pocket: Discovering Your True Radiance*），不言譯，台北：書泉。
15. 歐文・亞隆（Irvin D. Yalom）（2017），《凝視太陽：面對死亡恐懼（全新增訂版）》

（*Staring at the Sun: Overcoming the Terror of Death*），廖婉如、陳耿雄譯，台北：心靈工坊。

16. 佩瑪・丘卓（Pema Chödrön）（2017），《當生命陷落時：與逆境共處的智慧（二十週年紀念版）》（*When Things Fall Apart: Heart Advice for Difficult Times*, 20th Anniversary Edition），胡因夢、廖世德譯，台北：心靈工坊。

二、本書相關延伸閱讀

1. 席慕蓉（1981），《七里香》，台北：大地。
2. 杜斯妥也夫斯基（Fyodor Mikhailovich Dostoyevsky）（1983），《卡拉馬助夫兄弟們》（*Бра́тья Карама́зовы*），耿濟之譯，台北：志文。
3. 普魯斯特（Marcel Proust）（1990），《追憶似水年華》（*À la recherche du temps perdu*），桂裕芳、周克希等譯，台北：聯經。
4. 凱博文（Arthur Kleinman）（1995），《談病說痛：人類的受苦經驗與痊癒之道》（*The Illness Narratives: Suffering, Healing and the Human Condition*），陳新綠譯，台北：桂冠。

5. 傅偉勳（1996），《道元》，台北：三民。

6. 索甲仁波切（1998），《西藏生死書》（*The Tibetan Book of Living and Dying*），鄭振煌譯，台北：張老師文化。

7. 凱瑟琳・安・波特（Porter Katherine Anne）（2000），《愚人船》（*Ship of Fools*），鹿金譯，上海：上海譯文出版社。

8. 莫里斯・梅洛－龐蒂（Maurice Merleau-Ponty）（2001），《知覺現象學》（*Phénoménologie de la perception*），姜志輝譯，北京：商務印書館。

9. 威廉・詹姆斯（William James）（2001），《宗教經驗之種種》（*The Varieties of Religious Experience*），蔡怡佳、劉宏信譯，台北：立緒。

10. 范丹伯（J. H. van den Berg）（2001），《病床邊的溫柔》（*The Psychology of the Sickbed*），石世明譯，台北：心靈工坊。

11. 張良維（2002），《氣機導引：十八條身心活路》，台北：時報。

12. 道元（2003），《正法眼藏》，何燕生譯，北京：宗教文化出版社。

13. 顧肇森（2004），《貓臉的歲月》，台北：九歌。

14. 夏淑怡（2004），《臨終病床陪伴者的療癒經驗探討》，花蓮：慈濟大學宗教與文化研究所，未出版論文。
15. 司馬承禎（2005），《新譯坐忘論》，張松輝註釋，台北：三民。
16. 余德慧、石世明、夏淑怡（2006），〈探討癌末處境「聖世界」的形成〉，《生死學研究》，第三期。
17. 李費蒙（2006），《情報販子》，台北：風雲時代。
18. 王心運（2006），〈身體與處境——赫曼·許密茲的新現象學簡介〉，《哲學與文化》，三十三卷二期。
19. 凱博文（Arthur Kleinman）（2007），《道德的重量：不安年代中的希望與救贖》（*What Really Matters: living a moral life amidst uncertainty and danger*），劉嘉雯、魯宓譯，台北：心靈工坊。
20. 余舜德編（2008），《體物入微：物與身體感的研究》，新竹：清華大學出版社。
21. 陳葆琳（Pauline W. Chen）（2008），《最後期末考：一個外科醫師對生死課題的省思》（*Final Exam: A Surgeon's Reflections on Mortality*），林義馨譯，台北：大塊文化。
22. 貝雅特·拉蔻塔（Beate Lakotta & Walter Schels）（2008），《死前活一次》（*Noch mal leben vor dem Tod: Wenn Menschen sterben*），王威譯，台北：大塊。

23. 余德慧（2012），〈轉向臨終者主體樣態：臨終啟悟的可能〉，《哲學與文化》，四百六十三期。
24. 林倖妃（2014），〈科技讓人不得好死？急診室醫生的告白〉，《天下雜誌》，四三五期。
25. 杜斯妥也夫斯基（Fyodor Mikhailovich Dostoyevsky）（2014），《地下室手記：杜斯妥也夫斯基經典小說新譯》（*Записки из подполья* (Notes from Underground)），丘光譯，台北：櫻桃園文化。
26. 艾克哈特·托勒（Eckhart Tolle）（2015），《當下的力量》（*The Power of Now*），梁永安、周群英譯，台北：橡實文化。
27. 川端康成（2016），《山之音》，葉渭渠譯，台北：木馬文化。
28. 馬克·吐溫（Mark Twain）（2017），《王子與乞丐》（*The Prince and the Pauper*），藍弋丰等譯，台北：釀出版。
29. 道證法師講述，《毛毛蟲變蝴蝶》系列（文字及影音資料見於網路）。

三、余德慧作品及相關著作

1. 余德慧（2001），《詮釋現象心理學》，台北：心靈工坊。
2. 余德慧（2003），《生死學十四講》，台北：心靈工坊。
3. 余德慧（2003），《生命史學》，台北：心靈工坊。
4. 余德慧（2004），《生死無盡》，台北：心靈工坊。
5. 余德慧等（2006），《臨終心理與陪伴研究》，台北：心靈工坊。
6. 余德慧等（2006），《台灣巫宗教的心靈療遇》，台北：心靈工坊。
7. 余德慧（2010），《生命宛若幽靜長河》，台北：張老師文化。
8. 余德慧（2010），《情話色語》，台北：張老師文化。
9. 余德慧（2010），《生命夢屋》，台北：張老師文化。
10. 余德慧（2010），《觀山觀雲觀生死》，台北：張老師文化。
11. 余德慧（2013），《生命詩情》，台北：心靈工坊。
12. 余德慧（2014），《宗教療癒與身體人文空間》，台北：心靈工坊。
13. 余德慧（2014），《宗教療癒與生命超越經驗》，台北：心靈工坊。
14. 余安邦主編（2017），《人文臨床與倫理療癒》，台北：五南。

心靈工坊 PsyGarden

Master 053

生命轉化的技藝學

The Craft of Life-Transformation

作者—余德慧（Yee Der-Heuy）

出版者—心靈工坊文化事業股份有限公司
發行人—王浩威　總編輯—徐嘉俊
整理—余春蘭（導論、第一講至第四講、第九講至第十五講）、
彭聲傑（第五講至第八講、附錄）
特約編輯—吳明鴻、余春蘭　責任編輯—徐嘉俊　內文排版—李宜芝
通訊地址—10684台北市大安區信義路四段53巷8號2樓
郵政劃撥—19546215　戶名—心靈工坊文化事業股份有限公司
電話—02）2702-9186　傳真—02）2702-9286
Email—service@psygarden.com.tw　網址—www.psygarden.com.tw

製版・印刷—中茂分色製版印刷事業股份有限公司
總經銷—大和書報圖書股份有限公司
電話—02）8990-2588　傳真—02）2290-1658
通訊地址—248新北市新莊區五工五路二號
初版一刷—2018年2月　初版二刷—2022年6月
ISBN—978-986-357-113-1　定價—450元

國家圖書館出版品預行編目資料

生命轉化的技藝學 / 余德慧作. -- 初版. -- 臺北市 : 心靈工坊文化, 2018.02
面；　公分. -- (Master ; 53)

ISBN 978-986-357-113-1(平裝)

1.宗教心理　2.心理治療

210.14　107000405

心靈工坊 PsyGarden 書香家族 讀友卡

感謝您購買心靈工坊的叢書，爲了加強對您的服務，請您詳填本卡，
直接投入郵筒（免貼郵票）或傳眞，我們會珍視您的意見，
並提供您最新的活動訊息，共同以書會友，追求身心靈的創意與成長。

書系編號－MA053　　書名－生命轉化的技藝學

姓名　　是否已加入書香家族？ □是 □現在加入

電話（公司）　（住家）　手機

E-mail　生日　年　月　日

地址 □□□

服務機構／就讀學校　職稱

您的性別－□1.女 □2.男 □3.其他

婚姻狀況－□1.未婚 □2.已婚 □3.離婚 □4.不婚 □5.同志 □6.喪偶 □7.分居

請問您如何得知這本書？

□1.書店 □2.報章雜誌 □3.廣播電視 □4.親友推介 □5.心靈工坊書訊
□6.廣告DM □7.心靈工坊網站 □8.其他網路媒體 □9.其他

您購買本書的方式？

□1.書店 □2.劃撥郵購 □3.團體訂購 □4.網路訂購 □5.其他

您對本書的意見？

封面設計	□ 1.須再改進	□ 2.尚可	□ 3.滿意	□ 4.非常滿意
版面編排	□ 1.須再改進	□ 2.尚可	□ 3.滿意	□ 4.非常滿意
內容	□ 1.須再改進	□ 2.尚可	□ 3.滿意	□ 4.非常滿意
文筆／翻譯	□ 1.須再改進	□ 2.尚可	□ 3.滿意	□ 4.非常滿意
價格	□ 1.須再改進	□ 2.尚可	□ 3.滿意	□ 4.非常滿意

您對我們有何建議？

□ 本人＿＿＿＿＿＿（請簽名）同意提供真實姓名/E-mail/地址/電話/年齡/等資料，以作為心靈工坊聯絡/寄貨/加入會員/行銷/會員折扣/等用途，詳細內容請參閱：
http://shop.psygarden.com.tw/member_register.asp。

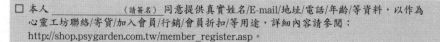

廣　告　回　信
台北郵局登記證
台北廣字第1143號
免　貼　郵　票

心靈工坊 PsyGarden

台北市106 信義路四段53巷8號2樓

讀者服務組　收

免　貼　郵　票

（對折線）

加入心靈工坊書香家族會員
共享知識的盛宴，成長的喜悅

請寄回這張回函卡（免貼郵票），
您就成爲心靈工坊的書香家族會員，您將可以——

⊙隨時收到新書出版和活動訊息

⊙獲得各項回饋和優惠方案